DERECHO, INNOVACIÓN
Y ADMINISTRACIÓN ELECTRÓNICA

COLECCIÓN

CUADERNOS UNIVERSITARIOS
DE DERECHO ADMINISTRATIVO

[5]

JULIÁN VALERO TORRIJOS

DERECHO, INNOVACIÓN Y ADMINISTRACIÓN ELECTRÓNICA

GLOBAL LAW PRESS
EDITORIAL DERECHO GLOBAL

Este trabajo es resultado de la actividad investigadora
realizada en el seno del proyecto de investigación:
«Innovación, tecnología y Administración electrónica»,
financiado por la Fundación Séneca-Agencia Regional de
Ciencia y Tecnología de la Región de Murcia
(11952/PHCS/09)

© 2013: Global Law Press-Editorial Derecho Global
info@globallawpress.org
Sevilla (España)

ISBN: 978-84-941426-0-4
DL: SE-3-2013

Diseño y maquetación:
Los Papeles del Sitio

(Hecho en España)

PARA
MAITE.
EN AGRADECIMIENTO
POR SU INQUEBRANTABLE APOYO,
SU ETERNA PACIENCIA
Y SU GENEROSA COMPRENSIÓN
DE LA ACTIVIDAD INVESTIGADORA.

ÍNDICE GENERAL

Abreviaturas 13

NOTA PRELIMINAR 15

INTRODUCCIÓN 21

CAPÍTULO PRIMERO
El Derecho y la Administración electrónica, ¿hacia un
nuevo modelo de Administración Pública? 35

CAPÍTULO SEGUNDO
Las premisas tecnológicas de la innovación en el ámbito
de las Administraciones Públicas. Implicaciones y desafíos desde la perspectiva jurídica 137

CAPÍTULO TERCERO
El nuevo paradigma de la gestión administrativa documental por medios electrónicos 205

CAPÍTULO CUARTO
La dimensión jurídica de la innovación tecnológica en la
Administración Pública 305

REFLEXIONES FINALES 395

Bibliografía 401

ABREVIATURAS

CE: Constitución Española.

ENI: Real Decreto 4/2010, de 8 de enero, por el que se aprueba el Esquema Nacional de Interoperabilidad.

ENS: Real Decreto 3/2010, de 8 de enero, por el que se aprueba el Esquema Nacional de Seguridad.

FNMT: Fábrica Nacional de la Moneda y Timbre-Real Casa de la Moneda.

LAE: Ley 11/2007, de 22 de junio, de Acceso Electrónico de los Ciudadanos a los Servicios Públicos.

LFE: Ley 59/2003, de 19 de diciembre, de Firma Electrónica.

LOPD: Ley Orgánica 15/1999, de 13 de diciembre, de Protección de los Datos de Carácter Personal.

LPH: Ley 16/1985, de 25 de junio, de Patrimonio Histórico Español.

LRJAP: Ley 30/1992, de 26 de noviembre, del Régimen Jurídico de las Administraciones Públicas y del Procedimiento Administrativo Común.

RLOPD: Real Decreto 1720/2007, de 21 de diciembre, por el que se aprueba el Reglamento de desarrollo de la Ley Orgánica 15/1999, de 13 de diciembre, de Protección de Datos de Carácter Personal.

RLAE: Real Decreto 1671/2009, de 6 de noviembre, por el que se desarrolla parcialmente la Ley 11/2007, de 22 de junio, de Acceso Electrónico de los Ciudadanos a los Servicios Públicos.

TRLCSP: Real Decreto Legislativo 3/2011, de 14 de noviembre, por el que se aprueba el Texto Refundido de la Ley de Contratos del Sector Público.

NOTA PRELIMINAR

HAN pasado más de diez años desde mi primera incursión investigadora en el mundo de la Administración electrónica con ocasión de la contribución en el libro homenaje al maestro Ramón Martín Mateo. También queda ya lejos en el tiempo pero muy próxima en el recuerdo la fructífera estancia –tanto en el ámbito profesional como en el personal– en el Centro de Estudios de Derecho e Informática de la Universidad de las Islas Baleares a finales de 2001, el ya desaparecido CEDIB. Desde entonces he tenido ocasión de recopilar, analizar y contrastar no sólo numerosos trabajos de investigación sino, además y sobre todo, opiniones y experiencias muy diversas que me han sido trasladadas en los innumerables seminarios, jornadas y cursos que he impartido en relación con esta materia; en definitiva, enriqueciendo el conocimiento teórico adquirido con la visión más cercana de la práctica diaria que me ha proporcionado la escucha activa de los principales protagonistas del proceso de modernización tecnológica que han vivido las Administraciones Públicas en España, en particular en los últimos seis años desde la aprobación de la Ley 11/2007.

La inicial escasez bibliográfica se ha visto superada por una vorágine de publicaciones que, en gran medida, han aparecido al abrigo de las reformas normativas que se han ido sucediendo. Sin embargo, esta circunstancia no sólo ha suscitado la publicación de trabajos teóricos y prácticos de diversa índole sino que también ha condicionado el objeto y alcance de los mismos de manera que, salvo destacadas excepciones, no se ha planteado con la intensidad requerida el estudio de las relevantes implicaciones de la tecnología en las categorías y principios en los que se ha basado tradicionalmente el Derecho Administrativo.

Ahora bien, la tecnología es una herramienta con un gran potencial transformador que, no obstante, también ha trastocado las bases conceptuales y normativas sobre las que se ha venido asentando la Administración Pública, de manera que resulta imprescindible suscitar a nivel doctrinal el debate acerca de cómo reconfigurar las garantías jurídicas en un contexto de innovación en el que se corre el riesgo de primar la búsqueda de la eficacia y la eficiencia a costa, llegado el caso, y si fuera preciso, de la integridad de los derechos y libertades de los ciudadanos. Se trata de un desafío que plantea como dificultad adicional la necesidad de entablar un diálogo constructivo entre el Derecho y la tecnología, renunciando a cualquier apriorismo o prejuicio ya que, en última instancia, resulta más cómodo permanecer en un estado de atonía o menosprecio intelectual sobre las efectivas posibilidades transformadoras de esta última. De lo contrario, la eficacia del Derecho como garantía de los diversos intereses presentes puede quedar seriamente dañada, hasta el punto de llegar a percibirse como un enemigo irreconciliable de la eficacia, inescindiblemente unida en la actualidad al uso de medios informáticos y telemáticos.

Más aún, no sólo la tecnología ofrece innegables funcionalidades para transformar la realidad de la gestión administrativa y las comunicaciones con los ciudadanos más allá del mero cambio de soporte –del papel al electrónico– sino que, además y sobre todo, constituye una herramienta imprescindible en la actualidad para reforzar la perspectiva democrática de los poderes públicos y el control de su actividad, revitalizando los fundamentos del llamado *Gobierno Abierto*, es decir, la transparencia, la participación y la colaboración. En otras palabras, la adecuada regulación del uso de la tecnología en este ámbito ha de percibirse como una necesidad social prioritaria ya que, de lo contrario, se minará la confianza en su potencial para hacer frente al creciente desapego entre los ciudadanos y los poderes públicos desde la perspectiva político-administrativa.

Como puede comprobarse, el desafío intelectual que se plantea presenta una destacada relevancia para los juristas, que no podemos ya limitarnos al mero análisis de los cada vez más numerosos –¿también excesivos?– preceptos normativos que regulan esta materia. Desde el ámbito académico hemos de asumir el reto de adaptar las categorías jurídicas a la realidad sobre la que se proyectan para, en su caso, formular propuestas que permitan afrontar las dificultades y posibilidades que para la seguridad jurídica plantea el uso de medios electrónicos por parte de las Administraciones Públicas tanto a nivel interno como en la relaciones con los ciudadanos, en particular por lo que se refiere a su funcionalidad como instrumento para la transformación a partir de planteamientos innovadores de gestión.

Y ésta es la perspectiva en la que se sustenta el trabajo que el lector tiene ahora en sus manos, planteamiento que en gran medida se ha ido incubando conforme se avanzaba en la ejecución de los proyectos de investigación que he tenido oportunidad de dirigir, en concreto el relativo a «Los desafíos jurídicos de la innovación en la Administración electrónica: ¿hacia un nuevo modelo de Administración, *electrónica?*» (referencia 11952/PHCS/09), financiado por la Fundación Séneca-Agencia Regional de Ciencia y Tecnología de la Región de Murcia, así como el denominado «Los desafíos jurídicos de Internet para la protección de los datos personales: hacia un marco normativo de tercera generación» (referencia DER2009-09157), financiado por la Administración General del Estado. Pero ha sido la participación de la Universidad de Murcia en el proyecto *Legal Aspects of Public Sector Information-LAPSI*, financiado por la Unión Europea, la que me ha permitido intuir hasta qué punto es urgente renovar los trasnochados modelos de gestión de la información utilizados por las Administraciones Públicas, de manera que sólo a partir del alumbramiento de nuevos paradigmas tecnológicos y jurídicos podrá plantearse la gestión avanzada e innovadora que requiere el actual contexto político, económico y social.

No podría terminar esta breve presentación sin manifestar mi agradecimiento a todas aquellas personas que me han alentado a emprender y, sobre todo, ayudado en el desarrollo y culminación de la investigación cuyo resultado se recoge en las siguientes páginas. Especial mención merecen el profesor Javier Barnes, director de la editorial, así como mis compañeros del grupo de investigación *iDerTec* (*Innovación, Derecho y Tecnología*), cuya reciente creación sólo se entiende desde las claves y motivaciones anteriormente referidas.

INTRODUCCIÓN

L A generalización del uso de medios informáticos y telemáticos en los más diversos sectores de la actividad personal y profesional, en particular tras la eclosión de Internet
y los dispositivos móviles que facilitan el acceso a los contenidos y los servicios, se ha convertido en una de las principales
notas características de nuestra época. En este contexto tecnológico en el que, incluso, se ha llegado a plantear la posibilidad de articular procesos vitales exclusivamente *electrónicos*,
el Derecho está llamado a jugar un papel de gran relevancia en tanto que instrumento para la ordenación pacífica de
las relaciones sociales. Sin embargo, como consecuencia de
los continuos y novedosos avances que ofrece la tecnología
surge la duda y, por tanto, la preocupación acerca de la efectividad de normas y principios jurídicos planteados para ser
proyectados sobre una realidad ciertamente distinta, basada
en gran medida en las relaciones presenciales y la gestión
documental en soporte papel[1].

Ciertamente el desafío es de gran complejidad por diversos motivos. En primer lugar por la dificultad de una
buena parte de los operadores jurídicos para comprender los

---

[1] En relación con esta dificultad, nos remitimos a la ya clásica interpretación
de L. LESSIG, *Code. Version 2.0*, Basic Books, New York, 2006, pp. 23 y ss.

entresijos y las implicaciones concretas de las diversas soluciones tecnológicas, que se nos ofrecen a través de refinadas herramientas que permiten solventar de manera más eficiente los problemas o prestar con mayor grado de satisfacción los servicios. Más allá de rivalidades, recelos y divisiones[2], lo cierto es que la actual sociedad de la información y el conocimiento requiere inexorablemente la puesta en común de los diversos ámbitos del saber, de manera que frente a la complejidad que plantea la tecnología la respuesta no puede ser más que el trabajo en equipo: ahora más que nunca el jurista –y, particularmente, por lo que se refiere a la investigación universitaria– ha de abandonar su cómodo refugio del trabajo, fundamental y tradicionalmente individual, y enfrentarse abiertamente a una nueva realidad que requiere no sólo de un esfuerzo colectivo sino, además y sobre todo, de una perspectiva basada en el acercamiento multidisciplinar a la realidad objeto de estudio.

En segundo lugar, como consecuencia de lo anterior, la complejidad aludida implica en la mayor parte de las ocasiones la intervención de numerosos intermediarios[3] que, de este modo, condicionan el carácter directo de relaciones y

---

[2] Cfr. J. I. CRIADO, «The Politics of e-Government in Spain: Between Recent Innovations and Old Inertias», en C. R. Reddick (ed.), *Comparative e-Government*, Springer, Nueva York, 2010, pp. 286 y 287, donde se mantiene que parte de las dificultades para un enfoque más innovador y ambicioso en el desarrollo de la Administración electrónica en España se encuentran en la perspectiva de los juristas.

[3] Característica que, sin duda, tenderá a incrementarse en el futuro tanto en relación con intermediarios públicos como privados, quedando en manos de la Administración responsable del servicio aspectos como el diseño de políticas y servicios, el control estratégico, la infraestructura o el denominado *back office* [C. CODAGNONE y D. OSIMO, «Beyond i2010. E-Government Current Challenges and Future Scenarios», en P. G. Nixon, V. M. Koutrakou y R. Rawal

servicios que, hasta ahora, en gran medida tenían lugar a partir del contacto personal de los sujetos que en ellas intervenían[4]. No se trata ya de que los proveedores de bienes y servicios –entendidos en un sentido material en tanto que ofrecen realidades tangibles, ya sean o no en soporte electrónico, como sucede con los libros o la música– se hayan visto abocados a adaptarse al ámbito y al mercado electrónicos sino que, más bien y por lo que ahora nos interesa, han irrumpido otros nuevos protagonistas que, como consecuencia de la singularidad que plantea la tecnología, adquieren un papel esencial hasta ahora desconocido cuyas implicaciones jurídicas pretendemos aquí determinar, siquiera inicialmente. Es el caso, por ejemplo, de los denominados prestadores de servicios de intermediación como el acceso a redes de telecomunicaciones, el alojamiento de sitios web[5] o, más recientemente, los proveedores de servicios de redes sociales[6],

---

(eds.), *Understanding e-Government in Europe. Issues and Challenges*, Routledge, Londres, 2010, p. 51].

[4] Cfr. J. I. Criado Grande, *Entre sueños utópicos y visiones pesimistas. Internet y las TIC en la modernización de las Administraciones Públicas*, Instituto Nacional de Administración Pública, Madrid, 2009, p. 495, donde se alude a la necesidad de innovación y a la complejidad tecnológicas como razones que han justificado la externalización en este ámbito.

[5] Como destacan Payeras y Cavanillas en el proceso de solicitud y entrega de recursos entre el usuario y el proveedor de contenidos resulta necesario el apoyo de terceras partes que pueden interferir en el mismo pero cuya participación es, al mismo tiempo, imprescindible [M. Payera Capellà y S. Cavanillas Múgica, «Servidores de acceso y alojamiento: descripción técnica y legal», en S. Cavanillas Múgica (coord.), *Deberes y responsabilidades de los servidores de acceso y alojamiento. Un análisis multidisciplinar*, Comares, Granada, 2005, p. 2].

[6] Sobre las implicaciones jurídicas de estos nuevos servicios, A. Rallo Lombarte y R. Martínez Martínez (coords.), *Derecho y redes sociales*, Thomson-Civitas, Cizur Menor, 2010.

resultan imprescindibles para hacer funcionar la compleja maquinaria de Internet; si bien su característica principal es que se limitan a realizar una actividad en gran medida formal e instrumental, esto es, que no constituye en sí misma el resultado perseguido por los usuarios sino, más bien, una herramienta imprescindible para poder acceder a contenidos, descargar aplicaciones informáticas, contratar bienes y servicios o, simplemente, entrar en relación con otros usuarios y compartir ideas, experiencias o bienes digitales.

Más aún, la singularidad propia de la tecnología obliga a adoptar nuevas medidas a la hora de identificar a los usuarios o acreditar ciertos hechos, apareciendo entonces en escena nuevos actores como los prestadores de servicios de certificación para la firma digital o, entre otros, los que ofrecen servicios de sellado de tiempo que acrediten las circunstancias fácticas en que tuvieron lugar las actuaciones realizadas en Internet. Incluso, como consecuencia de la peculiaridad del soporte y de la mayor accesibilidad de las comunicaciones, surgen nuevas necesidades desde el punto de vista de la gestión documental más allá de las que se acaban de indicar. En consecuencia, las Administraciones Públicas y las entidades privadas se ven abocadas a planificar y llevar a cabo políticas específicas de preservación de los documentos y, en general, de la información, de manera que no basta ya con archivos concebidos como meros almacenes sino que, por el contrario, la adecuada conservación de aquéllos requiere de conocimientos y herramientas específicas de los que normalmente se carece y, por tanto, con frecuencia se plantea externalizar el servicio en cuestión; ya a través de modelos tradicionales, ya más recientemente mediante la tecnología conocida como la *nube* o *cloud computing*.

Incluso, con la eclosión de Internet y, en particular, los servicios característicos de la *web 2.0*, estamos asistiendo a una etapa caracterizada fundamentalmente por la exposición indiscriminada de información personal libremente accesible por cualquiera, ya sean otros usuarios ya incluso sistemas automatizados de búsqueda y análisis de los datos; de manera que el concepto de privacidad requiere de una inexcusable puesta al día, con un marco normativo de *nueva generación*[7] que ya se está planteando desde los poderes públicos comunitarios[8]. No se trata simplemente de que los mecanismos tradicionales de protección –consentimiento e información– hayan quedado desfasados por el desarrollo de la tecnología en sí misma sino, además y sobre todo, de que las redes sociales y otras herramientas propias de la *web 2.0* invitan a una dinámica que favorece la difusión de información propia e, incluso, de terceros; de manera que, a través de los potentes buscadores actualmente existentes, se facilita enormemente el acceso a los datos y la generación de precisos perfiles de usuarios con los fines más diversos. Ante estas dificultades ya se escucha hablar de un *derecho al olvido* en Internet y de limitar el potencial que ofrecen los buscadores, planteamiento que sin duda debe compatibilizarse con las libertades informativas tradicionales –en su nueva configuración, claro está– y la necesaria transparencia informativa que conceptos

---

[7] Y. POULLET y J. M. DINANT, «Hacia nuevos principios de protección de datos en un entorno TIC», *Internet, Derecho y Política*, núm. 5, 2007, pp. 43 y 44.

[8] Sobre el estado de la reforma, véase http://ec.europa.eu/justice/data-protection/index_en.htm (última visita: 10/09/2012).

como el *Open Government*[9] reclaman, precisamente, a partir de las mayores posibilidades de la tecnología a la hora de facilitar el ejercicio de sus derechos por los ciudadanos.

Este novedoso y dinámico contexto nos sitúa ante una de las notas características de la actual realidad social y económica: la globalización. Por lo que respecta a las implicaciones jurídicas de la misma, la tecnología permite deslocalizar la ubicación de las empresas y otras entidades que prestan sus servicios a través de Internet, posibilidad que, unida a la fragmentación de los proveedores antes aludida, conlleva una dificultad añadida. En efecto, de una parte, los medios telemáticos permiten que los servicios se oferten desde cualquier lugar del mundo, lo que obliga a determinar tanto la normativa aplicable en caso de que deba resolverse alguna controversia como, asimismo, la competencia judicial. Incluso, de otra parte, el hecho de que converjan varias entidades en la prestación de servicios diversos –a modo de ejemplo, el alojamiento del sitio web por una parte, la identificación del usuario con firma digital por otra y, claro está, la actividad material en que consista el servicio por otra– implica que la anterior operación pueda verse potencialmente sometida a legislaciones y autoridades pertenecientes a diversos Estados.

---

[9] A este respecto, con carácter general y teniendo en cuenta la amplitud del enfoque y la extensión de las reflexiones, cfr. D. Larhrop y L. Ruma, *Open Government*, O'Reilly, Sebastopol, 2010, así como C. Calderón y S. Lorenzo (coords.), *Open Government. Gobierno Abierto*, Algón, Alcalá la Real, 2010; también P. Simón Castellano, «Los límites jurídico-constitucionales de la Administración electrónica en España y el *Open Government*», *Revista Aranzadi de Derecho y Nuevas Tecnologías*, núm. 27, 2011, pp. 69 a 77. Desde una perspectiva más práctica, véase el blog http://www.ogov.eu/ (última visita: 01/09/2012), donde pueden consultarse iniciativas concretas que tratan de poner en práctica estos planteamientos.

Sin embargo, no puede dar la impresión de que el marco normativo aplicable a esta incipiente realidad ha permanecido inmutable ante tamaño desafío, pero sí que resulta necesario no obstante aclarar el alcance de la reacción que ha protagonizado el Derecho en nuestro país. Así, por una parte, hay que destacar que un buen número de las principales regulaciones aprobadas en los últimos años en esta materia han sido en gran medida impulsadas por la Unión Europea, que, como es sabido, tiene entre sus principales objetivos facilitar la consagración de un mercado único que, en el caso que nos ocupa, se facilita enormemente dadas las posibilidades de la tecnología a la hora de solventar los inconvenientes derivados de los límites geográficos y territoriales. Precisamente, al amparo de dicha habilitación se han aprobado la Directiva 1999/93/CE del Parlamento Europeo y del Consejo de 13 de diciembre de 1999 por la que se establece un marco común para la firma electrónica; la Directiva 2000/31/CE del Parlamento Europeo y del Consejo, de 8 de junio de 2000, relativa a determinados aspectos jurídicos de los servicios de la sociedad de la información, en particular el comercio electrónico en el mercado interior (Directiva sobre el comercio electrónico); o, sin ánimo exhaustivo, la Directiva 2002/58/CE del Parlamento Europeo y del Consejo, de 12 de julio de 2002, relativa al tratamiento de los datos personales y a la protección de la intimidad en el sector de las comunicaciones electrónicas (Directiva sobre la privacidad y las comunicaciones electrónicas).

Como resulta obvio, el legislador español se ha visto obligado a adaptar el Derecho interno a las exigencias derivadas de las citadas directivas y, en consecuencia, han sido diversas las leyes dictadas al efecto, entre las que pueden destacarse la Ley 59/2003, de 19 de diciembre, de Firma Electrónica; la Ley 34/2002, de 11 de julio, de Servicios de la Sociedad de la Información y de Comercio Electrónico; o, entre otras, las sucesivas reformas de la Ley Orgánica 15/1999, de 13 de diciembre, de Protección de Datos de Carácter Personal, junto con su reglamento de desarrollo aprobado por Real Decreto 1720/2007, de 21 de diciembre. Además, claro está, de los oportunos parches en las normas procesales para tratar de recoger, sobre todo, las singularidades probatorias del documento electrónico. Puede advertirse por tanto que, al margen de la valoración que se realizará más adelante en relación con las Administraciones Públicas, no ha existido una política propia en España con la que hacer frente a tales exigencias a partir de respuestas normativas basadas en el análisis y la reflexión global; al margen, claro está, de la respuesta fragmentada y asistemática que se ha dado a las pretensiones de la Unión Europea en relación con la existencia de un mercado de los servicios electrónicos en el ámbito supranacional, modelo impulsado en gran medida por las directivas que antes se enumeraron.

Como resultado de todos estos factores, podemos concluir que efectivamente existe un marco normativo en España que, al menos en apariencia formal, se encuentra adaptado a las exigencias que plantea hoy día Internet y, en general, las comunicaciones electrónicas; pero que, en gran medida, obedece en última instancia a la necesidad coyuntural de trasponer normas europeas[10], sin que previamente haya teni-

---

[10] A este respecto, J. BARNES, «La colaboración interadministrativa a través del procedimiento administrativo nacional», en J. Barnes (ed.), *La transformación del procedimiento administrativo*, Global Law Press-Editorial Derecho Global, Sevilla, 2008, p. 265.

do lugar a nivel político una reflexión seria y rigurosa acerca del papel que ha de corresponder al Derecho en la modernización y la innovación tecnológicas tantas veces reclamadas como motor de la economía frente a la actual situación de crisis económica. Más aún, la reciente Ley 2/2011, de 4 de marzo, de Economía Sostenible, aun cuando en su preámbulo declara abiertamente que esta norma constituye una apuesta por la modernización de la economía española en el marco de una estrategia que pasa por acelerar la renovación del modelo productivo, lo cierto es que por lo que respecta a Internet se ha limitado, con algunos retoques menores en materia de Administración electrónica, a ofrecer un sistema administrativo de protección privilegiada en favor de la protección de los derechos de propiedad intelectual ante la amenaza de un nuevo mercado donde las descargas ilícitas de contenidos han eclipsado cualquier otra medida. Ciertamente, habría sido el momento para plantear un serio debate a nivel social, político y académico sobre cómo el actual marco normativo regulador de Internet podría mejorarse para que el siempre reclamado –al menos en el plano formal de las declaraciones y los discursos– protagonismo de la tecnología en la modernización del modelo económico y productivo fuera una realidad, analizando las barreras jurídicas y la mejor forma de solventarlas.

Más aún, precisamente en el ámbito de las Administraciones Públicas las principales medidas que incorpora esta Ley se refieren a la denominada *simplificación* que, en última instancia y en gran medida, pretenden de una parte ampliar el régimen del silencio administrativo positivo y, de otra, consolidar el proceso liberalizador ya iniciado años atrás que consiste fundamentalmente en eliminar los controles preventivos y, en consecuencia, sustituir las licencias, hasta ahora necesarias para el inicio de actividades económicas, por simples declaraciones responsables, realizadas unilateralmente por los interesados, o comunicaciones previas[11]; además, claro está, de tipificar como hecho imponible la posterior actividad de verificación que, sin embargo, no tiene reconocido normativamente de forma rotunda su carácter preceptivo. Precisamente, la tecnología podría convertirse en un instrumento de gran potencial para intensificar la actividad de control por parte de la Administración a estos efectos, lo cual pasaría necesariamente por impulsar el uso de los medios electrónicos en las actividades de comprobación y, en particular, en el intercambio documental entre las entidades competentes, sobre todo teniendo en cuenta la importante reducción de los medios personales a que aboca

---

[11] En palabras de ESTEVE, estamos asistiendo a un proceso de «deconstrución» del andamiaje administrativo que se había levantado en torno a determinadas actividades económicas y de servicios prestados por particulares, de manera que la incidencia pública de los mismos habrá de ser tratada y resuelta por los sujetos que los impulsen sin la cobertura de una autorización administrativa (J. ESTEVE PARDO, «La deconstrucción y previsible recomposición del modelo de autorización administrativa», en A. Nogueira López (dir.), *La Termita Bolkestein. Mercado único vs. derechos ciudadanos*, Civitas-Thomson Reuters, Cizur Menor, 2012, p. 23). Más aún, desde la perspectiva del papel que corresponde jugar a la Administración Pública, se ha transformado su posición de controladora de la conformidad del interés particular con el general a la de revisora, cuando no impugnadora, de la situación generada en contra del interés general (L. PAREJO ALFONSO, *Transformación y ¿reforma? del Derecho Administrativo en España*, Global Law Press-Editorial Derecho Global, Sevilla, 2012, pp. 154 y 155). Y, precisamente, ante esta mutación el uso avanzado e intensivo de los medios electrónicos se convierte en una herramienta dotada de un especial potencial en tanto que instrumento de control, en particular de manera preventiva, pero también teniendo en cuenta el cambio radical que, según mantiene el citado autor, esta reforma conlleva para la actividad administrativa de policía (ibídem, pp. 165 y 166).

la presente situación económica[12]. En consecuencia, la actividad puede iniciarse con la simple declaración unilateral del interesado, pero no existe certeza a nivel normativo en cuanto a si la verificación posterior por parte de la Administración tendrá lugar y, en su caso, cómo y cuándo; en particular, y por lo que interesa a nuestro trabajo, el actual desarrollo y la concepción tradicional en que se ha basado hasta ahora la Administración electrónica no contribuyen precisamente a facilitar las premisas necesarias para asegurar un control efectivo sobre la actividad de los particulares sometida a dicho régimen. Más aún, sostiene Gamero que la efectiva aplicación práctica de este modelo requiere un esfuerzo de coordinación de gran magnitud[13] al que, sin embargo, nuestra práctica político-administrativa no se encuentra muy habituada.

En definitiva, tal y como demuestra el anterior ejemplo, hay un riesgo cierto de que como consecuencia de la existencia de previsiones normativas específicas para regular la tecnología se cree una apariencia formal –y, por lo tanto, una tranquilidad intelectual de la que debemos sacudirnos– de

---

[12] Esta conexión ha sido destacada certeramente al afirmarse que el desplazamiento de la actividad administrativa antes referido conlleva una reordenación jurídica de los elementos característicos de la Administración electrónica, siendo imprescindible la utilización de tales medios para proceder a una reordenación del trabajo interno y las relaciones interadministrativas [J. J. Díez Sánchez y R. Martínez Gutiérrez, «Directiva de Servicios y Administración Pública Electrónica», en A. Nogueira López (Dir.), *La Termita Bolkestein. Mercado único vs. derechos ciudadanos*, Civitas-Thomson Reuters, Cizur Menor, 2012, p. 157].

[13] E. Gamero Casado, «El impacto de la Directiva de Servicios en la ventanilla única y en la Administración electrónica», en V. Aguado y B. Noguera (coords.), *El impacto de la Directiva de Servicios en las Administraciones Públicas: aspectos generales y sectoriales*, Atelier, Barcelona, 2012, p. 126.

sumisión de la tecnología al Derecho cuando, en realidad, las lagunas y, sobre todo, las deficiencias desde el prisma del efectivo control en términos jurídicos son ciertamente preocupantes. A este respecto es necesario recordar que el sometimiento de la tecnología al Derecho pasa necesariamente por la toma de conciencia por parte de los poderes públicos acerca de las posibilidades reales de aquélla, muchas veces presentadas bajo el manto de una sutil apariencia de conformidad, para desplazar la efectiva aplicación de los mandatos jurídicos; así como de las limitaciones que, a estos efectos, plantean los enfoques tradicionales sobre la eficacia del Derecho en este ámbito. Sobre todo si tenemos en cuenta que, como ha destacado Esteve, el avance tecnológico ha superado la capacidad de conocimiento de muchas Administraciones Públicas[14].

¿Cuál es la incidencia de estos planteamientos en relación con el régimen jurídico de la Administración electrónica y, en general, de la tecnología como instrumento para la innovación en el ámbito del sector público? En las páginas que siguen trataremos de dar una respuesta a este relevante desafío para la modernización de nuestras Administraciones Públicas y su régimen jurídico.

---

[14] J. ESTEVE PARDO, *Técnica, riesgo y Derecho*, Ariel, Barcelona, 1999, p. 23.

CAPÍTULO PRIMERO

EL DERECHO Y LA ADMINISTRACIÓN ELECTRÓNICA, ¿HACIA UN NUEVO MODELO DE ADMINISTRACIÓN PÚBLICA?

ÍNDICE

I. El insuficiente modelo regulatorio de la Administración electrónica en España: características generales 39

  1. La falta de efectividad de los derechos reconocidos a los ciudadanos, un ejemplo de inoperancia cooperativa 39

  2. La necesidad de un exhaustivo desarrollo normativo, todavía incompleto y, sobre todo, insuficiente . . 46

  3. La proliferación de normas adicionales y, sin embargo, insuficientes o inadecuadas 50

  4. El papel del Derecho en la modernización tecnológica de las Administraciones Públicas: limitaciones y posibilidades 53

II. La Administración electrónica, una oportunidad para la innovación basada en la eficacia transformadora de la tecnología 59

  1. Caracterización general de las actuaciones administrativas basadas en el soporte papel y las relaciones presenciales 62

  2. El uso de medios electrónicos, ¿qué novedades principales supone respecto del anterior modelo? 66

    a) La intermediación en la actuación administrativa, en particular la que tiene lugar de forma automatizada . . 66

    b) Las implicaciones de la intermediación en las comunicaciones entre la Administración Pública y los ciudadanos 71

    c) Las peculiaridades de la gestión documental: posibilidades y dificultades específicas en relación con el uso de medios electrónicos 74

    d) Singularidades y matizaciones desde la perspectiva de la responsabilidad y la mayor complejidad de los problemas tecnológicos 79

    e) Las mayores posibilidades de control gracias a la tecnología: la necesaria redefinición de las garantías jurídicas como respuesta 82

III. La incidencia de la tecnología en la regulación tradicional del Derecho Administrativo: tensiones y dificultades desde la perspectiva de la Administración electrónica 86

   1. La necesaria reconfiguración del principio de la competencia 87

   2. La identificación de los sujetos que intervienen en las relaciones jurídico-administrativas y la autenticación de su voluntad 90

   3. Las transformaciones en la tramitación del procedimiento administrativo 93

   4. Incidencia de la tecnología en las comunicaciones formalizadas entre la Administración y los ciudadanos: registros y notificaciones 99

   5. El ejercicio del derecho de acceso: una oportunidad para su fortalecimiento 105

   6. El desafío para la gestión documental en relación con el uso de medios electrónicos 112

IV. Insuficiencias y deficiencias de la regulación legal sobre Administración electrónica . . . 114

   1. La consolidación legal de un modelo restrictivo de comunicación para los ciudadanos en sus relaciones con las Administraciones Públicas. La falta de exigibilidad de los derechos de los ciudadanos como ejemplo paradigmático 114

   2. Algunos ejemplos adicionales especialmente significativos: la gestión documental, el contenido de las sedes electrónicas y la protección de los datos de carácter personal 124

   3. La necesaria refundición de las bases del régimen jurídico de las Administraciones Públicas y la regulación del procedimiento administrativo común: una oportunidad para facilitar la innovación 129

I. EL INSUFICIENTE MODELO REGULATORIO DE LA ADMINISTRACIÓN ELECTRÓNICA EN ESPAÑA: CARACTERÍSTICAS GENERALES

1. LA FALTA DE EFECTIVIDAD DE LOS DERECHOS RECONOCIDOS A LOS CIUDADANOS, UN EJEMPLO DE INOPERANCIA COOPERATIVA

E N los últimos años hemos asistido a una auténtica vorágine en la producción de normas legales y reglamentarias relacionadas con el uso de medios electrónicos por parte de las Administraciones Públicas, tanto por lo que se refiere a su actividad como, sobre todo, por lo que respecta a las relaciones con los ciudadanos. En consecuencia, al menos inicialmente, desde una perspectiva jurídico-formal podríamos señalar que el sometimiento al Derecho de la Administración electrónica está suficientemente garantizado. Ahora bien, las limitaciones del referido marco normativo condicionan su efectividad como instrumento al servicio de la innovación tecnológica si tenemos en cuenta el modelo de Administración Pública al que responde[15] y, asimismo, la inexistencia de garantías efectivas para exigir incluso el cumplimiento

---

[15] Por lo que se refiere a las insuficiencias de la regulación legal española desde esta perspectiva, cfr. J. VALERO TORRIJOS, «La nueva regulación legal del uso de las tecnologías de la información y las comunicaciones en el ámbito administrativo: ¿el viaje hacia un nuevo modelo de Administración, *electrónica*?», *Revista Catalana de Derecho Público*, núm. 35, 2007, pp. 240-242.

de las propias previsiones normativas[16]. Nos encontramos, una vez más, ante la inexorable consecuencia de un modelo de modernización tecnológica que no tiene en cuenta prioritariamente las necesidades y prioridades de los ciudadanos, destinatarios de los servicios, sino principalmente el punto de vista interno de la actuación administrativa[17]; de manera que, más allá del reconocimiento formal de unos derechos debilitados, en contra de lo que señala Arena, no se han aprovechado las posibilidades de la tecnología para convertir a los ciudadanos, destinatarios de los servicios electrónicos,

---

[16] En palabras de L. Cotino Hueso, quizás el autor que con mayor profundidad ha analizado esta cuestión, «la obligatoriedad de la total efectividad de los derechos condicionado a las disponibilidades presupuestarias relativiza casi por completo el alcance jurídico de estos derechos» [«El derecho a relacionarse electrónicamente con las Administraciones y el estatuto del ciudadano e-administrado en la Ley 11/2007 y la normativa de desarrollo», en E. Gamero Casado y J. Valero Torrijos (coords.), *La Ley de Administración electrónica. Comentario sistemático a la Ley 11/2007, de 22 de junio, de Acceso Electrónico de los Ciudadanos a los Servicios Públicos*, 3ª ed., Thomson-Aranzadi, Madrid, 2010, p. 216].

[17] Error de planteamiento sistemáticamente denunciado tanto a nivel práctico como doctrinal. A este respecto véase, entre otros, K. V. Andersen, *E-Government and Public Sector Process Rebuilding (PPR): Dilettantes, Wheelbarrows, and Diamonds*, Kluwer Academics Publishers, Dordrecht, 2010, pp. 19 y ss., así como N. K. Hanna, *Transforming Government and Building the Information Society*, Springer, Nueva York, 2010, pp. 121 a 127, donde se ofrecen algunos ejemplos concretos que demuestran las ventajas de esta concepción alternativa que considera al ciudadano como el centro de los servicios. Para una visión más completa acerca de los criterios que debieran ser tenidos en cuenta, cfr. M. Blakemore y otros, «Delivering Citizen-Centric Public Services through Technology-Facilitated Organisational Change», en P. G. Nixon, V. M. Koutrakou y R. Rawal (eds.), *Understanding e-Government in Europe. Issues and Challenges*, Routledge, Londres, 2010, pp. 19 y ss. En definitiva, como certeramente enfatiza Millard, el principal reto hoy día desde esta perspectiva es que el Gobierno y la Administración Pública sirvan realmente a las necesidades sociales y no a ellos mismos (J. Millard, «Government 1.5: is the Bottle Half Full or Half Empty?», *European Journal of ePractice*, núm. 9, 2010, p. 35).

en auténticos coprotagonistas de la gestión administrativa[18]. Veamos a continuación cuál es la situación en relación con la efectividad de los derechos formalmente reconocidos al ciudadano por el ordenamiento jurídico en España.

Con carácter previo y general, desde el plano constitucional debe reivindicarse que la protección del ciudadano frente al uso de la informática que consagra el artículo 18.4 de la Norma Fundamental también se aplique en el ámbito de la Administración electrónica, de manera que se soslayen los problemas derivados de una visión excesivamente restrictiva, sin fundamento en el tenor literal del citado precepto, que parece limitar el alcance de la garantía constitucional a la protección de los datos de carácter personal[19]. Se trata de una problemática que, en última instancia y como ha destacado Pitschas[20], revela la necesidad de superar el sistema de garantías basado en el referido derecho para construir un nuevo Derecho de la Información. Así pues, la citada reducción de la garantía constitucional constituye una restricción inadmisible[21] que, en todo caso, tampoco puede explicarse a la vista del tenor literal del referido precepto, a menos que

---

[18] G. Arena, «E-Government y nuevos modelos de Administración», *Revista de Administración Pública*, núm. 163, 2004, pp. 426 a 430.

[19] J. Valero Torrijos, «El alcance de la protección constitucional del ciudadano frente al uso de medios electrónicos por las Administraciones Públicas», en L. Cotino y J. Valero (coords.), *La Ley 11/2007, de 22 de junio, de Acceso Electrónico de los Ciudadanos a los Servicios Públicos y los retos jurídicos del e-gobierno en España*, Tirant lo Blanch, Valencia, 2010, pp. 166 y 167.

[20] R. Pitschas, «El Derecho Administrativo de la Información. La regulación de la autodeterminación informativa y el gobierno electrónico», en J. Barnes (ed.), *Innovación y reforma en el Derecho Administrativo*, Global Law Press-Editorial Derecho Global, Sevilla, 2006, pp. 208 y 209.

[21] Con carácter general, más allá de las implicaciones específicas en el ámbito de las Administraciones Públicas, R. Martínez Martínez, *Una aproxima-*

la interpretación se base en una lectura excesivamente cons-treñida y fuera de contexto de la jurisprudencia del Tribu-nal Constitucional y, en particular, la STC 292/2000, más allá de la influencia que ha tenido la regulación europea en la materia. A esta perspectiva reduccionista de la garantía constitucional ha contribuido, desde luego, el hecho de que la protección de los datos de carácter personal constituya un derecho tempranamente reconocido por el Convenio 108, de 28 de enero de 1981, del Consejo de Europa; su posterior consagración en el ámbito de la Unión Europea a través de la Directiva 95/46/CE, en tanto que instrumento básico para facilitar la circulación de la información en el mercado eu-ropeo con unas mínimas garantías jurídicas; y, sobre todo, el contundente aparato sancionador que, al menos para el sec-tor privado, ha establecido la LOPD que, como mecanismo de reacción, ha determinado una elevada litigiosidad en la materia que, en última instancia, ha obligado a pronunciarse en diversas ocasiones al supremo intérprete constitucional específicamente sobre la protección de los datos de carácter personal, fijando de este modo indirectamente el alcance del citado precepto.

En segundo lugar, aun cuando la LAE ha supuesto un avance muy destacable desde la perspectiva de la seguridad jurídica al ofrecer un marco normativo exhaustivo y siste-mático hasta ese momento inexistente, además de un amplio elenco de derechos reconocidos a favor de los ciudadanos[22],

---

ción crítica a la autodeterminación informativa, Civitas-APDCM, Madrid, 2004, pp. 324 y ss.

[22] No procede ahora llevar a cabo un análisis exhaustivo sobre el alcance de los derechos reconocidos legalmente, de manera que nos remitimos a la abun-dante doctrina existente al respecto. Entre otros, véase L. COTINO HUESO,

no puede sin embargo olvidarse que la efectiva aplicación del conjunto de las previsiones de esta Ley y, fundamentalmente, los referidos derechos no está suficientemente garantizada[23]. En efecto, según la disposición final tercera, los mismos sólo podrán ser ejercidos en los ámbitos autonómico y local, en relación con la totalidad de los procedimientos y actuaciones cuya competencia corresponda a las respectivas Administraciones Públicas, «siempre que lo permitan sus disponibilidades presupuestarias». En otras palabras, la efectividad de los derechos del ciudadano en sus relaciones electrónicas con la Administración ha quedado cercenada precisamente en los ámbitos donde se encuentran localizados sus intereses vitales más cercanos y, por tanto, en los que se habrán de desenvolver gran parte de sus relaciones jurídico-administrativas.

¿Y cuál es la garantía que, a este respecto, ha establecido el legislador? Inicialmente ninguna[24], de manera que sólo

«El derecho a relacionarse...», ob. cit., pp. 177 y ss., J. L. BLASCO DÍAZ, «Los derechos de los ciudadanos en su relación electrónica con la Administración», *Revista Española de Derecho Administrativo*, núm. 136, 2007, pp. 791 y ss.; así como J. A. HERNÁNDEZ CORCHETE, «El derecho de los ciudadanos a relacionarse con las Administraciones públicas utilizando medios electrónicos y los derechos complementarios que delimitan su alcance», en J. L. Piñar Mañas (dir.), *Administración electrónica y ciudadanos*, Civitas-Thomson Reuters, Cizur Menor, 2011, pp. 117 y ss.

[23] Ciertamente, como advierte Parejo, la flexibilización del contenido prescriptivo de las normas constituye una exigencia ineludible para el Derecho Administrativo en tanto que instrumento facilitador de soluciones adaptadas al contexto actual (L. PAREJO ALFONSO, *Transformación...*, ob. cit., pp. 37 y 38); planteamiento que resulta admisible sólo en la medida que no resulte contradictorio con la seguridad jurídica que debe ofrecer el Derecho, garantía que no asume la regulación objeto de análisis.

[24] Quizás salvo el matiz de las actividades sometidas a la Directiva de Servicios antes referida ya que, como se ha advertido, sus previsiones eran exigibles con anterioridad y, por tanto, existía una obligación clara de poner en marcha

cuatro años después, plenamente consciente el legislador de que el grado de avance en la modernización tecnológica de las Administraciones autonómicas y locales no había sido satisfactorio, se ha introducido un previsión adicional, añadiéndose un párrafo final a dicha disposición por parte de la Ley 2/2011, de 4 de marzo, de Economía Sostenible, en el sentido de obligarles a que, en el caso de que los ciudadanos no puedan ejercer sus derechos por medios electrónicos en la totalidad de los procedimientos y actuaciones de su competencia, aprueben y hagan públicos «los programas y calendarios de trabajo precisos para ello, atendiendo a las respectivas previsiones presupuestarias, con mención particularizada de las fases en las que los diversos derechos serán exigibles por los ciudadanos». Ahora bien, ninguna medida ni consecuencia adicionales se han establecido para los supuestos en que no sólo se incumpla la obligación de facilitar el ejercicio de los derechos por medios electrónicos varios años después de la entrada en vigor de la Ley sino, además y de manera reincidente, ni siquiera se aprueben los mencionados programas y calendarios, requerimiento que en todo caso resulta manifiestamente insuficiente.

¿Y hasta qué punto se trata de un problema estrictamente presupuestario? Debe reconocerse que modificar a nivel interno la forma en que se ha venido organizando el trabajo y, en particular, la gestión documental en cualquier organización supone un importante esfuerzo, sobre todo en términos económicos. Pero no es menos cierto que el principio de cooperación interadministrativa consagrado en nuestro

---

los servicios de Administración electrónica necesarios (E. GAMERO CASADO, «El impacto de la Directiva de Servicios...», ob. cit., p. 129).

ordenamiento jurídico con carácter general –artículo 4.1.d) LRJAP– y, en particular por lo que respecta a la modernización tecnológica de las Administraciones Públicas –un título completo de la LAE dedicado a ello, así como, más específicamente, la previsión del apartado 4 de la disposición final tercera llamando a la colaboración de las entidades supramunicipales– habría permitido soluciones alternativas, mucho más exigentes, eso sí, que pasarían por el uso obligatorio por parte de las Administraciones que aleguen carecer de los fondos necesarios de, al menos, las aplicaciones informáticas puestas libremente a su disposición por los diferentes centros de transferencia de tecnología ya existentes en los ámbitos estatal y autonómicos[25]; de manera que, al menos en un primer momento, se permita a los ciudadanos realizar las principales comunicaciones con las respectivas entidades utilizando medios electrónicos. Y, en concreto, estableciendo sistemas de registros comunes para todas las entidades públicas que permitan mecanismos electrónicos de presentación indirecta de los escritos, solicitudes y comunicaciones equiparables a los que se contemplan con carácter general para las actuaciones presenciales[26]. Como puede imaginarse, la garantía del control judicial no siempre es suficiente en

---

[25] En relación con la iniciativa impulsada por la Administración General del Estado, véase la información y los servicios disponibles a través de la web http://administracionelectronica.gob.es/es/ctt/ctt (última visita: 10/09/2012).

[26] Precisamente, la disposición adicional primera de la Orden HAP/566/2013, de 8 de abril, por la que se regula el Registro Electrónico Común contempla dicha posibilidad a través del oportuno convenio, alternativa que debería convertirse en obligatoria, ya a través del referido registro electrónico u otro de ámbito infraestatal, cuando se alegase la insuficiencia de disponibilidades presupuestaria. De este modo se garantizaría, al menos y con carácter general, el derecho de presentación de los escritos, solicitudes y comunicaciones por medios electrónicos.

estos casos, no ya tanto por la imprecisión normativa sino, sobre todo, por la lentitud y el coste que supone iniciar un proceso contencioso-administrativo sobre una cuestión instrumental como es la relativa a poder ejercer otros derechos sustantivos o, en su caso, cumplir con una obligación por dicha vía. Incluso, en última instancia y salvo excepciones destacadas, la exigencia del derecho a utilizar medios electrónicos a través de la vía judicial resultará en muchos casos demasiado onerosa y, por tanto, no puede ser contemplada como una garantía realmente operativa.

2. LA NECESIDAD DE UN EXHAUSTIVO DESARROLLO NORMATIVO, TODAVÍA INCOMPLETO Y, SOBRE TODO, INSUFICIENTE

La regulación legal objeto de análisis –que, por cierto, y como veremos más adelante en importantes aspectos como la automatización de la actuación administrativa sólo resulta de aplicación directa a la Administración General del Estado ya que carece de naturaleza básica– ha sido objeto de desarrollo tanto en el ámbito estatal como, asimismo, por parte de numerosas comunidades autónomas y entidades locales[27]. Dejando al margen estos últimos ámbitos por exceder el ob-

---

[27] A este respecto, se ha destacado que «una de las características de la legislación general sobre Administración electrónica es su continua remisión al desarrollo reglamentario, que corresponde a *todas* las Administraciones públicas: no sólo a las Comunidades Autónomas, sino también las Entidades Locales y las Administraciones especializadas» [E. GAMERO CASADO y R. MARTÍNEZ GUTIÉRREZ, «El Derecho Administrativo ante la Era de la Información», en E. Gamero Casado y J. Valero Torrijos (coords.), *La Ley de Administración electrónica. Comentario sistemático a la Ley 11/2007, de 22 de junio, de Acceso Elec-*

jeto del presente trabajo, sí que es imprescindible referirse a algunas de las disposiciones reglamentarias estatales más relevantes que nos permitirán precisar el alcance de las afirmaciones realizadas anteriormente.

En efecto, a pesar de que la LAE contiene un marco normativo suficientemente concreto para impulsar cualquier proyecto de Administración electrónica, lo cierto es que sus previsiones se han desarrollado en el ámbito estatal a través de una norma reglamentaria, también de carácter general: el Real Decreto 1671/2009, de 6 de noviembre, que añade cincuenta y tres artículos a los cuarenta y seis de la LAE, al margen de las respectivas disposiciones adicionales, finales, transitorias y derogatorias. Aunque el ámbito de aplicación inicial de esta normativa se limita a la Administración General del Estado[28], no sucede lo mismo con los reales decretos que han aprobado los Esquemas Nacionales de Seguridad e Interoperabilidad que, por el contrario, extienden su eficacia directa a la totalidad de las Administraciones Públicas. Más aún, se trata de dos herramientas de gran relevancia dado su contenido fundamentalmente técnico, en particular para hacer efectivas buena parte de las previsiones de la LAE, sobre todo aquéllas relativas al intercambio de información

trónico de los Ciudadanos a los Servicios Públicos, 3ª ed., Thomson-Aranzadi, Madrid, 2010, p. 77].

[28] Más allá de su eficacia supletoria, su trascendencia obedece más bien a que «el contenido de este real decreto y sus opciones de política normativa constituyen una clara fuente de inspiración para otras Administraciones públicas a la hora de dictar sus propias disposiciones en la materia» [E. GAMERO CASADO, «Objeto, ámbito y principios generales de la Ley de Administración electrónica: su posición en el sistema de fuentes», en E. Gamero Casado y J. Valero Torrijos (coords.), *La Ley de Administración electrónica. Comentario sistemático a la Ley 11/2007, de 22 de junio, de Acceso Electrónico de los Ciudadanos a los Servicios Públicos*, 3ª ed., Thomson-Aranzadi, Madrid, 2010, p. 131].

y documentos entre las Administraciones Públicas y, en general, a la interconexión de los sistemas de información y las aplicaciones a través de las cuales se prestan los servicios electrónicos. O, en otras palabras, para la satisfacción de buena parte de los derechos reconocidos a los ciudadanos a la hora de relacionarse con las Administraciones Públicas por medios electrónicos.

Al margen de otras previsiones sectoriales a las que nos referiremos brevemente más adelante, resulta llamativa la proliferación de normas reguladoras de la Administración electrónica[29], en particular si tenemos en cuenta que tanto el ENI como el ENS a su vez requieren de un ulterior desarrollo de carácter técnico que, en estos momentos, está en fase de desarrollo[30]. Es decir, varios años después de la publicación de la LAE, en la que se contemplan importantes obligaciones para las Administraciones Públicas y se reconoce al ciudadano, con las limitaciones antes referidas, una posición jurídica activa muy avanzada a la hora de utilizar medios electrónicos en sus relaciones con las Administraciones Públicas, nos encontramos con que todavía no se ha ultimado el marco necesario para asegurar el correcto funcionamiento del conjunto del sistema de Administración

---

[29] Tal y como destacamos en otro lugar, se trata de una característica propia de nuestro sistema jurídico-administrativo que, en el caso concreto de la Administración electrónica, parece incluso acentuarse (J. VALERO TORRIJOS, «La nueva regulación legal...», ob. cit., p. 211).

[30] Para información actualizada sobre este proceso, véase la web del Portal de Administración Electrónica estatal en http://administracionelectronica.gob.es/, especialmente la sección Interoperabilidad (última visita: 15/09/2012).

electrónica en España[31]; incluso, las normas técnicas de desarrollo han establecido plazos de adaptación adicionales de varios años, dilatando por tanto la exigibilidad de las facultades del ciudadano. Desgraciadamente, la práctica diaria deja en entredicho la efectividad de las previsiones normativas[32], evidenciando las insuficiencias del actual marco normativo en cuanto a la existencia de herramientas adecuadas para imponer su cumplimiento.

En última instancia, se trata de una destacada manifestación de un fenómeno más amplio que evidencia la necesidad de proceder a un replanteamiento del papel garantista que corresponde al Derecho en relación con el uso de la tecnología. En palabras de Pitschas, «las posibilidades tecnológicas han desbordado la capacidad de dirección jurídica del legislador, lo que ha llevado a una proliferación cada vez mayor y más confusa de normas de detalle de carácter sectorial, sin que con ello se haya resuelto la disociación o distancia existente entre el permanente desarrollo tecnológico y el ordenamiento en vigor»[33]. Lamentablemente, al margen de la experiencia que pueda tener cada ciudadano como usuario de los servicios efectivamente disponibles, lo cierto es que las posibilidades de relacionarse con las Administraciones Públicas exclusivamente por medios elec-

---

[31] R. Rivero Ortega, «Simplificación administrativa y administración electrónica: objetivos pendientes en la transposición de la Directiva de Servicios», *Revista Catalana de Derecho Público*, núm. 42, 2011, pp. 133 y 134.

[32] I. Albors, «Interoperabilidad hoy. Luces y sombras», *XI Jornadas sobre Tecnologías de la Información para la modernización de las Administraciones Públicas*, Zaragoza, 2010.

[33] R. Pitschas, «El Derecho Administrativo de la Información...», ob. cit., p. 224.

trónicos son ciertamente limitadas y no siempre coinciden con sus preferencias y prioridades.

3. LA PROLIFERACIÓN DE NORMAS ADICIONALES Y, SIN EMBARGO, INSUFICIENTES O INADECUADAS

El marco normativo aplicable al uso de medios electrónicos por las Administraciones Públicas en su actividad y en las relaciones con los ciudadanos no se agota con las normas antes referidas, sino que además debe ser complementado con otras previsiones que resultarán de aplicación en función de la materia. Así, por su relevancia práctica y el carácter sin duda paradigmático de la experiencia, en el ámbito tributario se ha dictado un amplio listado de normas que complementan las regulaciones generales, hasta el punto de que en algunos extremos pueden, incluso, llegar a resultar contradictorias[34].

Más recientemente se ha aprobado el marco normativo específico con el que se pretende impulsar la modernización tecnológica en la Administración de Justicia: la Ley 18/2011, de 5 de julio, cuya inspiración en el contenido de la LAE resulta más que evidente con una primera lectura. No obstante, la situación en este ámbito resulta especialmente preocupante teniendo en cuenta la realidad diaria de las oficinas judi-

---

[34] A este respecto se ha destacado la necesidad de proceder a la reforma de la normativa tributaria en la materia a fin de asegurar su plena concordancia con la regulación general sobre Administración electrónica [R. OLIVER CUELLO, «La regulación de la Administración electrónica tributaria», en A.M. Delgado y R. Oliver (coords.), *Administración electrónica tributaria*, Bosch, Barcelona, 2009, p. 118].

ciales desde el punto de vista tecnológico, donde la ausencia de las más elementales medidas de seguridad en la gestión documental, los problemas en el funcionamiento de las aplicaciones informáticas y, en general, las dificultades el acceso a las redes de comunicaciones son más que evidentes[35].

No es nuestra intención llevar a cabo una exposición exhaustiva, ni siquiera una enumeración, de las normas que disciplinan la Administración electrónica en cada uno de los sectores de actividad, pero no podemos dejar de referirnos finalmente a dos disposiciones legales de gran relevancia por cuanto resultan imprescindibles para dotar de una mínima seguridad jurídica a este proceso; sin perjuicio, claro está, de que en páginas posteriores se llevará a cabo un análisis más preciso en relación con algunas de sus previsiones. Por una parte, la LAE ha incorporado reglas específicas para el uso de la firma electrónica en el ámbito administrativo, completando de esta manera la regulación general de la LFE, si bien es cierto que no ha terminado de solventar algunos de los principales inconvenientes que han caracterizado la práctica diaria en relación con el uso de esta inexcusable herramienta: la posición prevalente de la FNMT como prestador de referencia en el ámbito del sector público y, por otra parte, la todavía insuficiente implantación del DNI electrónico como instrumento básico para la identificación ante las Administraciones Públicas.

---

[35] Por lo que respecta a la ubicación de esta regulación en el contexto de la regulación sobre Administración electrónica, véase E. GAMERO CASADO, «El objeto de la Ley 18/2011 y su posición entre las normas relativas a las tecnologías de la información», en E. Gamero y J. Valero (coords.): *Las Tecnologías de la Información y la Comunicación en la Administración de Justicia*, Thomson-Aranzadi, Cizur Menor, 2012, pp. 71 y ss.

Finalmente, tal y como se ha destacado con carácter general en páginas anteriores, en materia de protección de los datos personales de los ciudadanos la normativa actualmente en vigor data fundamentalmente de finales del siglo XX, es decir, obedece a un contexto tecnológico radicalmente distinto del que vivimos actualmente[36]. Precisamente este desfase se encuentra en la base de uno de los principales debates jurídicos que, en estos momentos, está teniendo lugar en relación con Internet: la tensión entre la necesaria difusión de información administrativa, incluso a través de diarios oficiales, y las legítimas pretensiones en muchas ocasiones de los sujetos cuya información resulta fácilmente accesible gracias a los buscadores. Se trata, en última instancia, de un problema que deriva de un sistema de publicidad de la información administrativa pensado para unos determinados parámetros –fundamentalmente el soporte papel de las publicaciones oficiales y los tablones de edictos ubicados en las oficinas administrativas presenciales– que resultan manifiestamente inadecuados a la vista de las posibilidades que ofrecen actualmente las tecnologías de la información y las comunicaciones, que han venido a demostrar la insuficiencia de la protección jurídica vigente[37]. Podría añadirse, además, para reforzar esta falta de

---

[36] En concreto, aun cuando la LOPD fuese aprobada en 1999, la Directiva de la que trae causa fue formalmente adoptada en 1995, lo que supone, teniendo en cuenta la lentitud del proceso de elaboración de estas normas en el ámbito europeo, que su concepción inicial y, por tanto, su modelo se gestaron al menos unos años antes, es decir, mucho antes de la generalización del acceso a Internet.

[37] Para una visión en profundidad de las implicaciones de este nuevo desafío, véase P. SIMÓN CASTELLANOS, *El régimen constitucional del derecho al olvido digital*, Tirant lo Blanch, Valencia, 2011. Por lo que se refiere específicamente al ámbito de las Administraciones Públicas, cfr. E. GUICHOT REINA, «La publicidad de datos personales en internet por parte de las Administraciones

adaptación normativa, el hecho de que la tecnología permite intensificar notablemente las interconexiones entre bases de datos pertenecientes a distintas Administraciones Públicas, mientras que las garantías jurídicas actualmente existentes –en concreto, las aplicables a las cesiones o comunicaciones reguladas en el artículo 11 LOPD– están pensadas para un tratamiento ciertamente mucho menos invasivo y más concreto por lo que respecta a las finalidades de uso de la información[38]; esto es, para un modelo de control sobre la licitud del acceso y la utilización de la información de los ciudadanos caso por caso que, sin embargo, en la realidad tecnológica en que se basa actualmente la actividad de las Administraciones Públicas, debería actualizarse para evitar que su virtualidad sea meramente formal.

4. EL PAPEL DEL DERECHO EN LA MODERNIZACIÓN TECNOLÓGICA DE LAS ADMINISTRACIONES PÚBLICAS: LIMITACIONES Y POSIBILIDADES

A la vista de las anteriores reflexiones, no parece exagerado afirmar que, aun cuando los avances normativos han sido considerables en los últimos años, las deficiencias del sistema jurídico a partir del cual se ha construido la Administración electrónica en España evidencian que presenta importantes inconvenientes y notables disfunciones. Incluso, aunque pu-

---

Públicas y el derecho al olvido», *Revista Española de Derecho Administrativo*, núm. 154, 2012, pp. 125 a 169.

[38] J. Valero Torrijos y M. Fernández Salmerón, «Protección de datos personales y Administración electrónica», en *Revista Española de Protección de Datos*, núm. 1, 2007, pp. 131 y ss.

diera resultar paradójico, puede afirmarse la existencia de un exceso regulatorio[39], hasta cierto punto deliberadamente asistemático o, para ser más precisos, con el que se ha tratado de ofrecer regulaciones *a la carta* a fin de perpetuar inercias y hábitos de trabajo que, en última instancia, han dificultado que la tecnología desarrolle su potencial innovador en un ámbito como el de las Administraciones Públicas, en relación con el cual la percepción social se refiere, precisamente, a un exceso de rigidez y a una evidente falta de eficacia en la respuesta a las necesidades sociales más acuciantes[40].

Precisamente, una de las principales contestaciones que recibe el sistema administrativo actualmente es que, a pesar de las posibilidades que ofrece la tecnología, no se han incrementado de forma perceptible ni la transparencia ni el acceso a la información administrativa[41]; y, en consecuencia y

---

[39] No es el caso, por ejemplo, de otras culturas jurídicas, en las que el desafío es más bien que la normativa de Administración electrónica se base en una concepción abierta y de neutralidad tecnológica. A este respecto, por lo que se refiere a los países nórdicos, cfr. A. SAARENPÄÄ, «E-Government and Good Government: An Impossible Equation in the New Network Society», *Scandinavian Studies in Law*, núm. 47, 2004, p. 264.

[40] En palabras de Prats, entre las características de nuestras Administraciones Públicas se encuentran un «aprovechamiento escaso, desigual e insuficiente de las potencialidades brindadas por las TICS» [J. PRATS I CATALÁ, «Las transformaciones de las Administraciones Públicas de nuestro tiempo», en F. Sainz Moreno (dir.), *Estudios para la reforma de la Administración Pública*, Instituto Nacional de Administración Pública, Madrid, 2004, p. 33].

[41] Cfr. A. CERRILLO I MARTÍNEZ, «The Regulation of Diffusion of Public Sector Information Via Electronic Means: Lessons from the Spanish Regulation», *Government Information Quarterly*, núm. 28, 2011, p. 196. Paradójicamente, como ha destacado Trudel, el uso de medios electrónicos conlleva una mayor incidencia en el ámbito de los datos personales de los ciudadanos, de ahí la necesidad de reforzar la transparencia de los flujos informativos a fin de que la falta de confianza no termine por convertirse en un inconveniente definitivo para el impulso de la Administración electrónica (P. TRUDEL, «Reinforcer

como no podía ser de otra manera, tampoco la participación y la colaboración, ya que aquélla es una premisa inexcusable para estos dos últimos principios[42]. Como analizaremos más adelante, el modelo burocrático que ha consagrado la LAE no ha estimulado la configuración de una Administración Pública más democrática[43], que permita efectivamente a los ciudadanos ejercer un papel protagonista en la configuración de la actuación administrativa, no limitándose a soportar una posición de destinatario pasivo, más propia de concepciones políticas ya superadas, en la que ha de ceñirse en gran medida a sufragar con sus impuestos unas políticas públicas con las que no se sienten identificados al no responder a sus auténticas necesidades y prioridades[44].

---

la protection de la vie privée dans l'Etat en réseau: l'aire de partage de données personnelles», *Revue Française d'Administration Publique*, núm. 110, 2004, pp. 258 a 260). En relación con esta misma exigencia, aunque desde la pespectiva del derecho a una buena Administración, A. SAARENPÄÄ, «E-Government and Good Government...», ob. cit., p. 257. Se trata de una valoración especialmente sugerente si tenemos en cuenta que, en la mayor parte de los supuestos, las Administraciones Públicas no requieren del consentimiento de los ciudadanos para tratar sus datos personales, al menos, y como regla general, en la medida que la información sea necesaria para el ejercicio de sus competencias.

[42] Por lo que se refiere a las posibilidades que, a este respecto, ofrece la *web 2.0* véase L. COTINO HUESO, «Tratamiento jurídico y normativo de la democracia, participación y transparencia electrónicas: presente y perspectivas», en J. Barrat i Esteve y R. M. Fernández Riviera, *Derecho de sufragio y participación ciudadana a través de las nuevas tecnologías*, Thomson-Civitas, Madrid, 2012, pp. 245 a 253.

[43] En relación a esta idea, J. VALERO TORRIJOS, «El acceso y la reutilización de la información administrativa. Implicaciones jurídicas del proceso de modernización tecnológica de las Administraciones Públicas en su actual y futura configuración», *Diario La Ley*, núm. 7800, 2012.

[44] Éste es precisamente uno de los principales desafíos a los que se ve abocado el ciudadano en el entorno de la *web 2.0*, modelo paradigmático de innovación basado en el uso de la tecnología, hasta el punto de que se ha destacado que su

A partir de este planteamiento político-administrativo tampoco se le puede pedir al Derecho, y en particular, al Derecho Administrativo en tanto que instrumento regulador del poder ejecutivo, la consecución de objetivos que son radicalmente contrarios a su manera de producirse. En concreto, no puede sorprender que la inexistencia de una cultura de transparencia y apertura en las Administraciones Públicas españolas –antes al contrario, más bien de restricciones y limitaciones no siempre siquiera formalmente justificadas– cristalice en un sistema jurídico que no contempla ni obligaciones contundentes de transparencia para las entidades públicas, en particular aprovechando la enorme potencialidad de la tecnología[45], ni mecanismos eficaces para exigir el acceso a los archivos y registros, a pesar de los relevantes

---

éxito depende en gran medida de la reconversión del papel que le corresponde y que ha de asumir. En relación con esta idea, véase J. MORRISON, «Gov 2.0: Towards a User Generated State?», *The Modern Law Review*, vol. 73(4), 2010, pp. 576 y 577.

[45] Debe enfatizarse a este respecto que la regulación sobre Administración electrónica y, en particular la LAE, no ha contribuido, precisamente, a fortalecer la transparencia administrativa. Sobre esta reflexión, véase J. VALERO TORRIJOS, «La nueva regulación legal del uso de las tecnologías de la información y las comunicaciones en el ámbito administrativo: ¿el viaje hacia un nuevo modelo de Administración, *electrónica*?», *Revista Catalana de Derecho Público*, núm. 35, 2007, p. 241, así como L. COTINO HUESO, «Tratamiento jurídico y normativo de la democracia...», ob. cit., pp. 245 y ss. Para una valoración distinta, cfr. J. L. BLASCO y M. FABRA VALLS, «Current Trends in the Evolution of Electronic Relations between the Administration and Citizens in Spain», *European Journal of ePractice*, núm. 12, 2011, p. 15. Cfr. R. MARTÍNEZ GUTIÉRREZ, *Administración Pública electrónica*, Thomson-Civitas, 2009, pp. 428 y ss., así como J. CANTERO MARTÍNEZ, «El principio de transparencia en la Ley de Acceso Electrónico de los Ciudadanos a los Servicios Públicos», en J. L. PIÑAR MAÑAS (coord.), *Administración electrónica y ciudadanos*, Thomson-Civitas, Madrid, 2011, pp. 298 y ss.

avances doctrinales a los que hemos asistido en los últimos años y de la intensa demanda social a este respecto[46].

Más aún, incluso admitiendo las bondades del actual marco normativo regulador de la Administración electrónica –a pesar de las limitaciones referidas, es preciso reconocer que son muchas– lo cierto es que ni siquiera el modelo formalizado en que, a partir de una concepción *tradicional* del procedimiento administrativo, se sustenta la regulación del uso de medios electrónicos en el ámbito administrativo puede considerarse satisfactorio en su actual estado de evolución. Como se ha demostrado sobradamente[47], el Derecho y la tecnología en modo alguno pueden considerarse como obstáculos de suficiente entidad para impedir o dificultar la modernización de las Administraciones Públicas ya que, por lo que respecta al primero, cualquier inconveniente de cierta trascendencia podría ser soslayado con una modificación normativa si las posibilidades interpretativas se han agotado; y, en relación con la segunda, siempre contempla novedades que, debidamente articuladas, permitirían a aquéllas ofrecer servicios y modelos de actuación realmente innovadores y a la altura del nivel de desarrollo de estas herramientas en otros ámbitos del sector privado, más allá de la tradicional percepción formalista de las categorías clásicas del Derecho Administrativo[48].

---

[46] Para un detallado análisis de esta problemática a nivel social y normativo, véase E. Guichot Reina, «El Anteproyecto de Ley de Transparencia», *Cronista del Estado Social y Democrático de Derecho*, núm. 30, 2012, pp. 28 y ss.

[47] http://www.egovbarriers.org (última visita: 10/09/2012).

[48] En palabras de Piñar, «el efecto que la revolución tecnológica tiene y sin duda va a tener en relación con la Administración Pública y el derecho administrativo no puede circunscribirse al miope e incluso aburrido (aunque no

Al fin y al cabo, al menos por lo que respecta al Derecho, sus limitaciones derivan en gran medida de ser sólo un instrumento más, de gran importancia en las sociedades modernas, para la consecución de aquellos objetivos previamente definidos por quienes ejercen la potestad para crearlo. De la misma manera, como enfatiza Henman[49], la incidencia de las tecnologías en la modernización del sector público no puede ser analizada de forma aislada, sin tener en cuenta que forman parte de un conjunto en el que interaccionan con numerosos elementos de forma muy compleja, por lo que tampoco es admisible exagerar su potencialidad para facilitar el cambio, ya que se trata simplemente de una herramienta a pesar de su singular eficacia en la medida que su cumplimiento cuenta, en última instancia, con el respaldo de los poderes públicos.

¿Realmente se percibe que el largo e inacabado proceso de modernización tecnológica a que están siendo sometidas las Administraciones Públicas –y, en concreto, el régimen jurídico en que se apoyan– haya servido para superar de manera decidida los problemas y dificultades que, desde hace ya demasiado tiempo, están lastrando la efectiva consecución de los mandatos constitucionales más allá de una estricta valoración formal desde la perspectiva del deber ser normativo?

---

por ello poco importante) ámbito de los procedimientos, o las notificaciones telemáticas, por decir algo, sino que ha de provocar una profunda reflexión acerca del surgimiento de una nueva Administración, que muy poco tiene que ver con la actual» [J. L. PIÑAR MAÑAS, «Revolución tecnológica y nueva Administración», en J. L. Piñar (dir.), *Administración electrónica y ciudadanos*, Thomson-Civitas, Cizur Menor, 2011, p. 29].

[49] P. HENMAN, *Governing Electronically. E-Government and the Reconfiguration of Public Administratition, Policy and Power*, Palgrave Macmillan, Nueva York, 2010, p. 31.

Ahora bien, tampoco sería razonable concluir que el Derecho constituya una rémora que impide y dificulta sustancialmente la innovación en el ámbito de las Administraciones Públicas ya que, aun teniendo en cuenta el marco normativo tan exhaustivo de que disponemos actualmente y las limitaciones del modelo conceptual en que se asienta, lo cierto es que en general ofrece numerosas alternativas y posibilidades que invitan a la flexibilidad a la hora de implementar en la práctica los proyectos de modernización administrativa. El problema de fondo debe ser, por tanto, reconducido a otro planteamiento que más bien se identifica con las dificultades para incidir en la estructura y el funcionamiento de las instituciones y, en particular, con la ausencia de una auténtica voluntad política –quizás incluso de una incapacidad real– de profundizar en su modernización. Y desde esta perspectiva, el Derecho ha de ser contemplado como un instrumento para dinamizar el cambio, tal y como la experiencia posterior a la LAE, con todas sus limitaciones, se ha encargado de demostrar.

II. LA ADMINISTRACIÓN ELECTRÓNICA, UNA OPORTUNIDAD PARA LA INNOVACIÓN BASADA EN LA EFICACIA TRANSFORMADORA DE LA TECNOLOGÍA

La configuración característica del Derecho Administrativo previo a la irrupción de las tecnologías de la información y la comunicación se ha sustentado en un delicado equilibrio entre la atribución de potestades unilaterales exorbitantes a favor de las Administraciones Públicas para la consecución del interés público y, a modo de contrapeso, el reconocimiento de unas serie de garantías jurídicas que asegurasen el control de su correcto ejercicio y, por lo que respecta a los ciudadanos, el respeto de sus derechos e intereses legítimos. Ahora bien, la Administración electrónica se asocia no sólo a la oferta de mejores servicios a los ciudadanos sino, además y sobre todo, a la instauración de nuevos valores y actitudes y a la consolidación de otros ya existentes, en gran medida como consecuencia de las posibilidades innovadoras que facilita la tecnología; entre las que no pueden minusvalorarse las relativas a un refuerzo de las garantías que ofrece el Derecho que, con apoyo en los desarrollos informáticos, podría ver apuntalada su eficacia desde esta perspectiva.

En todo caso, conviene ser prudente en relación con aquellas concepciones que fundamentan la modernización tecnológica de las Administraciones Públicas principalmente en la tecnología[50], sobre todo si tenemos en cuenta las dificultades que conlleva la implantación de nuevos modelos basados en soluciones tecnológicas en el ámbito del sector público[51], hasta el punto de que ha llegado a afirmarse que los más recientes desarrollos no han aportado cambios sustanciales y transformadores a pesar de las expectativas y predicciones formuladas[52]. Conclusión que, en gran medida y desde la perspectiva práctica, puede aplicarse a la eficacia de

---

[50] J. BARNES, «La colaboración interadministrativa…», ob. cit., p. 255.

[51] P. DUNLEAVY (Y OTROS), *Digital Era Governance: IT Corporations, the State, and e-Government*, Oxford University Press, 2010, p. 26.

[52] D. F. NORRIS, «E-Government 2020: Plus ça change, plus c'est la meme chose», *Public Administration Review*, núm. especial diciembre 2010, p. 181.

refuerzo que, respecto de las garantías jurídicas, ha ofrecido hasta ahora el diseño de las aplicaciones informáticas y de los modelos de gestión en que se ha basado la Administración electrónica; a pesar del potencial que, al menos teóricamente, tiene la tecnología a la hora de combinar una mayor eficacia con la mejor satisfacción de la protección jurídica de los diversos intereses, públicos y privados, implicados en el ámbito de las Administraciones Públicas y las relaciones con los ciudadanos. Sin que puedan, finalmente, obviarse los peligros y amenazas que, precisamente, pueden derivarse de la mayor eficacia que, al menos potencialmente, permite la tecnología, normalmente a costa de los perfiles tradicionales de los derechos y garantías formales.

Sin pretender llevar a cabo un análisis exhaustivo y sistemático que excedería notablemente el objeto y las pretensiones de este libro, sí que resulta esencial recordar los parámetros en que, tradicionalmente, se ha basado este delicado equilibrio para, en un segundo momento, determinar hasta qué punto la tecnología supone o no una ruptura que, en última instancia, precise inexcusablemente –y en qué medida– de una nueva regulación o, al menos, de adaptaciones normativas relevantes con el objetivo final de no minorar el nivel de protección jurídico hasta ahora consolidado o, incluso, articular medidas adicionales de refuerzo basadas en la singular fortaleza que permitiría un diseño adecuado de las herramientas tecnológicas.

1. CARACTERIZACIÓN GENERAL DE LAS ACTUACIONES ADMINISTRATIVAS BASADAS EN EL SOPORTE PAPEL Y LAS RELACIONES PRESENCIALES

La actuación de las Administraciones Públicas se ha venido realizando hasta ahora a través de la intervención directa de personas físicas, ya en su condición de titulares de los órganos administrativos ya, de forma más genérica, como personal al servicio de aquéllas. En los casos en que se requiere específicamente el ejercicio de una competencia, el titular del órgano asume formalmente la decisión adoptada estampando su firma manuscrita ante un documento escrito, expresión a través de la cual se manifiestan normalmente los actos administrativos. Asimismo, las actuaciones no formalizadas son llevadas a cabo por personas físicas que, más allá de su condición de personal laboral o funcionario en un sentido estricto, representan a la Administración entendida como entidad o persona jurídica que, por tanto, carece de una existencia material propia que sólo se concreta a través de sus medios personales y materiales[53]. No obstan-

---

[53] Señala Santamaría que «la estructura primaria y tangible del órgano se encuentra en su titular: esto es, en la persona física a la que se confiere el ejercicio de un determinado haz de funciones públicas, que constituyen el acervo competencial de aquél», siendo «el otorgamiento de la titularidad de estas funciones lo que pone en marcha el mecanismo de la imputación: la voluntad y los actos de dicha persona devienen en voluntad y actos del ente público en la medida en que desarrolla las funciones de que ha sido investida» (J. A. SANTA-MARÍA PASTOR, «La teoría del órgano en el Derecho Administrativo», *Revista Española de Derecho Administrativo*, núms. 40-41, 1984, pp. 57 y 58). En palabras de F. GARRIDO FALLA, «las entidades públicas actúan a través de *órganos* encarnados por personas físicas, de tal forma que toda declaración emanada de un órgano administrativo es, en último análisis, una declaración emanada de una (o varias) personas físicas» (*Tratado de Derecho Administrativo*, vol. I, 13ª ed., Tecnos, Madrid, 2002, p. 589). En fin, como advierte A. MARTÍNEZ

te, en aquellas ocasiones en que debido a la complejidad de la tarea a realizar, la acumulación de trabajo u otro tipo de circunstancias vinculadas a la eficiencia, se hubiese optado por externalizar ciertas actividades en entidades privadas, la Administración ha mantenido al menos un control jurídico-formal en relación con el ejercicio de las competencias que, en última instancia, son irrenunciables por exigencia legal.

Estos mismos parámetros son los que también han venido configurando las relaciones entre las propias Administraciones Públicas y, asimismo, con los ciudadanos, de manera que cuando una de ellas ha requerido de información en poder de otra, el personal al servicio de la primera se ha puesto en contacto con el de la segunda a través de diversas vías, normalmente indirectas –teléfono, correo postal, fax y, más recientemente, correo electrónico–. En consecuencia, al menos normalmente, ha resultado preciso expresar al destinatario del requerimiento los motivos para los cuales dicha información resultaba necesaria, lo que abocaba a la valoración acerca de la procedencia de su puesta a disposición de la entidad requirente. Todo ello con independencia de que, si así se consideraba oportuno y para reducir los plazos de la efectiva disponibilidad de la misma, dicha información pudiera remitirse por medios electrónicos. Incluso, en el seno de la misma Administración Pública el funcionamiento para

---

MARÍN, una de las justificaciones del principio de la competencia en tanto que concreción y delimitación del poder público en los órganos administrativos radica en la configuración de su responsabilidad jurídica, preguntándose el citado autor «¿qué título posibilita la existencia de responsabilidades a una autoridad o funcionario público sino la de ser la persona física titular del órgano competente?» (*Una teoría sobre nuestra organización pública y sus principios*, Tecnos, Madrid, 1996, p. 86).

el manejo de la información es sustancialmente idéntico, con la salvedad de que normalmente hay mayores facilidades en el acceso a la información y una mayor celeridad en cuanto a los plazos de su efectiva disponibilidad al tratarse de la misma entidad.

Otra de las principales características de la actuación de las Administraciones Públicas es que, al menos cuando se trate de actos administrativos en su sentido estricto, sólo pueden ser dictados previa tramitación del oportuno procedimiento, que tradicionalmente se ha considerado como una serie ordenada de trámites y actuaciones cuyo reflejo documental es el expediente. En consecuencia, una de las notas distintivas más destacadas del procedimiento administrativo y, por tanto, de su reflejo documental, se refiere a la necesidad de que cada uno de los trámites se efectúe de forma ordenada, siguiendo la secuencia temporal predeterminada por la norma; exigencia de estricta ordenación que también se traslada al expediente desde su incoación hasta su archivo[54], especialmente en aquellos supuestos en que ha de ponerse a disposición judicial, en cuyo caso las garantías formales se intensifican.

Por lo que respecta al ciudadano, el ejercicio de sus derechos y el cumplimiento de sus obligaciones también se ha venido llevando a cabo –y de hecho, en la mayor parte de los casos sigue siendo así– mediante la personación física en las

---

[54] A este respecto, cfr. R. RIVERO ORTEGA, *El expediente administrativo: de los legajos a los soportes electrónicos*, 2ª ed. Thomson-Aranzadi, Cizur Menor, 2008, p. 167, y F. J. SANZ LARRUGA, «Documentos y archivos electrónicos», en E. Gamero y J. Valero (coords.) *La Ley de Administración electrónica. Comentario sistemático a la Ley 11-2007, de 22 de junio, de Acceso Electrónico de los Ciudadanos a los Servicios Públicos*, 3ª ed., Thomson-Aranzadi, Cizur Menor, 2010, p. 487.

oficinas administrativas de manera que, según estos parámetros, ha de realizarse un desplazamiento físico e interactuar de manera directa y presencial con el personal al servicio de la Administración Pública. En este sentido, cuando resulta precisa la presentación de un escrito, solicitud o comunicación o, en general, recabar información o realizar alguna gestión, dichas actuaciones deben efectuarse en un horario predeterminado de atención al público y, en algunos casos, en ciertas oficinas concretas; restricciones que, no obstante, tienen algunas excepciones y matizaciones en aras a una cierta flexibilidad que facilite la atención al ciudadano. Del mismo modo, cuando la Administración necesita comunicar una decisión al interesado se pone en marcha un sistema de notificación que necesariamente pasa, al menos en la mayor parte de los casos y como regla general, por dirigirse a su domicilio y, en función de que aquél se encuentre allí o la notificación pueda practicarse, las siguientes actuaciones serán unas u otras.

Finalmente, en relación con los sistemas de control de las actuaciones administrativas, normalmente tienen lugar *a posteriori*, es decir, una vez que las decisiones se han adoptado y, normalmente, a partir de la iniciativa de los particulares interponiendo un recurso o, con carácter general, una reclamación; sin perjuicio de que puedan llevarse a cabo de oficio, sobre todo como consecuencia de actuaciones de inspección o, en general, requerimientos o comunicaciones internas. En todo caso, se trata de un condicionamiento propio del modelo de gestión informativa a que aboca el uso del papel como soporte de la gestión documental, ya que las posibilidades de anticipar los mecanismos de control en gran medida pasan por modelos que permitan hacer un uso avanzado de la información que, según tales parámetros, resultan ciertamente complicados de articular.

2. EL USO DE MEDIOS ELECTRÓNICOS, ¿QUÉ NOVEDADES PRINCIPALES SUPONE RESPECTO DEL ANTERIOR MODELO?

a) LA INTERMEDIACIÓN EN LA ACTUACIÓN ADMINISTRATIVA, EN PARTICULAR LA QUE TIENE LUGAR DE FORMA AUTOMATIZADA

Más allá de precisiones conceptuales acerca de la distinción entre medios informáticos, electrónicos y telemáticos[55], el uso de las tecnologías de la información y la comunicación aplicadas a la gestión administrativa puede concebirse, simplemente, como un apoyo a la realización de las diversas actividades y comunicaciones según el modelo someramente descrito en el apartado anterior. Incluso, podrían convertirse en instrumentos de alto impacto para reconfigurar la forma en que se han venido desenvolviendo la actividad administrativa y las relaciones con los ciudadanos. Ahora bien, como analizaremos en detalle más adelante, se requiere también una adaptación de los criterios jurídicos aplicables a esa nueva realidad, no sólo los estrictamente normativos sino, asimismo y sobre todo, aquéllos que se refieren a la comprensión y, más estrictamente, la interpretación de los condicionamientos fácticos, tecnológicos y socioeconómicos

---

[55] Sobre la problemática conceptual que supone el uso de estas tres expresiones, M. A. DAVARA RODRÍGUEZ, *Manual de Informática y Derecho*, Aranzadi, Pamplona, 1997, pp. 337 y 338.

en relación con los cuales se han de aplicar las previsiones normativas.

Por lo que se refiere a la exigencia de una intervención directa de las personas físicas en la actuación administrativa, el uso de medios electrónicos permite que las decisiones se lleven a cabo de forma automatizada, esto es, sin que aquélla tenga lugar, de manera que se adopten directamente por los sistemas informáticos conforme a una programación de las aplicaciones previamente establecida. De esta manera se puede llegar a facilitar enormemente la actuación administrativa que, en gran medida, ya hoy día tiene lugar a partir de la información que obra en registros y bases de datos digitales, sin que la participación del personal al servicio de la Administración aporte muchas veces más que una simple rúbrica a modo de visto bueno que permite, en última instancia, realizar una imputación formal de autoría de una decisión o, más bien, de un documento puesto que aquélla, en realidad, habrá sido adoptada a partir de los datos proporcionados por el sistema de información, sin que la persona física realice comprobación alguna ni modifique el resultado del tratamiento informativo que ha recibido.

Más allá de los debates acerca del alcance que puede y debe tener esta modalidad de decisión en el ámbito de las Administraciones Públicas[56], lo relevante a los efectos que ahora interesan es que la configuración de los programas y

---

[56] En relación con el debate suscitado a nivel doctrinal en esta materia, cfr. I. MARTÍN DELGADO, «Naturaleza, concepto y régimen jurídico de la actuación administrativa automatizada», *Revista de Administración Pública*, núm. 180, 2009, p. 363, así como J. VALERO TORRIJOS, *El régimen jurídico de la e-Administración. El uso de medios informáticos y telemáticos en el procedimiento administrativo*, 2ª ed., Comares, Granada, 2007, p. 73.

aplicaciones utilizados para las decisiones administrativas no corresponde al titular del órgano competente para adoptarlas, ni siquiera al personal encargado de la tramitación de los asuntos por razón de la materia de que se trate. En efecto, la programación informática se caracteriza por una complejidad muy elevada que determina que dicha tarea sólo pueda llevarse a cabo por personal especializado desde el punto de vista tecnológico que, al menos normalmente, carecerá sin embargo de los conocimientos necesarios para adaptar la aplicación a las singularidades del ámbito material –tráfico, urbanismo, medio ambiente...– sobre el que versa la actuación administrativa y, en particular, a sus exigencias jurídicas.

Resulta, pues, imprescindible la participación de un nuevo sujeto que, en gran medida, se limita a programar la aplicación informática en función de los criterios que se le indiquen[57], bien por el titular del órgano competente para llevar a cabo la actuación, bien por el servicio encargado de los asuntos informáticos en la respectiva entidad, bien por el personal de la Administración Pública a quien corresponda la gestión del tipo de asuntos a que se refiere la actuación a realizar. Incluso, con relativa frecuencia, las aplicaciones in-

---

[57] La aplicación de las tecnologías de la información y la comunicación en las decisiones adoptadas por las Administraciones Públicas conlleva un radical cambio de los parámetros en que tradicionalmente se han sustentado, de manera que la respuesta de la persona física responsable de la misma viene condicionada en gran medida por la programación que previamente se haya realizado de la aplicación en cuestión (M. BOVENS y S. ZOURIDIS, «From Street-Level to System-Level Bureaucracies: How Information and Communication Technology is Transforming Administrative Discretion and Constitutional Control», *Public Administration Review*, vol. 62, núm. 2, abril 2002, pp. 177 y ss.).

formáticas utilizadas son diseñadas por empresas ajenas a la estructura administrativa, a través del oportuno proceso de contratación, de manea que ni siquiera esa intervención previa de un representante de la Administración Pública tiene lugar a la hora de determinar los parámetros a partir de los cuales va a tener lugar el funcionamiento de la aplicación y, por tanto, la adopción de las decisiones administrativas. Especialmente con la prestación de los llamados *servicios en la nube* estamos asistiendo a una intensificación de la tendencia a la externalización, justificada no sólo por la complejidad tecnológica, sino, adicionalmente, por el notable ahorro que, al menos teóricamente y más allá de otros criterios como la seguridad técnica y jurídica que ofrecen algunos prestadores, esta fórmula de gestión supone desde el punto de vista económico. La singularidad del funcionamiento de tales servicios podría exigir que se autorice a la empresa o Administración que los preste para integrar en sus propias aplicaciones informáticas –a través de las cuales se lleva a cabo la actuación administrativa, caso por ejemplo de la expedición de una certificación de ciertos hechos o de un recibo de la presentación realizada en un registro electrónico– los denominados sellos de órgano o de entidad; instrumentos a través de los cuales se pretenden asegurar las garantías de integridad y autenticidad de los documentos con ellos firmados en los supuestos de actuación automatizada y, por lo tanto, imputar a la Administración Pública correspondiente la titularidad de la misma al menos desde una consideración jurídica.

En consecuencia, más allá de que la actuación se lleve a cabo o no de forma automatizada, la intermediación del elemento tecnológico, ya a nivel interno de la propia Administración, ya externo en los supuestos de participación de otras entidades públicas o incluso empresas privadas, obliga a reduplicar las precauciones desde la consideración del respeto al ejercicio de la competencia por quien la tiene realmente atribuida, esto es, por parte de los órganos administrativos. Por ello, más allá de un mero control formal que se traduzca en el estricto cumplimiento de las previsiones normativas –insuficientes, por lo demás, como explicaremos más adelante–, resulta de especial trascendencia que se lleve a cabo una efectiva supervisión por parte de la Administración Pública en relación al funcionamiento de las aplicaciones que se utilicen para llevar a cabo su actividad, en particular cuando se realice de forma automatizada. Sin embargo, el principal problema es que en demasiados casos esa fiscalización no se lleva a cabo, bien porque el personal administrativo carece de la formación necesaria para realizar las comprobaciones oportunas o, simplemente y lo que resulta aún más grave, por inercia o confianza en los productos que ofrecen tales prestadores de servicios. A este respecto, la exigencia en los pliegos de contratación de certificaciones en los productos contratados o del personal encargado de la asistencia técnica son, sin duda, garantías que deben valorarse especialmente; sin perjuicio, claro está, de exigir una completa adecuación a las previsiones normativas que, en cada caso y por razón de la materia de que se trate, deban respetarse. Este requerimiento resulta especialmente importante cuando se trate de ámbitos en los que el marco normativo regulador no sea uniforme y, por ejemplo, la misma aplicación informática utilizada por una Administración Pública deba ajustarse a las singularidades que ofrece el régimen jurídico aplicable a la actuación de otra; aun cuando exista plena identidad entre los supuestos de hecho sobre los que versa la actuación administrativa –por ejemplo, la práctica de una liquidación tributaria sobre la venta de un inmueble urbano, debido a la existencia de reducciones o exenciones específicas de una determinada Comunidad Autónoma–. En última instancia, se trata de una problemática sin duda inherente a la descentralización territorial característica de nuestro sistema político-administrativo y que, por lo tanto, debe ser tenida en cuenta necesariamente.

b) Las implicaciones de la intermediación en las comunicaciones entre la Administración Pública y los ciudadanos

Por lo que se refiere a las relaciones entre la Administración Pública y los ciudadanos la tecnología también obliga a replantear los cimientos en los que tradicionalmente se han sustentado, ya que las particularidades que plantea la comunicación por medios electrónicos suponen importantes consecuencias sobre la forma en que se ha afrontado jurídicamente esta cuestión. En efecto, de una parte, la presencialidad y el carácter inmediato de la comunicación desaparece y deja su lugar a una relación a distancia en la que, además, participan diversos intermediarios que, por ello, complican su regulación, tanto como consecuencia del incremento de sujetos que intervienen, como, asimismo y sobre todo, por las características del papel que les corresponde, en gran medida justificado por la singularidad de la tecnología empleada.

En primer lugar es necesario destacar que el ciudadano ya no ha de dirigirse físicamente a la oficina administrativa al utilizar un medio telemático, de manera que la acreditación de su identidad en caso de resultar necesaria para una concreta actuación –tal y como sucede, por ejemplo, para acceder a la documentación que forma parte de un expediente en el que se tenga la condición de interesado o para presentar un escrito o solicitud– no tiene lugar mediante la exhibición de un documento de identificación sino, en realidad, se ha de articular a través de un sistema alternativo adaptado a la realidad del medio elegido: la firma electrónica. Sin perjuicio de un análisis más detallado de la misma en el capítulo II, es necesario plantear ya en este momento que a pesar de la denominación utilizada por el legislador –firma– su funcionamiento se parece, más bien, al de un sello y, por lo tanto, en función de las medidas de seguridad que se adopten o no en su configuración y uso permitiría a otro sujeto distinto del titular suplantar la identidad de este último. En consecuencia, las normas que regulan la representación voluntaria ante las Administraciones Públicas podrían quedar desplazadas puesto que, en última instancia, resulta de una elevada complejidad técnica llegar a demostrar que quien realmente utilizó la firma electrónica no era en realidad su usuario legítimo.

Así pues, la comunicación a distancia requiere de la participación de diversos prestadores de servicios que dan soporte tanto a la Administración como a los ciudadanos. Por lo que respecta a la identificación de ambos sujetos han de obtener los correspondientes certificados de firma electrónica, lo que les obliga a entablar una relación jurídica con los prestadores de este servicio; certificados que, además y como veremos más adelante, pueden verse afectados en cuanto a su credibilidad y, en consecuencia, su validez debe ser comprobada cada vez que se utilizan a través de los servicios que ofrece un nuevo prestador. Más aún, cuando el ciudadano quiere relacionarse con la Administración Pública por medios electrónicos ya no le basta simplemente con utilizar sus propios medios para desplazarse a la oficina administrativa correspondiente sino que, por el contrario, ha de utilizar un servicio de comunicaciones electrónicas y, adicionalmente, ciertos programas informáticos desarrollados por terceros que han de resultar compatibles con los que emplea aquélla.

En consecuencia, pudiera darse el caso de que el servicio de acceso que ha contratado no funcione, inconveniente que puede deberse tanto a un problema técnico de su proveedor como, más excepcionalmente, a una avería generalizada en la zona donde se encuentra, de manera que ningún usuario ubicado en la misma –o al menos una buena parte– podría utilizar el servicio de comunicación. También cabe suponer que la imposibilidad obedezca a un problema en la configuración del equipo o dispositivo que utilice o, incluso, en la actualización y/o mecanismos de protección propios de los programas informáticos de que disponga, a lo que se podría igualmente añadir un deficiente diseño en las aplicaciones utilizadas por la Administración que, incluso para un usuario medio, determinen la práctica imposibilidad de obtener la información deseada o de realizar la actuación pretendida.

Asimismo, la oficina administrativa también se ha de sustituir por un equivalente adaptado al entorno en el que se desenvuelve la relación telemática que, acudiendo a la terminología utilizada por el legislador español, sería una *sede electrónica*. Esta sede requiere de unos servicios específicos de alojamiento de la información donde, además, también se instalarán los programas y aplicaciones necesarios para su funcionamiento que, por otra parte, a su vez han de estar conectados con los registros y bases de datos donde se encuentre alojada la información necesaria para poder dar servicio a los ciudadanos. Al margen de aquellos supuestos en que la propia entidad pública disponga de los medios personales y materiales adecuados para prestar dicho servicio de alojamiento, la gestión material de la sede puede haberse encomendado a un tercero, de manera que con cierta frecuencia el acceso a la sede electrónica tiene lugar en los servidores de una empresa o entidad pública que no es aquélla con la que se pretende contactar; sin perjuicio de que, claro está, por exigencia legal deba implantarse un sistema de identificación de la sede administrativa que, por otra parte y desde una estricta consideración jurídica, al vincularse a una herramienta y no a una persona física, puede funcionar con independencia de quien lleve a cabo las actuaciones materiales.

Como puede comprobarse, el grado de complejidad característico de las relaciones y, en particular, las comunicaciones que se entablan cuando se utilizan servicios electrónicos conlleva repercusiones muy relevantes sobre la regulación jurídica que deba adoptarse, en particular por lo que respecta a las cuestiones relacionadas con la responsabilidad.

c) Las peculiaridades de la gestión documental: posibilidades y dificultades específicas en relación con el uso de medios electrónicos

La utilización de medios electrónicos en la gestión documental también supone un importante cambio por lo que respecta tanto a la obtención de la información como a su conservación, además de la singularidad de los requisitos en cuanto a la integridad y autenticidad de los documentos que, en última instancia y principalmente, se consiguen a través de la firma electrónica y los sellos de tiempo. Sin perjuicio de que en capítulos posteriores se lleve a cabo un análisis detallado de las principales implicaciones del uso de medios electrónicos en la gestión documental, a fin de poder valorar en este momento los cambios que supone en la actuación de las Administraciones Públicas es necesario destacar cómo la tecnología ofrece potencialmente, en principio y con la matización que se realizará posteriormente, mayores garantías que la gestión en soporte papel. En efecto, si los certificados de firma electrónica que se utilizan permiten acreditar la condición subjetiva del titular del órgano o su permanencia en un determinado puesto de trabajo –ya sea a través de los denominados certificados de *atributos* o de sistemas dinámicos de gestión de identidad–, dicha circunstancia se incorporará al documento a través, en su caso, de la declaración que realiza un tercero, esto es, el prestador de servicios de certificación; lo que no sucede si el mismo documento se genera en soporte papel, donde la condición subjetiva del autor la declara él mismo, salvo en los supuestos en que deba incorporarse el visto bueno de otro sujeto, como sucede singularmente con los acuerdos de los órganos colegiados. Del mismo modo, si el documento lleva incorporado una referencia temporal generada por vía electrónica se garantiza que la versión inicial del mismo no pueda sustituirse por otra posterior sin ser detectada la modificación o, por lo que se refiere específicamente a los registros de entrada y salida, que no se produzcan alteraciones en el orden o la fecha de los asientos.

Más allá de los supuestos en que la actuación tenga lugar de manera automatizada y, por consiguiente, deban utilizarse las herramientas oportunas, existe también una posibilidad que ofrece la tecnología en orden a facilitar la adopción formal de las decisiones: la firma simultánea de varios trámites o actuaciones. En efecto, las aplicaciones informáticas de gestión documental específicas para la firma digital permiten signar múltiples documentos al mismo tiempo con el simple gesto de un *click* del ratón, de manera que no resultaría necesario siquiera comprobar el contenido objeto de la firma. Ciertamente, podría argumentarse que en muchos casos, cuando se trata de documentos en soporte papel, la firma se estampa sin realizar comprobación alguna, pero en este supuesto la diferencia cualitativa es ciertamente relevante, ya que ni siquiera existiría la visualización parcial del documento o de la parte final del mismo donde se incorpora la firma sino, en su caso, de una escueta referencia a su contenido. De cualquier manera, este tipo de inconvenientes pueden ser soslayados mediante un adecuado diseño de la aplicación que se utilice para incorporar la firma digital a los documentos, evidenciándose así hasta qué punto la tecnología puede convertirse en un efectivo instrumento para el aseguramiento de las garantías jurídicas.

La obtención de la información necesaria para el ejercicio de las competencias y, en general, la realización de las actividades propias de las Administraciones Públicas también es susceptible de un modo de gestión radicalmente distinto al que se ha venido utilizando hasta ahora. Las gestiones formalizadas a través de requerimientos que pueden tardar días o semanas en llegar a su destino, y quizás incluso más tiempo en ser atendidos y remitidos, pueden ser sustituidas por un acceso directo a la información por medios telemáticos, con independencia de la ubicación física de la misma. En consecuencia, el control acerca de la licitud del acceso a la información ya no tiene lugar a través de la decisión que adopta directamente una persona física sino que, por el contrario, en estos casos resulta imprescindible reconfigurar los controles en el sentido de que han de ser diseñados e implementados previamente a las peticiones de información, tanto por lo que se refiere a los sujetos autorizados como al objeto del acceso. De no ser así, la utilización de medios electrónicos únicamente permitiría incrementar la celeridad de la petición y la remisión de la información, pero no plantear un sistema de gestión más eficiente que facilitara la prestación de servicios administrativos avanzados con plenas garantías jurídicas, tal y como se referirá más adelante. De modo que cabría incluso plantear que se sustituyera la obtención/remisión del documento –en puridad, del continente– para limitarse únicamente a la transmisión de aquella parte de la información –esto es, del contenido– que sea relevante para la actuación que se pretenda llevar a cabo y sólo en la medida que resulte pertinente a tales efectos; reforzándose, por tanto, las garantías de la gestión documental en soporte papel por lo que se refiere al principio de calidad vigente en materia de protección de los datos de carácter personal.

Resulta evidente que, al margen de las medidas que deban adoptarse desde la perspectiva de la seguridad por exigencia de este último bloque normativo, esta forma de gestionar la información requiere una serie de premisas técnicas que, de no concurrir, impedirían su funcionamiento tal y como se ha planteado. En primer lugar es necesario que la Administración en cuyo poder se encuentre la información la tenga no sólo en soporte electrónico sino, además, en un formato que permita su puesta a disposición de terceros con plenas garantías de integridad y autenticidad; en particular si fuera necesario generar una copia por exigencia del formato utilizado para el intercambio. Más allá de esta exigencia en concreto, los sistemas de información de ambos sujetos habrán de resultar interoperables ya que, de lo contrario, la comunicación no podrá realizarse en condiciones óptimas, lo que nos remite al cumplimiento del ENI y las disposiciones que lo desarrollan.

Finalmente, por lo que se refiere a la conservación, a diferencia de lo que sucede con el soporte papel, los documentos electrónicos no tienen garantizada indefinidamente su integridad y autenticidad, por cuanto tales características dependen sustancialmente del avance de la tecnología. Esto es, mientras que la imitación de la firma manuscrita en un documento podría detectarse a través de una prueba pericial caligráfica –con sus dificultades e insuficiencias–, en el caso de la firma electrónica y los sellos de tiempo la garantía reside en que se adopten planes de conservación que pasan necesariamente por la revisión periódica de la fiabilidad de la tecnología empleada inicialmente y, sobre todo, por la utilización de las garantías que en cada momento procedan según el avance tecnológico. Y, claro está, de nada sirve la conservación de la información y los documentos en condiciones tales que su integridad y autenticad esté asegurada si no fuera posible el acceso a su contenido, de manera que los sucesivos programas y aplicaciones –con sus diversas versiones– deben desarrollarse a partir de premisas que garanticen dicha exigencia, requerimiento que nuevamente nos remite al cumplimiento de los estándares técnicos de interoperabilidad de los que nos ocuparemos en el siguiente capítulo.

d) Singularidades y matizaciones desde la perspectiva de la responsabilidad y la mayor complejidad de los problemas tecnológicos

Parece inexcusable afrontar la mayor complejidad que, desde la perspectiva de la responsabilidad de los diversos sujetos que intervienen, plantea la Administración electrónica por contraposición a los criterios bien asentados de las actuaciones basadas en la relación presencial. En efecto, aunque las ventajas teóricas de aquélla son evidentes a muchos efectos –accesibilidad, disponibilidad, flexibilidad–, lo cierto es que como consecuencia de la intervención del elemento tecnológico y, además, de numerosos intermediarios, las valoraciones jurídicas que merezca la participación de cada uno de los sujetos ante eventuales problemas han de resultar necesariamente matizadas en función de criterios diversos. En consecuencia, ya no se trata únicamente de que el ciudadano sólo puede presentar escritos, solicitudes y comunicaciones en los registros administrativos durante un horario determinado y en un plazo concreto, de modo que, por ejemplo, una eventual avería en el medio de transporte utilizado al realizar el necesario desplazamiento resulte irrelevante desde el punto de vista jurídico. Ni tampoco, simplemente, de que la información que se le proporcione verbalmente con ocasión de la atención presencial recibida resulte errónea y, a menos que se adopten las oportunas medidas preventivas, las circunstancias fácticas en que se produzca la actuación administrativa no puedan ser probadas más que contraponiendo la versión del personal al servicio de la Administración Pública y la del ciudadano. Antes al contrario, las diferencias son cualitativamente muy relevantes.

Pudiera darse el caso de que el último día del plazo el ciudadano no pueda ejercer sus derechos por medios telemáticos en un procedimiento de concurrencia competitiva como la selección de contratistas por parte de las Administraciones Públicas, de manera que la dificultad se viera agravada por la afectación a los intereses de terceros. Al margen de que el problema puede radicar en un deficiente funcionamiento del servicio público, también podría plantearse que consita en la indisponibilidad de la conexión por parte del proveedor de acceso del ciudadano o, incluso, que se trate de una avería que afecte a un zona determinada de la población desde donde intenta acceder; más aún, cabría imaginar que sólo afecte a los usuarios allí ubicados, pero en el procedimiento selectivo en cuestión hubieran decidido participar otros muchos interesados situados en otras localidades o provincias. Incluso, en el intento de apurar el plazo hasta los últimos minutos para mejorar la oferta, podría darse el caso de que repentinamente el sistema deje de funcionar y, al tener que reiniciar el ordenador o dispositivo que se utilice, ya hubiera transcurrido el tiempo restante... o, sin ánimo exhaustivo, que el problema se debiera a las dificultades objetivas del manejo de la aplicación informática que con carácter preceptivo ha de utilizarse, a pesar de haber intentado seguir escrupulosamente las indicaciones que ofrece la propia Administración. En fin, ¿cómo se han de resolver este tipo de problemas desde la perspectiva del sujeto que ha de soportar las consecuencias negativas que se deriven de tales dificultades?

Por otra parte, por lo que respecta a la difusión de la información utilizando medios telemáticos, y en concreto Internet, hay también un elemento distintivo cuya proyección a la hora de determinar eventuales responsabilidades incorpora un elemento novedoso. Así sucede con las ediciones electrónicas de los boletines oficiales y otros medios de publicidad –singularmente tablones de edictos–, que diariamente difunden información personal de los ciudadanos y de otros sujetos públicos y privados. Hasta ahora, la versión en papel de tales publicaciones resultaba de difícil acceso a menos que se realizase un desplazamiento a las oficinas administrativas donde se encontrasen y, número a número, sección a sección, página a página, se localizase información relativa a una concreta persona. Sin embargo, en el entorno digital que ofrece Internet basta con introducir un nombre y, casi instantáneamente, aparecerá la información que se pretendía buscar o que, simplemente por azar y curiosidad –lícita o ilícita–, se ha encontrado. ¿Debe eliminarse la información o hacerse invisible para los servicios de búsqueda, aun a riesgo de que no resulte ya accesible? ¿Quién debe impedir el acceso, el boletín oficial o el buscador? Y la Administración que, normalmente en cumplimiento de una obligación legal, difunde la información, ¿ha de asumir algún tipo de responsabilidad si no ofrece instrucciones, por ejemplo, en relación con las condiciones y el tiempo en que la misma ha de estar disponible? Problemas, todos ellos, que difícilmente se darían si la información se publicase en los boletines oficiales en soporte papel que, por cierto, se deberían considerar especie en peligro de extinción.

e) LAS MAYORES POSIBILIDADES DE CONTROL GRACIAS A LA TECNOLOGÍA: LA NECESARIA REDEFINICIÓN DE LAS GARANTÍAS JURÍDICAS COMO RESPUESTA

Más allá de las implicaciones específicas en materia de protección de los datos personales de las personas físicas y, en general, al margen de las implicaciones jurídicas que conlleva, el uso de medios electrónicos por las Administraciones Públicas permite intensificar notablemente las posibilidades de control tanto desde el punto de los sujetos implicados –ciudadanos y personal a su servicio– como desde una consideración objetiva, fundamentalmente por lo que se refiere a la regularidad de la actividad administrativa entendida como la verificación de su conformidad a unos parámetros, jurídicos o de cualquier otra naturaleza, previamente establecidos[58]. En este sentido, la tecnología permite incrementar notablemente, y de forma mucho más sencilla, la información necesaria para llevar a cabo dicha fiscalización, tanto desde una consideración estrictamente cuantitativa como, sobre todo y en particular, cualitativa. En efecto, al margen de las elevadas limitaciones en cuanto a la capacidad de almacenamiento de los equipos informáticos actuales, la eficiencia de la tecnología sobre todo se manifiesta hoy día en el refinamiento del tratamiento de la información a fin de obtener, previos los oportunos y complejos procesos de análisis, datos muy precisos sobre el comportamiento y las preferencias de los sujetos sometidos a vigilancia. Nos

---

[58] Como señala Rivero, la gestión de la información en las organizaciones administrativas está llamada a jugar un papel esencial, en particular por lo que respecta a la posibilidad de implantar medidas de control a partir de la innovación (R. RIVERO ORTEGA, *La necesaria innovación en las instituciones administrativas*, Instituto Nacional de Administración Pública, Madrid, 2012, p. 137).

encontramos, por tanto, ante un nuevo escenario en el que la potencia de los equipos informáticos permite no sólo almacenar mayores cantidades de información –el fenómeno del *big data* es realmente significativo a estos efectos– sino, además y sobre todo, llevar a cabo complejos y sofisticados análisis en tiempos ciertamente reducidos, de manera que la información se convierta en conocimiento a partir del cual adoptar decisiones tanto generales como individuales, es decir, referidas a sujetos concretos[59].

Incluso, las interconexiones con otros registros y archivos pueden llegar a realizarse de forma automatizada y masiva, incrementándose de esta manera las posibilidades de tratamiento de información relativa a los ciudadanos sin que resulte imprescindible la participación directa del personal de la Administración, lo que permite una mayor agilidad y celeridad por cuanto no existiría la limitación horaria propia del trabajo manual o con supervisión directa de una persona física. Esta misma posibilidad existiría en relación con las visitas de los usuarios al *sitio web* o, en su caso, sede electrónica de la correspondiente Administración, de manera que podría registrarse la información que han consultado, las actuaciones realizadas o los formularios que se han descargado; información de la que, como puede fácilmente comprenderse, no dispone la Administración cuando la relación tiene carácter presencial, al menos con la misma precisión y parecidas posibilidades de tratamiento avanzado. Evidentemente, estos datos, debidamente estructurados, podrían

---

[59] En relación con esta idea, cfr. J. HENMAN, *Governing electronically...*, ob. cit., pp. 139 y 144 a 149, así como C. C. HOOD y H. Z. MARGETTS, *The Tools of Government in the Digital Age*, Palgrave Macmillan, Nueva York, 2007, pp. 184 a 188.

resultar de gran utilidad a la hora de prestar servicios innovadores por cuanto facilitarían la personalización de ciertas comunicaciones[60], así como el ofrecimiento de prestaciones basadas en los concretos intereses del usuario. Sin embargo, los riesgos para la posición jurídica de los ciudadanos son también considerablemente superiores, de manera que han de reforzarse las garantías que el Derecho ha venido estableciendo al respecto, en gran medida reducidas y condensadas en una normativa sobre protección de datos personales dictada para un contexto tecnológico definitivamente superado, tal y como se analizará posteriormente.

Por otra parte, la actividad que llevan a cabo las Administraciones Públicas y, en concreto, el personal a su servicio también puede someterse a un intenso escrutinio a fin de comprobar el cumplimiento de los parámetros previamente definidos o, con carácter preventivo, advertir acerca de una determinada conducta o información que permita evitar irregularidades o, sencillamente, facilitar el cumplimiento preciso de las obligaciones. Sin ánimo exhaustivo, la implementación de la tecnología como instrumento de control, siempre que previamente se adopten unas mínimas y elementales medidas en cuanto al tratamiento avanzado de la información, permitiría detectar en qué unidades administrativas o puestos de trabajo concretos hay un rendimiento menor a la media; alertar acerca del momento en que se ha

---

[60] En última instancia, como ha destacado Pitschas, la personalización de los servicios puede convertirse en un instrumento para el fortalecimiento democrático de las Administraciones Públicas, ya que la individualización de la sociedad como consecuencia del incremento de la demanda de información a la medida contribuye a crear mayores espacios de libertad (R. Pitschas, «El Derecho Administrativo de la Información...», ob. cit., p. 220).

de hacer una tarea para, de este modo, impulsar el cumplimiento de los plazos en la tramitación de los procedimientos; impedir la realización de actuaciones irregulares, como la modificación indebida de la fecha de un documento; o, simplemente, apoyar la toma de decisiones de control en el ámbito material sobre el que verse la actuación administrativa a fin de, por ejemplo, decidir la iniciación de un procedimiento sancionador.

Sin duda, el gran desafío desde el punto de vista jurídico es que todas estas posibilidades que se acaban de plantear no terminen por justificar, al menos al nivel del discurso político, la primacía absoluta de la eficacia y eficiencia que permite la tecnología por encima de las garantías jurídicas que, necesariamente, han de respetarse en un Estado de Derecho. Ahora bien, aun cuando podría argumentarse la existencia de un nivel suficiente de protección, no puede admitirse que la virtualidad del mismo quede en entredicho dada la falta de consecuencias jurídicas concretas ante el incumplimiento –elevado en muchos casos– de las normas que contemplan la adopción de medidas técnicas de seguridad; o, en su caso, tampoco resulta admisible la falta de adecuación de las normas vigentes a la realidad tecnológica sobre la que han de aplicarse, de manera que sus previsiones formalmente garantistas en realidad se limiten al ámbito estrictamente teórico y carezcan en realidad de eficacia protectora. Ciertamente, los peligros son cuantitativa y cualitativamente mayores y, por tanto, requieren de una respuesta jurídica adecuada a su potencial magnitud ya que, de lo contrario, se pondría en riesgo el sentido mismo del cumplimiento de las normas.

III. LA INCIDENCIA DE LA TECNOLOGÍA EN LA REGULACIÓN TRADICIONAL DEL DERECHO ADMINISTRATIVO: TENSIONES Y DIFICULTADES DESDE LA PERSPECTIVA DE LA ADMINISTRACIÓN ELECTRÓNICA

A fin de determinar con mayor concreción la incidencia que la tecnología plantea para el Derecho Administrativo, resulta imprescindible analizar algunas de las categorías y premisas en las que se ha basado la regulación jurídica de la actividad administrativa y las relaciones con los ciudadanos por lo que se refiere al uso de medios electrónicos. Ahora bien, no pretendemos con ello llevar a cabo un análisis exhaustivo de aquéllas sino que, por el contrario, el objetivo es enfatizar hasta qué punto resulta necesaria una reconfiguración de su alcance tal y como, hasta ahora, se habían concebido, a fin de lograr el adecuado equilibrio entre las mayores posibilidades de eficacia que ofrece la tecnología y el pleno respeto a los derechos de los ciudadanos[61]; sin perjuicio de que en capítulos posteriores dichos aspectos sean analizados con mayor profundidad. A este respecto han de tenerse en cuenta numerosas perspectivas[62] que, en ocasiones, pueden

---

[61] Se trata, en definitiva, de lograr al menos unas garantías equivalentes a las que configuran la posición jurídica del ciudadano cuando se relaciona con la Administración Pública de forma presencial utilizando el soporte papel, tal y como ha resaltado E. GAMERO CASADO, «Objeto, ámbito de aplicación y principios generales…», ob. cit., p. 143.

[62] Sobre la teoría de los círculos de regulación del Derecho Administrativo de la información y su origen en la doctrina alemana, véase R. GARCÍA MACHO, «Procedimiento administrativo y sociedad de la información y del conocimiento», en J. Barnes (ed.), *La transformación del procedimiento administrativo*, Global Law Press-Editorial Derecho Global, Sevilla, 2008, pp. 196 y 197.

llegar a imponer criterios y puntos de vista difíciles de conciliar en su conjunto: la comunicación con los ciudadanos y la colaboración con los sujetos privados, las estructuras organizativas y sus implicaciones competenciales o la ponderación de las diferentes garantías y libertades informativas más allá, simplemente, de la protección de los datos de carácter personal.

1. LA NECESARIA RECONFIGURACIÓN DEL PRINCIPIO DE LA COMPETENCIA

Al igual que cualquier persona jurídica, la Administración Pública requiere de una organización basada en la división de funciones, de manera que cada uno de sus integrantes conozca cuál es realmente el alcance de las tareas a realizar. Al margen de otras características y exigencias legales, la principal característica de la competencia en el ámbito administrativo viene recogida expresamente en el artículo 12 LRJAP y consiste en su irrenunciabilidad, de manera que habrá de ser ejercida necesariamente por los órganos administrativos que la tengan atribuida como propia; más aún, el incumplimiento de esta exigencia puede determinar la invalidez de las decisiones que se adopten por parte de las Administraciones Públicas. Desde esta premisa, como se ha advertido en páginas anteriores, la necesidad de utilizar programas y aplicaciones informáticas puede suponer un riesgo para la efectividad de este principio, especialmente una vez derogada la exigencia del artículo 45.4 LRJAP –sin contenido desde 2007– de aprobar aquéllos que fueran a utilizarse para el ejercicio de las potestades administrativas, requerimiento que no obstante sigue vigente en el ámbito tributario según lo previsto en el artículo 96.4 de la Ley 58/2003, de 17 de diciembre, General Tributaria, en un ejemplo más –aunque ciertamente muy relevante– de descoordinación normativa.

En todo caso, al margen de la inexistencia de esta obligación en el régimen administrativo general, resulta de gran trascendencia que, más allá de las limitadas previsiones de los artículos 36 y 38 LAE –esto es, que se garantice la identificación de los órganos responsables de los procedimientos y de dictar la correspondiente resolución–, se exijan auditorías informáticas preceptivas sobre dichos programas y aplicaciones por parte de los órganos sobre cuyo ámbito competencial vayan a funcionar aquéllos en los supuestos en que no exista una norma que así lo requiera, de manera que pueda comprobarse la existencia de algún extremo que resulte contrario a su criterio. Esta precaución parece todavía más necesaria en los supuestos en que la actuación sea automatizada, de manera que en principio no bastaría con las garantías del artículo 39 LAE[63] por las razones que, más adelante, serán expuestas. De lo contrario podría producirse un trasvase competencial desde el órgano que tiene atribuida la titularidad a favor de quien haya diseñado la herramienta, tanto si se trata de personal al servicio de la propia Administración o de otra entidad.

Por su parte, el uso de la firma electrónica también presenta una sugerente incidencia en relación con la adopción de las decisiones por parte de los órganos administrativos

---

[63] A estos efectos, la transparencia en el funcionamiento de las aplicaciones se convierte en un elemento clave para que el ciudadano pueda controlar las decisiones que adoptan las Administraciones Públicas de manera automatizada (J. VALERO TORRIJOS, *El régimen jurídico...*, ob. cit., p. 82).

que, en consecuencia, afectaría al ejercicio competencial en algunos supuestos contemplados legalmente. En concreto, dada la posibilidad de firmar digitalmente múltiples actos administrativos, podría llegar a cuestionarse la utilidad de dos figuras que, a pesar de su parcial denominación común, obedecen a razones diversas y se encuentran sometidas a un régimen jurídico dispar: la delegación y la delegación de firma. En el caso de la primera se transfiere el ejercicio competencial, por lo que dicha funcionalidad tendría un sentido limitado ya que el titular del órgano podría plantearse acudir a la delegación basándose en criterios muy diversos y no necesariamente en un exceso de carga de trabajo, puesto que el artículo 13 LRJAP no exige motivación expresa y, en consecuencia, la justificación puede basarse en múltiples criterios al margen del anterior.

Por el contrario, la delegación de firma –artículo 16 LRJAP– pierde gran parte de su sentido en la medida que sólo se transfiere la facultad de rubricar la decisión previamente adoptada por el titular del órgano competente, quien a través de la firma electrónica podría asumir, de manera masiva, la responsabilidad directa y material sobre las decisiones relativas al número de actos que se requiera. Y más aún, con las posibilidades de automatizar la actuación mediante la utilización de un sello de órgano, alternativa sin duda preferible a la delegación de la firma cuando se trate de decisiones regladas. De la misma manera, la refundición de actos de la misma naturaleza que afecten a varios interesados contemplada en el artículo 55.3 LRJAP tampoco sería de gran utilidad con estas modalidades de actuaciones basadas en el uso de medios electrónicos; sobre todo si tenemos en cuenta que, al dictarse tantos actos individuales como supuestos de hecho existan, se evitarán en el futuro eventuales problemas desde la perspectiva de la protección de los datos personales en los supuestos en que se pretenda ejercer el derecho de acceso al contenido del acto o al expediente por parte de los interesados.

Una última implicación desde la perspectiva del principio de la competencia, en este caso indirectamente, puede ser tenida en cuenta en los supuestos de actuación automatizada. En efecto, en estos casos las reglas de abstención y recusación del titular del órgano competente dejan de tener sentido, a menos que se demostrase que aquél hubiese intervenido en la adopción de las decisiones previstas en el artículo 39 LAE que, no obstante y en la medida que se limiten a meros actos de comprobación, tampoco tendrían relación directa con la decisión que se adopte para el caso concreto. A menos, claro está, que la definición de las especificaciones generales en base a las cuales se adoptará la decisión automatizada corresponda a quien se encuentre inmerso en una de las causas de abstención.

2. LA IDENTIFICACIÓN DE LOS SUJETOS QUE INTERVIENEN EN LAS RELACIONES JURÍDICO-ADMINISTRATIVAS Y LA AUTENTICACIÓN DE SU VOLUNTAD

Tradicionalmente estas dos operaciones han requerido una escueta regulación en relación con las personas físicas que actúan representando a la Administración Pública en las relaciones presenciales, ya que simplemente basta con que se encuentren válidamente investidas como titulares del órgano o hayan tomado posesión en el puesto de trabajo que ocupan; más allá de la identificación que consiste en indicar su nombre y apellidos junto a su cargo en los documentos en soporte papel o, como sucede en algunos casos, informar acerca de tales extremos a través de un cartel próximo a su lugar de trabajo. En cambio, las oficinas administrativas virtuales –las denominadas legalmente *sedes electrónicas*– requieren de la puesta en práctica de mecanismos más sofisticados de identificación ante la evidencia de que en Internet pueden producirse fácilmente suplantaciones de identidad, de manera que resulta imprescindible ofrecer garantías jurídicas a los ciudadanos de que, efectivamente, se están relacionando con la Administración con la que creen estar contactando o, incluso, aportándole datos de carácter personal.

Por lo que respecta a los ciudadanos, la exhibición de un documento expedido por el Estado o, en caso de extranjeros, por las autoridades de otros países, basta para llevar a cabo las actuaciones que requieran su identificación. En cambio, las relaciones telemáticas exigen de una herramienta cuyo funcionamiento es ciertamente más complejo y, además, en muchos casos presupone aquel otro instrumento característico de las relaciones presenciales: se trata de la firma electrónica, que como analizaremos en su momento y ya se ha destacado anteriormente, requiere de la inexcusable participación de un tercero, el prestador de servicios de certificación, que puede ser la misma autoridad que expide los documentos de identificación antes referidos –en concreto, el DNI electrónico–, pero también una entidad privada o, incluso, un prestador extranjero. Más aún, no basta simplemente con disponer de un certificado digital sino que, además, resulta imprescindible comprobar que no haya sido revocado, es decir, dejado sin efecto, lo que obliga a realizar un acto de validación mediante una comunicación telemática con quien lo expidió, bien directamente bien a través de un nuevo prestador de servicios de intermediación.

Este mismo sistema se aplica cuando, al margen de los supuestos de actuaciones automatizadas –que por su singularidad no examinaremos en este momento–, la Administración Pública interviene a través de personas físicas que la representan. Y, en ambos casos, la firma electrónica puede también servir para sustituir a la manuscrita y, en consecuencia, permite atribuir al titular del certificado la actuación realizada. No obstante, el problema puede consistir en que la comunicación con el prestador o el validador no sea posible, de manera que la comprobación requerida no pueda realizarse y, en consecuencia, tampoco se complete finalmente la actuación que se pretende llevar a cabo. ¿Qué sucedería si es el momento final en que termina el plazo para realizar la presentación de un escrito y, por añadidura, se trata de un procedimiento basado en la concurrencia competitiva de múltiples interesados?

Ahora bien, dentro de la categoría legal *firma electrónica* se engloban diversas manifestaciones que, sin embargo, no ofrecen las mismas garantías desde el punto de vista tecnológico y, por tanto, por lo que respecta a sus efectos. Más allá de la seguridad relativa que puede aportar una contraseña o, en su caso, la utilización de una tarjeta criptográfica, lo cierto es que resulta relativamente sencillo utilizar los certificados ajenos si se dispone de dicha información; más aún cuando dichos certificados se alojan en el navegador y no han sido protegidos mediante contraseña. En estos casos, quien haya tenido acceso al certificado, ya sea de forma lícita –un familiar o un allegado, en base a la confianza existente, es autorizado por el titular– ya sea por un procedimiento antijurídico, puede realizar la actuación de que se trate. De manera que en el caso de los ciudadanos ni siquiera sería aplicable la exigencia de representación que, para ciertos supuestos, requiere el artículo 32 LRJAP; y en el caso de los titulares de los órganos y el personal al servicio de las Administraciones Públicas se estarían adoptando decisiones, al menos desde el punto de vista material, por quienes, en principio, no tienen capacidad para hacerlo. El gran problema a este respecto es que la demostración del uso ilícito del certificado puede entrañar gran dificultad, por lo que, al margen de la eficacia de una declaración del afectado, en muchos casos se puede considerar una auténtica *probatio diabolica*.

3. LAS TRANSFORMACIONES EN LA TRAMITACIÓN DEL PROCEDIMIENTO ADMINISTRATIVO

Una de las principales garantías formales en las que se ha sustentado la actuación de las Administraciones Públicas es el procedimiento administrativo[64], entendido como «el cauce natural para la *formación de la voluntad* de la Ad-

---

[64] Hasta el punto de que se ha mantenido con rigor la conexión entre el deber de buena Administración y el procedimiento administrativo (J. PONCE SOLÉ, *Deber de buena Administración y derecho al procedimiento administrativo debido. Las bases constitucionales del procedimiento administrativo y el ejercicio de la discrecionalidad*, Lex Nova, Valladolid, 2001, en particular pp. 214 y ss.). Desde la perspectiva específica de la Administración electrónica, cfr. J. VALERO TORRIJOS, *El régimen jurídico...*, ob. cit., pp. 8 a 10, así como M. GÓMEZ PUENTE, «La Administración electrónica», en VV.AA., *Actas del I Congreso de la Asociación Española de Profesores de Derecho Administrativo*, Thomson-Aranzadi, Cizur Menor, 2007, p. 131.

ministración Pública [...] concebido como un proceso de toma de decisiones [que] representa, pues, un 'método'», de ahí que «haya sido contemplado tradicionalmente como un mecanismo 'formal', una 'forma de producción', desconectada, por tanto, del Derecho sustantivo», de manera que ha operado como «elemento auxiliar al servicio de la aplicación del Derecho»[65]. El uso de medios electrónicos tiene una incidencia directa sobre esta concepción clásica del procedimiento en la medida que quiebra con una de sus principales exigencias: que los sucesivos actos que lo integran se deban producir necesariamente en un determinado momento de la tramitación y, en concreto, tras la finalización de los anteriores. Más aún, con carácter general, el uso de medios electrónicos obliga a reconsiderar la configuración y, por tanto, la regulación del procedimiento administrativo, en particular como exigencia de un nuevo paradigma en relación con los flujos informativos entre los ciudadanos y las Administraciones Públicas, entre estas últimas entre sí y, asimismo, en el ámbito interno de cada entidad[66].

Por lo que respecta a la iniciación es preciso recordar que la utilización de medios electrónicos en la gestión de la información y, en particular, la automatización de la misma, permite ofrecer parámetros de actuación a partir de tratamientos de información relativa a los ciudadanos, sin que éstos tengan inicialmente conocimiento de los mismos en la medida que no existe una norma jurídica que obligue a

---

[65] J. BARNES, «Sobre el procedimiento administrativo: evolución y perspectivas», en J. Barnes (ed.), *Innovación y reforma en el Derecho Administrativo*, Global Law Press-Editorial Derecho Global, Sevilla, 2006, pp. 268 y 269.

[66] R. GARCÍA MACHO, «Procedimiento administrativo...», ob. cit., p. 211.

informarles; tratamientos que pueden dar lugar a la iniciación de un procedimiento –incluso sin intervención directa de una persona física– a partir del resultado obtenido, momento que normalmente deberá serles comunicado para que puedan ejercer sus derechos. Así, a modo de ejemplo, de la interconexión de varias bases de datos municipales podría concluirse que una determinada empresa no ha realizado cierta actuación a la que, según la normativa aplicable, estaba obligada; de manera que, en función de dicha información, se podría decidir de forma automatizada la iniciación de un procedimiento sancionador que, no obstante y en todo caso, no tendría que finalizar necesariamente con una resolución punitiva. ¿Y cuál sería la posición jurídica del afectado mientras no se haya iniciado formalmente el procedimiento pero, sin embargo, ya se estén llevando a cabo tales comprobaciones informáticas? Al fin y al cabo, en tanto no haya procedimiento formalmente iniciado los derechos que corresponden a los interesados no pueden ser exigidos ya que, al menos en sentido estricto, no existe expediente administrativo al que acceder, más allá de las limitaciones y restricciones que pueda contemplar la normativa de protección de datos personales en relación con el alcance del derecho de acceso en esta concreta materia.

Sin embargo, resulta ciertamente discutible no reconocer, al menos, una cierta posición jurídica a su favor, sobre todo teniendo en cuenta que es precisamente el uso de medios electrónicos el que permite realizar dichas comprobaciones con una intensidad cuantitativa y, sobre todo cualitativa, hasta ahora desconocida, circunstancia que obliga a plantear la regulación jurídica de estas actuaciones administrativas como una exigencia ineludible del avance tecnológico.

¿Habría que reconocer, al menos, un derecho a conocer si dichos tratamientos están teniendo lugar? Esa posibilidad está contemplada de manera parcial, por lo que respecta a las personas físicas únicamente, en el artículo 15 LOPD, si bien la excepción del derecho de acceso consagrado en dicho precepto se excepciona expresamente en materia policial y tributaria, en la medida que –artículo 23– pueda perjudicarse la actuación inspectora o de investigación que se estuviera realizando. En consecuencia, al menos para las personas físicas existe un claro amparo legal para exigir información de la actuación administrativa previa al inicio formal del procedimiento a fin de determinar, con el alcance previsto en el artículo 27 RLOPD, «si sus propios datos de carácter personal están siendo objeto de tratamiento, la finalidad del tratamiento que, en su caso, se esté realizando, así como la información disponible sobre el origen de dichos datos y las comunicaciones realizadas o previstas de los mismos». ¿Pero qué sucede con el resto de los afectados que no sean personas físicas?

Más allá de la naturaleza gravosa o no de la actuación administrativa, la personalización de los servicios que permite la tecnología podría llevar a la Administración Pública a ofrecerlos proactivamente, es decir, sin que haya tenido lugar previamente una solicitud en sentido estricto por parte de los interesados, debidamente formalizada y para un supuesto concreto. En estos supuestos la propia Administración podría realizar un tratamiento previo de la información que pondría a disposición de los interesados, de manera que éstos tuviesen la oportunidad de oponerse a la actuación en sí misma considerada cuando fuese posible o, en su caso, al contenido de la información comunicada: de no hacerlo se podría entender que existe un consentimiento tácito para que se tenga por presentada su solicitud, cuyo objeto sería el previamente determinado por la actuación administrativa. A los efectos de la iniciación del procedimiento y, por lo tanto, del pleno despliegue de las consecuencias jurídicas correspondientes, ¿cuándo se debería tener por iniciado el procedimiento? Y, en concreto, ¿cuándo se podría entender que concurre el consentimiento tácito del interesado a los efectos de tener por confirmado su deseo de que se inicie el procedimiento? Incluso, ¿la actuación del interesado, ya sea pasiva ya activa, podría considerarse como parte de la terminación convencional del procedimiento en virtud de la propuesta, al menos inicial, formulada por la Administración?

Por lo que se refiere a la tramitación del procedimiento, si bien es cierto que el artículo 75 LRJAP permite la realización de varios trámites que admitan su impulso simultáneo, de manera que no sea preciso su cumplimiento sucesivo, lo cierto es que esta regla no se ajusta con precisión a los planteamientos antes formulados, en la medida que parte de la premisa de que exista un orden secuencial[67] que sólo se podría alterar cuando ambos trámites fueran susceptibles de realizarse simultáneamente. Por el contrario, la posibilidad de que un trámite posterior se lleve a cabo, siquiera con carácter provisional, antes de que se cumplimenten los previos, no se contempla por el legislador que, incluso, parece

---

[67] Al hablar de expedientes electrónicos «no debe intentar extrapolarse la idea de cuaderno o de carpeta física [...] y entender que un expediente administrativo electrónico se corresponde totalmente con el concepto de carpeta informática» [P. VALCÁRCEL FERNÁNDEZ, «Documentos y archivos electrónicos», en J. L. Piñar Mañas (dir.), *Administración electrónica y ciudadanos*, Civitas-Thomson Reuters, Cizur Menor, 2011, p. 622].

cercenarla al exigir –artículo 35 LAE– que «las aplicaciones y sistemas de información utilizados para la instrucción por medios electrónicos de los procedimientos deberán garantizar el control de los tiempos y los plazos [...] así como la tramitación ordenada de los expedientes». En consecuencia, en línea con las posibilidades antes referidas, la antelación de ciertas comprobaciones que cabría considerar como actos de instrucción en un sentido estricto no se podría llevar a cabo, salvo que se respetase efectivamente el derecho de defensa de los afectados; sin que su posterior participación en una eventual confirmación, ya en la fase de instrucción, parezca la solución más razonable para garantizar su posición jurídica como interesados por cuanto el resultado de la misma viene predeterminado por una actuación anterior en relación con la cual ni siquiera ha podido manifestar su criterio.

En última instancia, y sin perjuicio de un análisis más preciso en el capítulo tercero, la utilización de medios electrónicos conlleva la necesaria reconfiguración de la concepción del expediente como reflejo documental de la secuencia ordenada de trámites en que consiste el procedimiento. En efecto, de un parte se ha de permitir la flexibilidad a que la que se hacía referencia anteriormente, pero además se ha de tener en cuenta que la información y los documentos que integran el expediente pueden encontrarse ubicados entre varios sistemas de información geográficamente dispersos. De manera que, en puridad, no cabría afirmar que exista un conjunto de documentos considerados en sentido estático sino, por el contrario, información y datos que, con las debidas garantías tecnológicas y jurídicas en cuanto a integridad, autenticidad y referencia temporal, pueden ser recuperados en cualquier momento a fin de reconstruir el expediente; sin perjuicio de que tal operación no resulte estrictamente necesaria desde el punto de vista material para que el interesado pueda ejercer algunos de sus derechos, tal y como sucede singularmente con el referido al acceso y obtención de copias de los documentos que obran en el expediente. En consecuencia, resulta imprescindible adecuar las garantías que impidan la alteración no sólo de cada uno de los datos o documentos en sí mismos considerados sino, asimismo y sobre todo, del conjunto de aquéllos entendido como una unidad lógica, vinculada a una cierta actuación administrativa, y dotada de una secuencia temporal, determinada pero flexible, cuya integridad y autenticidad han de ser aseguradas.

4. INCIDENCIA DE LA TECNOLOGÍA EN LAS COMUNICACIONES FORMALIZADAS ENTRE LA ADMINISTRACIÓN Y LOS CIUDADANOS: REGISTROS Y NOTIFICACIONES

Por lo que respecta a las comunicaciones entre ambos sujetos, más allá de si tienen lugar en el seno de un procedimiento administrativo, la principal de las características que plantea el uso de medios electrónicos se refiere a la necesaria participación de intermediarios, tanto por lo que respecta al acceso a las redes de comunicaciones y al funcionamiento de los servicios como, sobre todo, a su disponibilidad –en particular de los registros– para hacer efectivo el ejercicio de los derechos y el cumplimiento de las obligaciones.

La caracterización de los registros administrativos como la oficina especializada en la que se han de realizar necesariamente las actuaciones que supongan la presentación de un escrito o solicitud ante la Administración se ha flexibilizado tradicionalmente ofreciendo al ciudadano diversas alternativas. Se trata de una concepción que ha cristalizado en la denominada *presentación indirecta* regulada en el artículo 38.4 LRJAP, según la cual estaría admitida la utilización de cualesquiera registros estatales, autonómicos y, al menos parcialmente, locales; de manera que, aun siendo necesario un traslado físico, se permite una pluralidad de opciones. Sin embargo, esta flexibilidad ya no tiene tanto sentido cuando se pretende utilizar un registro electrónico, ya que en estos supuestos desaparece en principio la necesidad misma de realizar un desplazamiento, siempre que se disponga de los medios técnicos adecuados y el conocimiento necesario para su utilización[68]. Partiendo de esta premisa inexcusable, parece plenamente justificado que la elección de una u otra vía se deje a criterio del ciudadano, de manera que éste asuma voluntariamente la carga de optar por aquélla que le resulte más conveniente en cada momento.

Más aún, resulta imprescindible regular con mayor precisión las consecuencias que se derivan de eventuales problemas en el funcionamiento de los registros electrónicos, en particular cuando se refieran a actuaciones que sucedan en procedimientos de naturaleza competitiva en los que, por tanto, pueden verse afectados derechos e intereses de terceros. A este respecto, con el marco normativo vigente existe una notable inseguridad jurídica en la medida que el legislador estatal no ha establecido matizaciones ni fijado

---

[68] Cfr. J. VALERO TORRIJOS, *El régimen jurídico...*, ob. cit., pp. 116 a 119, donde se ofrecen algunas razones acerca del sentido de que se reconociese legalmente de forma expresa la presentación indirecta en relación con el uso de medios electrónicos, sobre todo en relación con el limitado alcance de la exigibilidad de los derechos en el ámbito local.

criterios en previsión de posibles dificultades en el acceso a los registros electrónicos, tal y como sí ha considerado oportuno por lo que respecta a las notificaciones. En consecuencia, más allá de la aplicación –directa o supletoria, según los casos– de las limitadas previsiones reglamentarias estatales[69], se deberían tener en cuenta criterios como el origen y el alcance del problema que impidiera el acceso, el carácter preceptivo del medio electrónico, la duración de la interrupción y el momento o trámite en que tenga lugar a los efectos de determinar el alcance de una eventual ampliación del plazo o, entre otras circunstancias, la disponibilidad de otros registros electrónicos. Se trataría, en última instancia, de que el ciudadano tenga a su disposición la libre elección de una u otra vía de comunicación con la Administración Pública con unas garantías equiparables: ciertamente las diferencias regulatorias son inevitables, pero resulta inadmisible que se impongan limitaciones o restricciones que no sean estrictamente requeridas por la singularidad del medio empleado. De lo contrario, como está sucediendo al amparo de la LAE y más adelante se razonará, se desincentivará el uso de uno a favor del otro y, en consecuencia, no podrá hablarse en rigor de que el ciudadano tenga reconocido un derecho a elegir cómo relacionarse con la Administración Pública.

Por lo que respecta a la notificación, gran parte de las consideraciones realizadas respecto de los registros también resultan de aplicación, debiéndose destacar en todo caso la

---

[69] Cfr. artículo 30.2 RLAE, según el cual en los supuestos de interrupción no planificada en el funcionamiento del registro electrónico se intentará dar la información oportuna, se prorrogarán en su caso los plazos de inminente vencimiento y, alternativamente, se podrá redireccionar a otro registro.

incidencia que la tecnología conlleva sobre el modelo de gestión consagrado en relación con este tipo de comunicaciones por parte de la Administración. En efecto, tradicionalmente y con anterioridad a la liberalización del sector de las comunicaciones postales, las notificaciones han venido siendo practicadas por la propia autora del acto o, más frecuentemente, por la entidad Correos y Telégrafos en sus diferentes personificaciones jurídicas. En este sentido, la normativa reguladora de dicho sector reservaba a la citada entidad ciertas prerrogativas con carácter exclusivo, entre las que destacaba, a los efectos que ahora interesan, la práctica de notificaciones fehacientes que dejen constancia de su recepción por el destinatario.

Dicha reserva se comprendía en gran medida a la vista del carácter público de la entidad y, en consecuencia, de la naturaleza funcionarial del personal a su servicio, de manera que se trataba de una presunción de fehaciencia en términos jurídicos que, no obstante, con el proceso de liberalización y privatización acaecido en el sector en los últimos años, ha de ser cuestionada, en particular por lo que respecta a la prestación de servicios electrónicos, por cuanto la tecnología ofrece garantías objetivas adecuadas para garantizar las circunstancias en que tiene lugar la comunicación, lo que justificaría la reconducción de un privilegio que, en última instancia, sólo se entiende en términos de análisis económico de este sector de actividad, es decir, con la finalidad de favorecer la financiación del referido prestador de servicios. Por ello, a menos que obedezca a esta justificación, sorprende que el artículo 22 de la Ley 43/2010, de 30 de diciembre, del Servicio Postal Universal, de los Derechos de los Usuarios y del Mercado Postal[70], en lugar de reconducir la situación según las referidas premisas basadas en la neutralidad de las garantías tecnológicas, haya, incluso, reforzado la presunción de veracidad y fehaciencia a favor de un genérico prestador del servicio universal que, al menos durante mucho años, seguirá siendo la misma entidad vinculada al sector público que ha venido ostentando una posición ciertamente privilegiada. Hasta el punto de que, a pesar de las mayores garantías técnicas que puede ofrecer el servicio prestado por una entidad privada, también se ha reconocido el monopolio para las notificaciones telemáticas, modalidad que no se incluía expresamente en la normativa anterior.

En definitiva, aunque la decisión del legislador aparentemente se fundamenta en la necesidad de dotar de mayor seguridad jurídica a las notificaciones de actos administrativos ante el avance tecnológico[71], lo cierto es que su intención es bien distinta y trata de ofrecer un marco ventajoso de financiación al prestador del servicio universal que, por su parte, también ha de asumir preceptivamente ciertas actividades. Habría sido, sin duda, más adecuado utilizar otras vías regulatorias basadas en la financiación del sistema antes que encubrir una decisión tecnológica bajo la apariencia de una

---

[70] Según establece el apartado 4, «la actuación del operador designado gozará de la presunción de veracidad y fehaciencia en la distribución, entrega y recepción o rehúse o imposibilidad de entrega de notificaciones de órganos administrativos y judiciales, tanto las realizadas por medios físicos, como telemáticos».

[71] En concreto, ante la necesidad «que determina que el término postal ha de evolucionar hacia un concepto más amplio que el tradicional en tanto se produce el pleno desarrollo de la Sociedad de la información, tiempo en que han de coexistir los medios de notificación físicos y telemáticos», según afirma la Exposición de Motivos de la citada Ley.

mayor garantía jurídica en realidad inexistente, al menos con fundamento en aquélla.

Una última idea debiera tenerse en cuenta a la hora de determinar hasta qué punto el sistema de notificaciones presenciales garantiza la efectiva recepción de las comunicaciones. Según el marco normativo actualmente en vigor para esta modalidad, en aquellos supuestos en que se desconozca el domicilio del interesado o, intentada la notificación, ésta fuere infructuosa, deberá procederse a la publicación del acto utilizando los diarios oficiales y el tablón de edictos del Ayuntamiento correspondiente al último domicilio conocido. Nos encontramos ante una solución que, salvo en casos muy concretos, difícilmente se justifica desde la perspectiva de su eficacia en cuanto mecanismo para informar realmente al destinatario y, sin embargo, podría tener una incidencia muy negativa en los supuestos de ciertos actos de gravamen. Por el contrario, la utilización de medios electrónicos puede facilitar la recepción de las comunicaciones por los interesados, si bien el marco jurídico debe adaptarse a la singularidad del medio empleado no sólo en cuanto a la práctica de la notificación sino, además y sobre todo, por lo que se refiere a la imposición en la elección del canal y a la determinación del lugar o medio concreto donde se remitirá la notificación.

Más aún, el gran desafío consiste en poder utilizar con plenas garantías jurídicas ciertos medios muy extendidos de comunicación –teléfono móvil, redes sociales, correo electrónico– caracterizados por su flexibilidad y que, sin embargo, podrían facilitar al interesado la recepción de una comunicación que, si se realizase presencialmente, posiblemente nunca llegue a conocer en supuestos como ciertos cambios de domicilio, direcciones equivocadas o de difícil localización, ausencias temporales del domicilio habitual...

5. EL EJERCICIO DEL DERECHO DE ACCESO: UNA OPORTUNIDAD PARA SU FORTALECIMIENTO

La utilización de medios electrónicos constituye una ventaja indudable a la hora de facilitar el acceso a la información administrativa. Sin embargo, la normativa reguladora en este ámbito se ha caracterizado tradicionalmente por la fijación de una serie de limitaciones y restricciones que han de replantearse, en particular con el fin de aprovechar las funcionalidades que permite la tecnología. Así pues, la modernización tecnológica de la gestión administrativa y las relaciones con los ciudadanos inciden y, sobre todo, posibilitan un cambio de modelo al que es necesario dar una adecuada respuesta en términos jurídicos. ¿Cuáles son sus principales características y en qué medida la regulación actual puede resultar insuficiente?

Por una parte, el objeto del derecho de acceso se refiere normalmente a los documentos, archivos y registros administrativos, reflejando de este modo una realidad propia de la gestión documental anterior al uso intensivo de medios electrónicos en la actividad administrativa. Sin embargo, el acceso por esta vía puede referirse no tanto al documento, archivo o registro sino, de forma más concreta, a la información en sí misma considerada, alternativa cuya generalización no sería factible si debiera procederse al tratamiento manual de la misma para hacerla disponible de forma separada al soporte donde originalmente se encontrase. En consecuencia, frente a la unidad material que conlleva el concepto tradicional de documento, el uso de medios electrónicos permite segmentar su contenido, de manera que sería posible llevar a cabo una gestión separada basada en diversos sistemas de información que, en principio, podrían funcionar de manera autónoma en tanto no sea necesaria su interconexión. Más aún, dentro de cada uno de los referidos sistemas sería posible una gestión separada de los diversos campos informativos, que también podrían entrelazarse en aquellos supuestos en que se requiera. Incluso, desde este planteamiento, podría admitirse el tratamiento de información vinculada a personas físicas de forma disociada, de manera que se evitarían las dificultades jurídicas que conlleva la normativa sobre protección de los datos personales y, en particular, la exigencia de consentimiento o habilitación legal.

De este modo, la posibilidad de separar los campos informativos que integran el documento permitiría segmentar el objeto del derecho de acceso, de manera que podría darse el caso de que, a pesar de la existencia de limitaciones, fuera posible otorgar el acceso únicamente a algunos de aquéllos que no estuvieran afectados por tales prohibiciones. Incluso cabría plantear que la información entregada no fuera estrictamente la que obre en el documento original sino, por el contrario, el resultado de un cierto tratamiento de la misma que no desnaturalice el sentido del derecho de acceso pero, al mismo tiempo, sea menos invasiva en la esfera jurídica de terceros, tal y como sucedería singularmente cuando sea necesario constatar un cierto supuesto de hecho sin que resulte imprescindible conocer los detalles cuantitativos o cualitativos del mismo.

En relación con el acceso a los registros públicos, existen también nuevas posibilidades vinculadas con la forma en que se satisface el derecho de acceso por lo que respecta al objeto. En efecto, mientras que cuando se solicita por la vía *tradicional* una certificación –o un acto similar de constancia– la persona física encargada del registro o archivo expide un documento de su autoría en el que declara cuál es el contenido del registro[72], el acceso al mismo articulado por medios telemáticos permitiría bien reproducir ese modelo de gestión, bien generar dicho documento de manera automatizada o, incluso, facilitar el acceso directo al registro sin intermediación y, de este modo, obtener una copia de la información que allí se encuentre. Esta última posibilidad constituye, sin duda, una importante novedad en la medida en que, siempre que se adopten las oportunas medidas técnicas en cuanto a la interoperabilidad de los procesos, facilitaría la posterior reutilización de la información a partir de actuaciones automatizadas.

Por lo que se refiere a la perspectiva procedimental del derecho de acceso, con carácter general resulta necesario formular una solicitud que, desde una estricta consideración legal, requeriría la presentación de un escrito a través de los registros oportunos, si bien dicha exigencia se encuentra flexibilizada en la práctica ya que habitualmente basta con

---

[72] En definitiva, como destaca Rams, cuando se expide una certificación la Administración no se está limitando a reproducir una copia fiel de original, sino que se incorpora como valor añadido la declaración de que la misma coincide con la documentación que obra en el archivo o registro administrativo, aportándole la presunción de validez y la eficacia propia de los actos administrativos (L. RAMS RAMOS, *El derecho de acceso a los archivos y registros*, Editorial Reus, Madrid, 2008, p. 491).

la personación en la oficina donde se encuentren los documentos a los que se pretenda acceder[73]. En definitiva, tal y como corresponde a la mayor parte de las decisiones de las Administraciones Públicas, en principio resulta preceptiva la tramitación de un procedimiento[74] que habrá de finalizar con la correspondiente resolución a través de la cual el órgano competente decidirá sobre la procedencia del acceso en virtud de circunstancias como la concurrencia o no de un interés que legitime el conocimiento de la información; la existencia de prohibiciones que impidan el acceso ya sea por los límites que imponga la regulación aplicable o la protección de otros derechos o bienes jurídicos; la concurrencia de circunstancias que justifiquen un acceso parcial o en ciertas condiciones restrictivas; o, sin ánimo exhaustivo, cualesquiera otras incidencias de carácter general que puedan plantearse en relación con la tramitación de una solicitud dirigida a las Administraciones Públicas, tal y como sucedería con la ausencia de constancia de la representación o la falta de acreditación de la condición subjetiva de interesado que justifique el acceso.

---

[73] En relación con la formalización escrita de este requisito, cfr. L. A. Pomed Sánchez, «El acceso a los archivos administrativos: el marco jurídico y la práctica administrativa», *Revista de Administración Pública*, núm. 142, 1997, p. 475, así como L. Rams Ramos, *El derecho de acceso...*, ob. cit., pp. 463, nota 718, quienes admiten que pudiera tener lugar de forma verbal, aunque esta última reconoce la dificultad que puede acarrear la acreditación del interés concreto.

[74] Más aún, como señala Barnes, «el creciente intercambio de información en y alrededor del procedimiento administrativo constituye, en efecto, uno de los signos de nuestro tiempo» [J. Barnes, «Procedimientos administrativos y nuevos modelos de gobierno. Algunas consecuencias sobre la transparencia», en R. García Macho (ed.), *Derecho Administrativo de la información y Administración transparente*, Marcial Pons, Madrid, 2010, p. 60].

Sin embargo, la exigencia de una solicitud individualizada para cada caso concreto en la que se precisen los documentos que se desean obtener sólo tiene pleno sentido en un modelo presencial y formalizado, de manera que no se colapse el correspondiente servicio simplemente atendiendo las peticiones que se formulen. Por el contrario, el mantenimiento inexorable de este requisito abocaría al fracaso de un modelo basado en la intensidad de las consultas informativas como el que hoy día permiten las tecnologías existentes, de manera que podrían articularse mecanismos que hicieran compatibles las garantías jurídicas con la máxima accesibilidad de la información sin tener que formular –y responder– solicitudes, lo que además facilitaría la obtención inmediata de los datos requeridos.

Más aún, desde una perspectiva complementaria, la intervención directa del personal al servicio de la entidad en cuyo poder se encuentre la información constituye una elemental exigencia en muchos casos para la localización de la misma, que no siempre estará directamente accesible y, por tanto, requerirá una cierta tarea material encaminada a su búsqueda, incluso en los supuestos en que los archivos estén perfectamente ordenados y la documentación en el lugar donde, en principio, ha de encontrarse. Por el contrario, la implantación de sistemas telemáticos de acceso permitiría, previas las oportunas adaptaciones de las medidas de seguridad y, en particular, de las limitaciones de acceso basadas en la acreditación de una determinada posición jurídica, que el sujeto legitimado acceda a toda la información que tenga derecho a conocer, sin que la intermediación antes mencionada tenga ya mucha razón de ser. En otras palabras, siempre que se proceda previamente a la adaptación técnica de las garantías jurídicas que limitan el acceso a la previa identificación del accedente y su correspondiente vinculación al objeto del derecho cuya titularidad ostenta, no sería necesario llevar a cabo una solicitud formal, por cuanto bastaría con permitirle acceder a toda aquella información que, según los anteriores criterios, pudiera conocer y que, en última instancia, sea él quien decida a qué documentos o registros concretos acceder efectivamente.

Por último, en cuanto a la exigencia de una solicitud formal, no puede obviarse que el actual desarrollo de la tecnología y, en particular, las herramientas de la denominada *web 2.0* nos abocan a un nuevo paradigma de comunicaciones entre los poderes públicos y los ciudadanos basado en la relajación de las exigencias formales, en particular por lo que respecta a los cauces a través de los cuales se articulan dichas relaciones[75]. En concreto, por lo que respecta a la obtención de información de carácter genérico –es decir, la que no precisa la acreditación de una determinada posición subjetiva por parte de quien desea obtener la misma– son numerosos los mecanismos que sólo requieren un acto de suscripción o equivalente, ya sea a través del correo electrónico o de otras vías más dinámicas, tal y como sucede con los canales RSS, Atom o similares, cuyo dinamismo permite llevar a cabo actualizaciones continuas de la información difundida por esta vía. En estos casos ha de utilizarse una aplicación específica a través de la cual se produciría el acceso a la información

---

[75] A. Cerrillo i Martínez, «Web 2.0 y la participación ciudadana en la transparencia administrativa en la sociedad de la información», en L. Cotino Hueso (coord.), *Libertades de expresión e información en Internet y las redes sociales: ejercicio, amenazas y garantías*, Universidad de Valencia, 2011, pp. 139 y 140.

que la Administración, previamente, ha puesto a disposición de los usuarios que, por tanto, no tendrían que formular una solicitud debidamente presentada ante un registro oficial en la que conste su firma, bastando simplemente la suscripción al correspondiente canal.

En todo caso, en los supuestos en que resulte preceptiva la acreditación de un interés legítimo y, en consecuencia, la identificación de su titular, el acceso directo precisa de la previa configuración de los sistemas de información, tal y como sucedería cuando se trate de procedimientos que todavía se estén tramitando o, de haber finalizado ya, sea necesario proteger la intimidad o los datos personales de terceros. En estos casos se podría automatizar la autorización en el ejercicio del derecho de acceso cuando se tenga constancia previamente de las personas en que concurra la titularidad de la correspondiente posición jurídica, ya porque estuvieran plenamente identificados en función de la información disponible en el expediente o el registro, ya porque la titularidad del derecho de acceso pudiera deducirse de manera inequívoca en base a la interconexión con otros registros o expedientes que obrasen en poder de la propia Administración o, incluso, mediante la utilización de sistemas inteligentes de decisión y, en concreto, de aplicaciones basadas en las denominadas funcionalidades *semánticas*.

6. EL DESAFÍO PARA LA GESTIÓN DOCUMENTAL EN RELACIÓN CON EL USO DE MEDIOS ELECTRÓNICOS

Por lo que respecta a la gestión documental, al margen de las específicas necesidades en cuanto a la identificación y autenticación que cubre la firma electrónica, la modernización tecnológica conlleva una consecuencia cuya trascendencia no se puede minusvalorar porque, en última instancia, constituye una premisa elemental para la modernización de la gestión administrativa: no basta con sustituir la gestión de los documentos en papel por sus equivalentes en soporte electrónico y, de esta manera, requerirlos y remitirlos por medios telemáticos. Ciertamente se trata de una de las principales ventajas, pero la prestación de servicios avanzados al ciudadano y, en última instancia, las posibilidades innovadoras de la modernización tecnológica requieren dar un paso más.

En este sentido, resulta imprescindible reconsiderar el concepto de documento en tanto que realidad material que reviste a la información en sí misma, bien por la forma específica que adopta bien por la exigencia de un determinado contenido ordenado a partir de unos parámetros prefijados, tales como un concreto sello o firma, un registro de salida estampado, la referencia del lugar donde se encuentra originalmente –libro, tomo, página...– o, sin ánimo exhaustivo, ciertas expresiones estereotipadas que caracterizan el estilo administrativo en la redacción de documentos. El intercambio de información ya no habría de plantearse a partir de la remisión de documentos sino, más bien, de datos –incluso *metadatos*– a los que se les apliquen las necesarias garantías de integridad y autenticidad; siempre partiendo de que se respeten las ineludibles exigencias de interoperabilidad para facilitar el posterior tratamiento de la información, requerimiento este último cuya trascendencia no puede ser minusvalorada puesto que impediría llevar a cabo una gestión realmente avanzada de la información.

De este modo, el incumplimiento de los plazos para la remisión de información necesaria para la adopción de cualquier decisión podría ser irrelevante, si bien es cierto que pueden surgir problemas de otra naturaleza que deberían contemplarse para su regulación jurídica. Así, cuando la información no se encuentre digitalizada por la entidad en cuyo poder se encuentre o ésta no disponga de los medios necesarios para acceder a la información, cuando exista un problema técnico que impida la comunicación o, sin ánimo exhaustivo, en los supuestos en que la información obtenida se encuentre en un formato que impida su tratamiento automatizado por la entidad receptora. En consecuencia, la gestión activa de los archivos administrativos adquiere especial importancia, por lo que habrán de fijarse pautas normativas para su funcionamiento en la medida que, a diferencia de lo que ha venido sucediendo hasta ahora con demasiada frecuencia, no pueden concebirse ya como simples lugares para el almacenamiento de documentos.

En todo caso, a pesar de las dificultades referidas, la tecnología puede convertirse en un instrumento para reforzar las garantías jurídicas de la gestión documental, en particular la integridad y la autenticidad, siempre y cuando se adopten las medidas necesarias para la conservación y accesibilidad. En efecto, mientras que con la gestión manual ciertos elementos del documento se podrían manipular sin dejar rastro, la tecnología, sin embargo, podría impedir dichas irregularidades; aunque, al mismo tiempo, obligaría a buscar alternativas para sustituir dichas prácticas en el supuesto de que la finalidad pretendida fuera lícita, lo que obliga a crear previsiones normativas ajustadas a la singularidad que conlleva la tecnología cuando no fuere posible la adaptación de las existentes por vía interpretativa.

IV. INSUFICIENCIAS Y DEFICIENCIAS DE LA REGULACIÓN LEGAL SOBRE ADMINISTRACIÓN ELECTRÓNICA

1. LA CONSOLIDACIÓN LEGAL DE UN MODELO RESTRICTIVO DE COMUNICACIÓN PARA LOS CIUDADANOS EN SUS RELACIONES CON LAS ADMINISTRACIONES PÚBLICAS. LA FALTA DE EXIGIBILIDAD DE LOS DERECHOS DE LOS CIUDADANOS COMO EJEMPLO PARADIGMÁTICO

Como ya hemos destacado en otro lugar[76], la regulación de la LAE no obedece a un modelo de innovación a partir de las posibilidades que permiten las tecnologías de la información y las comunicaciones, de manera que ha consolidado en gran medida los parámetros propios de la gestión en soporte papel y las comunicaciones presenciales. Quizás uno de los ejemplos más representativos del planteamiento que ha seguido el legislador es la regulación que ha llevado a cabo de los registros electrónicos en tanto que se ha consagrado un

---

[76] J. Valero Torrijos, *El régimen jurídico...*, ob. cit., pp. 92 y ss.

modelo caracterizado por las limitadas y restrictivas posibilidades de comunicación de los referidos parámetros, a pesar de las ventajas que permitiría la tecnología desde la perspectiva de las preferencias y prioridades de los ciudadanos. En este sentido, la regulación legal ha coadyuvado a consolidar un modelo pensado en las necesidades propias de las Administraciones Públicas antes que en facilitar a aquéllos el ejercicio de sus derechos y el cumplimiento de sus obligaciones por medios electrónicos. Si aceptamos que los registros electrónicos constituyen una herramienta esencial a tal efecto, hasta el punto de que se puede considerar que personifican la esencia de la Administración electrónica[77], el modelo plasmado por el legislador no es precisamente un ejemplo de diseño pensado en el destinatario de los servicios a pesar del considerable avance en el reconocimiento formal –aunque incompleto y a veces disfuncional– de ciertos derechos.

Mientras que cuando la presentación de escritos, solicitudes y otras comunicaciones tiene lugar a través de los registros presenciales existe la posibilidad de elegir varias alternativas en los términos del artículo 38.4 LRJAP, no es así en el caso de los registros electrónicos, si bien es preciso reconocer la mayor comodidad que supone esta vía en la medida que no exige de un desplazamiento físico para llevar a cabo la presentación. Sin embargo, aun siendo conscientes de las ventajas e inconvenientes de una y otra vía, más allá de los supuestos en que resulte obligatoria alguna de ellas, lo cierto es que no se ha garantizado suficientemente el de-

[77] J. L. Blasco Díaz, «La regulación local de la Administración electrónica», en el libro editado conjuntamente con M. Fabra Valls, *La Administración electrónica en España: experiencias y perspectivas de futuro*, Universitat Jaume I, Castellón, 2007, p. 179.

recho a la comunicación por medios electrónicos a través de los registros administrativos ya que, de un lado, la concepción legal de estas herramientas es demasiado restrictiva en cuanto a las posibilidades de utilizar registros de otras entidades distintas de la destinataria y, de otro, son muchas las Administraciones Públicas que a día de hoy carecen de su propio registro o, incluso, sólo permiten realizar en el mismo actuaciones muy concretas.

La efectividad de los derechos reconocidos en el artículo 6 LAE queda por tanto condicionada, en la mayor parte de los casos, a la utilización de un registro electrónico formalmente constituido, posibilidad inexistente en principio en relación con aquellas Administraciones Públicas que carezcan de uno propio, tal y como sucede con numerosas entidades locales. Incluso si disponen de esta herramienta, en la mayor parte de los casos –y aquí deberían incluirse también los registros autonómicos– sólo se pueden emplear para actuaciones muy concretas; hasta el punto de que en muchos casos ni siquiera resulta jurídicamente posible utilizar el registro para presentar una simple instancia que no deba someterse a un modelo normalizado ni precise de aportar un documento adjunto. Se trata de una insuficiencia que podría haberse superado con una regulación más exigente que el mandato del inciso inicial del artículo 24.3 LAE, en particular si se interpreta sistemáticamente de conformidad con la disposición final tercera; y, claro está, transformando en obligación la mera posibilidad que contempla el inciso final del referido precepto, de manera que los ciudadanos pudieran dirigir toda clase de escritos y comunicaciones a las entidades locales a través de los registros provinciales o autonómicos, siempre que se hubiese obligado efectivamente a que estas últimas entidades sí dispongan necesariamente del referido modelo de registro con un ámbito objetivo general.

Sin embargo, la aparente exigencia en el rigor jurídico para la protección de la posición de los intereses públicos que, a costa de una mayor amplitud de los derechos de los ciudadanos, denota el ejemplo que se acaba de analizar contrasta con la dejación que se ha llevado a cabo en otros aspectos, entre los que destacan, de una parte, la derogación de la exigencia de aprobación formal de las aplicaciones que se vayan a utilizar para el ejercicio de las potestades administrativas[78] y, de otra, la ausencia del carácter básico de disposiciones de tanta relevancia a los efectos de garantizar el tratamiento común de los ciudadanos ante las Administraciones Públicas y, en última instancia, de los intereses públicos, como las relativas a la actuación automatizada –artículo 39 LAE[79]– y la simplificación de los procedimientos –artículo 34 LAE–.

Más allá de las insuficiencias derivadas de la concepción en la que se basa el modelo de Administración electrónica de la LAE, la aplicación práctica de sus previsiones está generando ciertos inconvenientes prácticos que deberían analizarse para de proponer las modificaciones legales que, en su caso, procedan a fin de solventar las dificultades que plantea

---

[78] Por lo que se refiere a esta específica problemática desde la perspectiva de la disminución de garantías para el ciudadano, véase J. VALERO TORRIJOS, *El régimen jurídico de la e-Administración. El uso de medios informáticos y telemáticos en el procedimiento administrativo común*, 2ª ed., Comares, Granada, 2007, pp. 79 y 80.

[79] Cfr. J. VALERO TORRIJOS, «El alcance de la protección constitucional...», ob. cit., p. 165, así como I. ALAMILLO DOMINGO y X. URÍOS APARISI, *La actuación administrativa automatizada en el ámbito de las Administraciones Públicas*, Escuela de Administración Pública de Cataluña, 2011, p. 58, quienes matizan notablemente el alcance de dicha crítica.

que, en última instancia, se erigen en obstáculos que limitan las posibilidades de innovación tecnológica. Ciertamente, en algunos casos la normativa reglamentaria que se ha dictado para el desarrollo de la LAE en el ámbito de la Administración General del Estado ha tratado de hacer frente a buena parte de tales inconvenientes; pero, más allá de las limitaciones propias del modelo de gestión en que se basan –en el que la innovación no constituye una piedra angular–, sin duda hubiera sido preferible que tales medidas resultasen de aplicación en relación con el resto de las Administraciones Públicas, sobre todo si tenemos en cuenta que es precisamente en las relaciones que los ciudadanos entablen con ellas donde pueden, en principio, ejercer la totalidad de sus derechos por medios electrónicos desde el 1 de enero de 2010. Posibilidad reforzada, en última instancia, mediante la creación de un registro electrónico común a través del cual se puede presentar cualquier tipo de escrito, solicitud o comunicación dirigida a las entidades estatales que se encuentran bajo su ámbito objetivo de aplicación.

Efectivamente, ése es sin duda el principal problema en la puesta en marcha del modelo de Administración electrónica instaurado por la LAE: la falta del reconocimiento efectivo del derecho a las relaciones telemáticas con cualesquiera Administraciones Públicas y no sólo con la estatal, ya que precisamente son las autonómicas y las locales las que, debido a su mayor proximidad con los ciudadanos y teniendo en cuenta el intenso proceso descentralizador acaecido en los últimos años, concentran una buena parte de las actuaciones que han de realizar los ciudadanos. Si los dos fines principales que ha perseguido el legislador –artículo 3 LAE– son, siguiendo la prelación señalada en el citado precepto, facilitar el ejercicio de derechos y el cumplimiento de deberes por medios electrónicos y, en segundo lugar, el acceso por medios electrónicos de los ciudadanos a la información y al procedimiento administrativo, con especial atención a la eliminación de las barreras que limiten dicho acceso, lo cierto es que, con carácter general y dejando al margen el ámbito estatal, ha fracasado en el intento; impidiendo, por tanto, cualquier planteamiento que pretenda simplificar e innovar en la rigidez de las comunicaciones con los ciudadanos, a pesar del potencial y la flexibilidad que ofrecen, al menos teóricamente, los medios electrónicos.

Ciertamente, parafraseando a Crozier, no se puede cambiar la Administración únicamente aprobando una ley cuya aplicación práctica requiere no sólo de inversiones y medios materiales sino, además y sobre todo, un cambio radical en su funcionamiento y, en consecuencia, en la formación del personal a su servicio, de manera que las inercias e intereses creados no terminen por frenar las posibilidades de modernización inspiradas en un equilibrio entre garantías jurídico-formales, innovación tecnológica y simplificación, es decir, de la eficacia entendida en sentido integral. Desde esta perspectiva y, claro está, en función del respeto al ejercicio de sus propias competencias, se puede comprender que, al menos inicialmente y durante un período prudencial, se dejara cierto margen de actuación a las comunidades autónomas y a las entidades locales; aun cuando dicha precaución haya supuesto en la práctica, al menos de momento, que los ciudadanos no puedan realizar gran parte de los trámites administrativos por medios electrónicos. Transcurridos ya varios años desde la entrada en vigor de la LAE, parece llegado el momento que, al menos por lo que se refiere a los registros electrónicos, se adopten las medidas necesarias para garantizar la efectividad del derecho del ciudadano a presentar por esta vía todo tipo de escritos, solicitudes y comunicaciones, posibilidad que sería sin duda asumible si se adoptasen las medidas referidas con anterioridad.

Desde una perspectiva más amplia, al margen de la concreta herramienta para hacer efectivas las comunicaciones dirigidas a la Administración, el exceso de celo en el respeto a la autonomía de las entidades antes referidas debería dar paso a una posición más firme por parte de legislador estatal basada en la cooperación impositiva, de manera que aquellas comunidades autónomas y entidades locales que no tuvieran disponibilidades presupuestarias para facilitar a los ciudadanos el ejercicio de sus derechos utilizando medios electrónicos se vieran obligadas a implantar, al menos, un servicio de registro electrónico que, de manera gratuita, se pusiera a su disposición a través de alguno de los centros ya existentes, estatal o autonómicos, de transferencia de tecnología; o, en su defecto, a permitir la utilización de los medios ofrecidos por otras entidades públicas, lo que necesariamente conllevaría la imposición de obligaciones normativas más precisas al respecto para las entidades de ámbito territorial superior. Y, con carácter complementario por lo que respecta a las entidades locales, fueran las diputaciones provinciales las encargadas de dar soporte técnico a este servicio en caso de resultar necesario. Una medida adicional podría valorarse: en caso de no poner a disposición del ciudadano los modelos normalizados para cumplimentarlos a través del registro electrónico no cabría exigir su utilización por esta vía, de manera que se pudiera elegir por presentar la solicitud en cuestión mediante un modelo simple de instancia general.

Así pues, la falta de consecuencias prácticas ante el incumplimiento de la disposición final tercera LAE en el ámbito autonómico y local constituye el principal inconveniente a la hora de afrontar este desafío, sin que las posteriores reformas adoptadas puedan considerarse realmente eficaces precisamente por esta misma razón: la inexistencia de mecanismos que de manera efectiva obliguen a la adopción de medidas concretas. En efecto, a través de la modificación operada por la Ley 2/2011, de 4 de marzo, de Economía Sostenible, se ha introducido un nuevo apartado, el quinto, en la disposición final tercera LAE, de manera que las entidades locales y las comunidades autónomas que no permitan a los ciudadanos el ejercicio de sus derechos por medios electrónicos en relación con la totalidad de los procedimientos y actuaciones de su competencia «deberán aprobar y hacer públicos los programas y calendarios de trabajo precisos para ello, atendiendo a las respectivas previsiones presupuestarias, con mención particularizada de las fases en las que los diversos derechos serán exigibles por los ciudadanos».

Son muchas las cuestiones que todavía quedan abiertas según esta previsión: el plazo de publicación de los calendarios sí está fijado –seis meses–, pero ¿dónde se encuentra recogido el plazo disponible para cumplir con los objetivos que recoja aquél?; ¿qué sucede cuando, transcurridos los plazos que prevean dichos calendarios, sigan sin ser efectivos los derechos?, ¿será necesario exigirlos por la vía judicial? Precisamente, esta falta de concreción se ha venido a reforzar con la posterior reforma que lleva a cabo el Real Decreto-ley 8/2011 por cuanto, al modificar la adicional segunda LRJAP, se limita a reiterar simplemente buenos deseos y renuncia a establecer medidas coercitivas cuando señala que «la incorporación a soporte informático de los registros a que se refiere el artículo 38.3 de esta Ley, será efectiva atendiendo al grado de desarrollo de los medios técnicos de que dispongan».

Por lo que respecta al contenido de los referidos programas y calendarios, el legislador podría haber exigido la elaboración de un catálogo de procedimientos y otros trámites, de manera que a partir de su exhaustiva identificación se pudiera determinar, entre otros extremos, si el trámite requiere la utilización de un modelo normalizado; si, para cada caso en concreto, se precisa aportar información o documentos por parte de los interesados para, en su caso, poner en marcha las correspondientes interconexiones con otras Administraciones Públicas y obtenerlos de forma inmediata; del mismo modo, identificar los supuestos en que otras entidades requieren información y documentación para ofrecérsela a través de medios electrónicos sin necesidad de requerimientos formales previa adopción, claro está, de las medidas técnicas, organizativas y jurídicas que fueren precisas; qué actuaciones serían susceptibles de realizarse automatizadamente... En definitiva, para valorar en qué medida la modernización tecnológica de cada trámite, actuación o procedimiento puede servir para simplificar su diseño, ya que normalmente estará inspirado en el modelo propio de las relaciones presenciales y la gestión en soporte papel[80].

---

[80] Ahora bien, como advierte Palomar y aquí se encuentra una de las principales dificultades, todo ello requiere «entender que es un buen momento para una reflexión crítica sobre las formas y maneras de la actuación administrativa y, en consecuencia, proceder a su transformación» [A. PALOMAR OLMEDA, «Gestión electrónica de los procedimientos», en E. Gamero Casado y J. Valero Torrijos (coords.), *La Ley de Administración electrónica. Comentario*

Precisamente, otro de los principales problemas a que puede conducir la insuficiencia de la actual regulación legal desde la perspectiva innovadora basada en la tecnología se refiere al rediseño de los procedimientos. A este respecto el artículo 34 LAE exige que, con carácter previo a la aplicación de medios electrónicos a la gestión de cualquier procedimiento, trámite o servicio, se lleve a cabo un análisis de rediseño funcional y simplificación. Sin duda la eficacia de esta herramienta sería de gran ayuda en relación con las medidas antes referidas, si no fuera por la inexistencia de consecuencias prácticas ante su incumplimiento y, sobre todo, porque el precepto no tiene carácter básico y, en consecuencia, sólo resulta de aplicación directa para la Administración General del Estado. En todo caso, se trata de una medida imprescindible que, en los supuestos en que se aplique, debería dar lugar a un trámite –siquiera a nivel interno en cada organización, aunque sería deseable también abrir la consulta a los ciudadanos, no necesariamente a través de un trámite formalizado de información pública– que permita la participación de todos los sujetos afectados, de manera que cada cual pudiera valorar el alcance de las medidas pretendidas y, desde su conocimiento y experiencia, formular las propuestas de mejora que eviten problemas de concepción y diseño que, una vez implantado el trámite o servicio, resulten ya de difícil corrección.

En definitiva, ¿cómo se puede aspirar a la innovación tecnológica en este ámbito cuando el ciudadano ni siquiera tiene reconocido un auténtico derecho a comunicarse con

sistemático a la Ley 11/2007, de 22 de junio, de Acceso Electrónico de los Ciudadanos a los Servicios Públicos, 3ª ed., Thomson-Aranzadi, Madrid, 2010, p. 611].

las Administraciones Públicas por medios electrónicos más allá de meras declaraciones formales en disposiciones legales cuya aplicación práctica es más que deficiente?

2. ALGUNOS EJEMPLOS ADICIONALES ESPECIALMENTE SIGNIFICATIVOS: LA GESTIÓN DOCUMENTAL, EL CONTENIDO DE LAS SEDES ELECTRÓNICAS Y LA PROTECCIÓN DE LOS DATOS DE CARÁCTER PERSONAL

En íntima conexión con las que se acaban de plantear, otra de las principales dificultades en la aplicación práctica de las previsiones legales desde la perspectiva de la innovación se refiere al modelo de gestión documental. En efecto, en primer lugar, el reconocimiento como derecho de la decisión de aportar o no la información y los documentos necesarios para llevar a cabo la actuación administrativa a favor de los ciudadanos, en lugar de proceder simplemente a obtenerla de la Administración en cuyo poder se encuentre, supone más una fuente de problemas que una medida pensada efectivamente en favorecer su posición jurídica[81]; al menos tal y como se ha regulado, sobre todo si tenemos en cuenta que se pueda renunciar al derecho sin límite alguno, posibilidad que plantea especiales problemas en aquellos procedimientos con múltiples interesados dado que cada uno

---

[81] Por lo que se refiere a las dificultades que conlleva la configuración legal de este derecho, véase J. VALERO TORRIJOS, «Acceso a los servicios y a la información por medios electrónicos», en E. Gamero Casado y J. Valero Torrijos (coords.), *La Ley de Administración electrónica. Comentario sistemático a la Ley 11/2007, de 22 de junio, de Acceso Electrónico de los Ciudadanos a los Servicios Públicos*, 3ª ed., Thomson-Aranzadi, Madrid, 2010, pp. 400 a 404.

de ellos podría no sólo optar por una vía u otra en relación con el derecho examinado sino también elegir el medio de comunicación –electrónico o presencial y, por tanto, el soporte papel–, complicando innecesariamente la gestión por parte de la entidad competente.

El correcto funcionamiento de este modelo habría requerido mayor contundencia en la configuración de las obligaciones por parte de las entidades locales y las comunidades autónomas, problemática en la que no procede ahora reiterar los argumentos expuestos con anterioridad. En todo caso, de nuevo el legislador general vuelve a llevar a cabo un planteamiento excesivamente benévolo contrario a estas exigencias cuando al concretar el contenido del principio de lealtad institucional –artículo 4.1.c) LRJAP–, si bien reconoce el deber de facilitar la información que otras Administraciones Públicas requieran para el ejercicio de sus competencias, lo cierto es que contempla igualmente la negativa a hacerlo cuando «no disponga de medios suficientes para ello». Precisamente, el nuevo modelo para la puesta en marcha de actividades y servicios por parte de los particulares habría exigido un reforzamiento de este planteamiento puesto que, en última instancia, la comunicación previa y la declaración responsable –artículo 71 bis LRJAP– en gran medida cobran sentido si, de oficio y sin necesidad de que los interesados realicen aportaciones documentales, la información necesaria para llevar a cabo las correspondientes actividades de comprobación puede obtenerse a través de medios telemáticos, ya sea de otras Administraciones Públicas ya incluso de otros sujetos privados.

Otra de las insuficiencias que pueden achacarse al legislador básico desde la perspectiva que nos ocupa se refiere a la débil exigencia normativa en cuanto a la transparencia, de lo que constituye un destacado ejemplo el contenido y accesibilidad de la información en las sedes electrónicas[82]. En efecto, del artículo 10 LAE sólo puede concluirse la existencia de un principio general de accesibilidad que, no obstante, parece más bien referido a los estándares técnicos que hay que respetar en su desarrollo cuando, asimismo, dicho precepto debería haberse preocupado de obligar a que la información y los servicios fueran fácilmente accesibles por los usuarios. Por lo que se refiere a los contenidos, el artículo 149.1.18ª de la Constitución, en la medida que exige un trato igual a los ciudadanos, parece requerir que sea el legislador básico y no una simple norma reglamentaria, sólo de aplicación directa en la Administración General del Estado –en concreto, el artículo 6 RDLAE–, quien establezca un listado mínimo de información y servicios que deban prestarse necesariamente a través de las sedes electrónicas. Precisamente, entre las imposiciones del citado precepto reglamentario se encuentra la puesta a disposición de los ciudadanos del «mapa de la sede electrónica o información equivalente, con especificación de

---

[82] Como ha destacado L. COTINO HUESO («Retos jurídicos y carencias normativas de la democracia y la participación electrónicas», *Revista Catalana de Derecho Público*, núm. 35, pp. 89 y 90), la falta de precisión de los contenidos exigibles a las sedes electrónicas de las Administraciones Públicas contrasta con las obligaciones impuestas a los sujetos privados, dualidad que evidencia la falta de confianza en la transparencia como instrumento que permitiría un control más intenso de aquéllas; posibilidad sin duda incrementada notablemente como consecuencia del uso de medios electrónicos [M. LIPS, «E-Government Under Construction. Challenging Traditional Conceptions of Citizenship», en P. G. Nixon y V. N. Koutrakou (eds.), *E-Government in Europe. Re-Booting the State*, Routledge, Abingdon, 2010, p. 41]. En todo caso, cfr. R. MARTÍNEZ GUTIÉRREZ, *Administración Pública...*, ob. cit., 494 a 496, quien formula una concreta –y completa– propuesta doctrinal acerca del contenido que deberían tener las sedes electrónicas de las Administraciones Públicas.

la estructura de navegación y las distintas secciones disponibles». Quizás el modelo del artículo 9 de la Ley 18/2011, de 5 de julio, relativo a las sedes electrónicas en el ámbito judicial, podría ser un buen punto de partida, con las debidas adaptaciones por la singularidad de los sujetos implicados, a fin de superar la insuficiencia que caracteriza la regulación general relativa a las Administraciones Públicas[83]; sin duda lastrada por inercias e intereses creados propios de una trasnochada concepción del acceso a la información incompatible con las actuales posibilidades de innovación tecnológica que necesariamente ha de impulsar y reforzar una Administración Pública auténticamente democrática y, por tanto, convencida de la relevancia que tiene la transparencia en relación con la consecución de este prioritario desafío.

Como antes advertíamos, la exigencia de modernización basada en la innovación tecnológica en modo alguno puede pretenderse a costa de la rebaja de las garantías jurídicas, de manera que la eficacia proclamada constitucionalmente ha de valorarse teniendo en cuenta esta premisa inexcusable. Desde esta perspectiva y, en concreto, por lo que se refiere a la protección de los datos de carácter personal, la finalidad declarada por el artículo 3.3 LAE en orden a «crear las condiciones de confianza en el uso de los medios electrónicos, estableciendo las medidas necesarias para la preservación de la integridad de los derechos fundamentales, y en especial los relacionados con la intimidad y la protección de datos de carácter personal» no se cumple simplemente con el estable-

---

[83] J. Valero Torrijos, «La sede judicial electrónica», en E. Gamero y J. Valero (coords.), *Las Tecnologías de la Información y la Comunicación en la Administración de Justicia*, Thomson-Aranzadi, Cizur Menor, 2012, p. 256.

cimiento de un principio general de respeto –artículo 4.a) LAE– y una mera remisión a la LOPD. En particular, las interconexiones de bases de datos y la difusión de información administrativa suponen tratamientos que, por la singularidad e intensidad de la afectación al derecho fundamental de los ciudadanos desde la perspectiva de la tecnología empleada, no se encuentran suficientemente garantizados en una regulación que data de 1999, es decir, en un momento en que los medios electrónicos y, en particular, Internet empezaban a utilizarse por los ciudadanos y no habían adquirido, ni mucho menos, los perfiles tan complejos que hoy conocemos. Se trata de un problema ciertamente relevante, ya que la innovación tecnológica aplicada tanto a la gestión administrativa interna como, asimismo, a la posibilidad de prestar de manera alternativa ciertos servicios que requieren la comunicación con los ciudadanos –en particular aquéllos basados en la personalización y la anticipación– suponen necesariamente un notable incremento de las interconexiones y, en general, de los intercambios de información. Y, por otra parte, el incremento exponencial de la capacidad de procesamiento de los equipos informáticos aboca a nuevas modalidades de gestión y uso de la información que van más allá de la limitada y formal garantía que han establecido las normas que reconocen la protección de los datos personales, tal y como analizaremos en detalle en el último capítulo. Ante esta realidad, ¿realmente puede considerarse suficiente una regulación legal vaga que se limita a una simple remisión a disposiciones claramente superadas por el actual desarrollo de la tecnología?

3. LA NECESARIA REFUNDICIÓN DE LAS BASES DEL RÉGIMEN JURÍDICO DE LAS ADMINISTRACIONES PÚBLICAS Y LA REGULACIÓN DEL PROCEDIMIENTO ADMINISTRATIVO COMÚN: UNA OPORTUNIDAD PARA FACILITAR LA INNOVACIÓN

Así pues, teniendo en cuenta las anteriores consideraciones, habría que valorar la adopción de medidas diversas a fin de garantizar una mejor salvaguarda de los derechos de los ciudadanos y de los intereses públicos en relación con la Administración electrónica; todo ello con el objetivo de ofrecer las oportunas pautas normativas que permitan a la tecnología desarrollar su potencial innovador como instrumento para la transformación hacia una Administración Pública más eficiente desde la inexcusable premisa del reforzamiento de la seguridad jurídica. De una parte, son necesarios ajustes formales en el alcance subjetivo de varios preceptos, cuya naturaleza básica resulta indiscutible; de otra, las modificaciones requeridas afectarían no sólo a la LAE sino, asimismo, a otras leyes conexas cuyas previsiones deberían ser reajustadas; y, finalmente, varios preceptos de la propia LAE deberían ser modificados en cuanto a su regulación material.

Al margen de otros ámbitos como el tributario, esta necesidad se muestra especialmente urgente respecto de algunos desajustes con ciertas previsiones de la LRJAP en tanto que normativa que contiene las bases del régimen jurídico de las Administraciones Públicas y regula el procedimiento administrativo común ya que, en principio, sus disposiciones tienen por objeto únicamente aquellas actuaciones que se lleven a cabo en soporte papel y presencialmente; mientras que, por el contrario, la LAE se aplicaría cuando las mismas tuvieran lugar a través del uso de medios electrónicos. Dado el avance que en los últimos años se ha producido en el proceso de modernización tecnológica de las Administraciones Públicas, una parte creciente de las actuaciones administrativas y de las relaciones con los ciudadanos se están ya produciendo utilizando medios electrónicos, de manera que el carácter híbrido que caracteriza el actual modelo de gestión parece exigir una regulación integrada de ambos cuerpos normativos, de manera que se tengan en cuenta sistemáticamente las singularidades que esta dualidad plantea y, en última instancia, se aproveche para resolver algunos desajustes entre ambas regulaciones que pueden incidir negativamente en la seguridad jurídica.

Aunque desde una perspectiva estrictamente formal e incluso menor sorprenda que el artículo 45 LRJAP haya quedado prácticamente sin contenido tras la aprobación de la LAE, en cambio algunos de los requisitos generales a los que ha de someterse el documento electrónico permanecen, a modo de vestigio, en su apartado quinto; mientras que su concreción tecnológica se recoja en el artículo 29 LAE que, para mayor incoherencia, se remite asimismo al artículo 46 LRJAP. Que, por cierto, ha de interpretarse sistemáticamente con el artículo 30 LAE por lo que respecta al régimen de las copias cuando se realicen en un soporte distinto del original.

Parecido razonamiento podría hacerse respecto de los registros administrativos, ya que mientras que el artículo 38.3 LRJAP contiene una obligación general para que se instalen en soporte *informático* «los registros generales, así como todos los registros que las Administraciones Públicas establezcan para la recepción de escritos y comunicaciones de los particulares o de órganos administrativos», el régimen jurídico de tales instrumentos se contiene en los artículos 24 a 26 LAE. No resulta por ello extraño que exista una cierta tensión entre ambas regulaciones, en general no manifestada de forma expresa: así sucede, por ejemplo, con la imposibilidad de utilizar otros registros electrónicos distintos del propio del órgano o entidad al que se dirige la presentación realizada, problemática analizada en páginas anteriores; o, sin ánimo exhaustivo, con la imposibilidad –que se da con cierta frecuencia en la práctica– de que el uso de formularios normalizados en los registros electrónicos no permita finalizar la comunicación cuando no se hayan cumplimentado todas sus secciones, aportado ciertos datos o documentos o, en su caso, en un formato distinto del exigido, dejando sin efecto la aplicación del trámite de subsanación que contempla el artículo 71 LRJAP[84].

Pero en otras ocasiones la incompatibilidad de ambos regímenes jurídicos sí que se ha explicitado, tal y como ha sucedido con la prohibición del artículo 26.5 LAE en orden a la inaplicación de la regla de cómputo que contempla el artículo 48.5 LRJAP, según la cual «cuando un día fuese hábil en el municipio o Comunidad Autónoma en que residiese el interesado, e inhábil en la sede del órgano administrativo, o a la inversa, se considerará inhábil en todo caso». Ciertamente se trata de una previsión razonable en la medida que los registros electrónicos se han de encontrar accesibles incluso los días inhábiles en el lugar de su sede física y, asimismo, nada impide al ciudadano utilizarlos incluso si se

---

[84] A este respecto, I. MARTÍN DELGADO, «La gestión electrónica del procedimiento administrativo», *Cuadernos de Derecho Local*, núm. 21, 2009, p. 94.

trata de un día festivo en su propia localidad. Sin embargo, esa lógica, que pretende evitar la complejidad que supondría aplicar la regla general cuando los interesados en un procedimiento tengan su domicilio en diversas localidades dada la anterior consideración, sólo operaría cuando la presentación telemática en ese concreto registro fuere preceptiva; en caso de que se pudieran utilizar otros registros y, en particular, si fuera posible acudir a cualquiera de los convencionales a que se refiere el artículo 38.4 LRJAP, ya no sería aplicable para los interesados que se hubieren decantado por esta vía, de manera que en la práctica podrían disponer de uno o varios días adicionales. Como puede comprenderse, se trata de una consecuencia inadmisible en los procedimientos de naturaleza competitiva que reclama una mayor sistemática y coherencia en la regulación analizada, en particular si dicha previsión se conecta con el derecho de los ciudadanos a utilizar el canal, electrónico o presencial, a través del cual relacionarse con las Administraciones Públicas: en definitiva, en función de la elección de cada interesado en un mismo procedimiento la anterior regla podría resultar aplicable o excluida simultáneamente, afectando a una esencial cuestión de orden público como el alcance de la obligatoriedad de los plazos.

Por lo que respecta a la notificación, la dualidad en el régimen jurídico aplicable también puede presentar controversias ciertamente irracionales en cuanto a la interpretación del momento en que se tenga por cumplida la obligación de resolver y notificar que contempla el artículo 42.1 LRJAP. Según dispone el artículo 58.4 LRJAP, bastaría el simple intento de entrega a tales efectos, regla que parte de una eventualidad que no se daría en los supuestos de notificación electrónica: que el destinatario no se encuentre en su domicilio y ninguna de las personas presentes en el mismo quiera hacerse cargo de su recepción. En efecto, en el caso de que se utilicen medios electrónicos la notificación siempre podrá ponerse a disposición del interesado, pero surge la duda de si a los efectos del perfeccionamiento del silencio o la caducidad han de tenerse en cuenta los diez días naturales que el artículo 28.3 LAE concede al interesado para acceder antes de que el acto notificado comience a producir sus efectos. Aun cuando la respuesta parece claramente negativa, convendría que el legislador estableciese una regla específica al respecto a fin de evitar los problemas que podrían surgir en aquellos casos en que la puesta a disposición no tuviera lugar con las garantías previstas en los artículos 27 y 28 LAE o, incluso, cuando existiesen varios interesados y hubieren elegido canales diversos de comunicación con la Administración Pública a los efectos de recibir la notificación de una misma decisión. De lo contrario podría plantearse la duda razonable acerca de si en un mismo procedimiento los efectos de la inactividad serían distintos según el medio de comunicación utilizado, consecuencia inadmisible desde las más elementales exigencias de seguridad jurídica.

La regulación de los órganos colegiados podría ser también objeto de revisión, de manera que, más allá de la mera habilitación expresa que contiene la disposición adicional primera LAE y de su remisión a los trámites esenciales que contemplan los artículos 26 y 27.1 LRJAP, se especificaran algunos criterios generales adaptados a la singularidad que plantea la tecnología en relación con el contenido de los citados preceptos, cuya naturaleza básica fue confirmada expresamente por el Tribunal Constitucional. Sorprende, por tanto, que el apartado segundo de dicha disposición sólo resulte de aplicación a la Administración General del Estado cuando, según la jurisprudencia constitucional, se trata de cuestiones que ha de regular el legislador estatal con carácter básico. En todo caso, dada la diversidad de modalidades de reuniones colegiadas que es posible imaginar más allá de la videoconferencia, el legislador básico debería adaptar las reglas de los preceptos antes citados a las características de los medios electrónicos, garantizando así el efectivo respeto a las reglas esenciales para la formación de la voluntad en este tipo de órganos. Sin duda se trata de un ejemplo que permitiría aportar instrumentos jurídicos de gran utilidad a la hora de afrontar, desde la innovación tecnológica, una problemática que lastra la eficacia y la eficiencia de las Administraciones Públicas actualmente: el excesivo número de reuniones improductivas, muchas veces de una duración desproporcionada.

Algunas otras cuestiones, quizás de menor alcance, podrían revisarse aprovechando la refundición propuesta doctrinalmente[85], tal y como sucedería con la posibilidad de motivar las resoluciones mediante un enlace al informe o dictamen correspondiente, sin necesidad de incorporarlos en sentido estricto al texto de la misma como exige el artículo 89.5 LRJAP; o, sin ánimo exhaustivo, si los errores informáticos podrían, y en qué supuestos, considerarse incluidos en la regulación general del artículo 105.2 LRJAP, de manera que pudieran corregirse en cualquier momento. En todo caso, esta reordenación normativa habría de conside-

---

[85] En este sentido, E. Gamero Casado, «Objeto, ámbito y principios...», ob. cit., p. 138.

rarse una oportunidad única para que desde los poderes públicos se reflexione sobre el papel impulsor de la innovación que puede asumir el Derecho aprovechando el potencial de la tecnología, ofreciendo un modelo regulador avanzado que no sólo evite cercenar proyectos e iniciativas muy destacadas ya existentes sino que, por el contrario, potencie su efecto renovador y les permita convertirse en un referente en el que comprobar hasta qué punto los medios electrónicos podrían servir para reformar profundamente una Administración Pública anclada en un modelo anacrónico en la gestión interna y en las relaciones con los ciudadanos. Por tanto, como ya se ha empezado a enfatizar[86], puede que haya llegado el momento de abordar en profundidad la reforma.

---

[86] R. RIVERO ORTEGA, *La necesaria innovación...*, ob. cit., pp. 56 y 81, donde se mantiene que cada vez es más notoria la obsolescencia de la regulación vigente sobre procedimiento administrativo y, en particular, la LRJAP.

CAPÍTULO SEGUNDO

LAS PREMISAS TECNOLÓGICAS DE LA INNOVACIÓN EN EL ÁMBITO DE LAS ADMINISTRACIONES PÚBLICAS. IMPLICACIONES Y DESAFÍOS DESDE LA PERSPECTIVA JURÍDICA

ÍNDICE

I. La necesaria redefinición de las relaciones entre Derecho y tecnología en el contexto de la Administración electrónica 139

II. Principales herramientas tecnológicas en la Administración electrónica: análisis jurídico desde la perspectiva de la innovación 148

   1. La firma electrónica 148

     a) La firma electrónica, un concepto jurídico anfibológico 148

     b) La distinta eficacia de los tipos de firma electrónica y su proyección sobre los documentos electrónicos de las Administraciones Públicas 154

     c) Las singularidades de la regulación de la firma electrónica en el ámbito de las Administraciones Públicas 160

     d) Las comprobaciones relativas al uso de la firma electrónica en la gestión documental: problemas y disfunciones derivados de la intermediación de prestadores de servicios de certificación 167

     e) Implicaciones jurídicas de los desajustes en la regulación de la firma electrónica como consecuencia de su singularidad tecnológica 173

   2. La relevancia jurídica de las exigencias de seguridad e interoperabilidad en la Administración electrónica 179

     a) El Esquema Nacional de Seguridad 182

     b) Las condiciones de interoperabilidad y el ENI 186

III. Entre el cumplimiento del Derecho y el potencial innovador de la Administración electrónica: perspectiva jurídica de un difícil equilibrio . . 192

   1. La necesaria reconfiguración de los conceptos jurídicos al trasluz de las singularidades tecnológicas . . 192

   2. Consecuencias jurídicas del incumplimiento de las garantías tecnológicas 198

I. LA NECESARIA REDEFINICIÓN DE LAS RELACIONES ENTRE DERECHO Y TECNOLOGÍA EN EL CONTEXTO DE LA ADMINISTRACIÓN ELECTRÓNICA

LAS tecnologías de la información y la comunicación suponen un relevante desafío para la efectividad de las normas jurídicas que regulan la actividad de las Administraciones Públicas y sus relaciones con los ciudadanos. En efecto, si bien es indudable que su uso constituye una exigencia de eficacia y, sobre todo, de adaptación al entorno social y económico en que han de llevar a cabo sus funciones, lo cierto es que al amparo de tal justificación puede pasar desapercibido –o, en algunos casos, minusvalorado– el riesgo que existe de otorgar un papel secundario al destacado protagonismo que, sin embargo, ha de jugar el Derecho en el proceso de modernización tecnológica en el ámbito administrativo[87]. Resulta, por tanto, imprescindible no ya advertir acerca de esta problemática sino, más bien, analizar las razones por las cuales se genera dicha situación y, en particular, ofrecer cri-

---

[87] En palabras de Piñar, «no basta con subrayar sólo el hecho de que las Administraciones Públicas deben modernizarse al son de los avances tecnológicos, y adaptar en consecuencia su organización y procedimientos a la nueva y siempre mutable realidad, sino de proponer la necesidad de reconsiderar el concepto mismo de Derecho y Administración» (J. L. PIÑAR MAÑAS, «Revolución tecnológica...», ob. cit., p. 26).

terios interpretativos para impedir o, al menos, minimizar sus nefastas consecuencias.

Por lo que se refiere a estas últimas, se trata en definitiva de garantizar la superioridad del Derecho frente a los criterios, reglas y normas tecnológicos, de manera que no resulten socavados los cimientos del Estado de Derecho. En concreto, puede darse el caso de que las normas jurídicas se encuentren desfasadas o sean inadecuadas, de manera que se conviertan en una barrera a la hora de implantar proyectos de Administración electrónica, facilitándose por tanto la tentación de desplazar su aplicación dadas las ventajas que ofrece la tecnología. Asimismo, cabe imaginar que las garantías jurídicas, en lugar de cumplir su esencial papel como reglas del juego que aseguran el respeto de los diversos intereses públicos y privados afectados, se perciban como un inconveniente que dificulta alcanzar el potencial que permitirían los programas y equipos informáticos de obviarse su aplicación; por lo que la tensión entre Derecho y tecnología puede romperse a favor de esta última con relativa facilidad a menos que se advierta claramente de las consecuencias que dicho resultado podría conllevar y, sobre todo, se establezcan las medidas que impidan este indeseable resultado.

En el fondo de este problema se encuentra muchas veces el excesivo papel protagonista que ha correspondido al personal con perfil técnico en el diseño e impulso de los proyectos institucionales relacionados con la Administración electrónica[88]. Ciertamente, se trata de una inercia más

---

[88] Un reciente pero significativo episodio es la Resolución de la Secretaría de Estado de Administraciones Públicas por la que se aprueba la norma técnica de interoperabilidad de política de gestión de documentos electrónicos (BOE n. 178, 26 julio, 2012), cuyo objeto trasciende claramente el ámbito

acentuada en los primeros momentos y que progresivamente está llamada de diluirse, pero que en gran medida se explica por la singularidad del conocimiento técnico requerido, del que han carecido tradicionalmente la mayor parte de los empleados públicos, en particular los encargados de funciones directivas en servicios comunes. En consecuencia, han sido los servicios informáticos de las respectivas instituciones los que han impulsado o, al menos, supervisado los proyectos de modernización tecnológica, superando su ámbito material propio ante la falta de preparación y, en ocasiones, de interés por parte de quien estaba llamado a liderar este tipo de iniciativas.

Desde una estricta consideración institucional y, al margen de las excepciones que hayan podido darse, lo cierto es que los servicios jurídicos de las Administraciones Públicas tampoco han jugado el papel que les debería corresponder en relación con la modernización tecnológica. De este modo, con relativa frecuencia ni siquiera han tenido noticia de los desarrollos y aplicaciones informáticas que se estaban implementando en su propia entidad o, de haberles informado, en general se ha adoptado una actitud pasiva cuando no obstruccionista; postura que, en última instancia, se encontraba motivada tanto por la falta de cualificación básica –en el sentido de mínima o elemental– en relación con el funcionamiento de las tecnologías empleadas como, en muchos casos y sin que sean razones incompatibles sino incluso complementarias, por una inadmisible actitud defensiva y de autoprotección ante los problemas que eventualmente

---

estricto de la interoperabilidad para establecer criterios generales de gestión documental.

pudieran darse en el futuro por lo que se refiere al normal funcionamiento de los servicios.

La falta de compromiso que, incluso hoy día, se observa en la formación de juristas en el ámbito universitario en relación con las implicaciones de las tecnologías de la información y la comunicación no ayuda, precisamente, a solventar esta deficiencia. No se trata ya tanto de que, salvo relevantes excepciones y al margen de las actividades de postgrado, las asignaturas dedicadas específicamente a las implicaciones jurídicas de la tecnología hayan brillado por su ausencia sino, incluso y más que nada, de que en la mayor parte de las materias generales –Derecho Administrativo, Civil, Procesal…– ni siquiera se hace la más mínima referencia al impacto que la tecnología está teniendo en la reconfiguración de las categorías tradicionales y, como veremos más adelante, de las garantías jurídicas en las que se han venido sustentando hasta ahora la protección de los diversos intereses tutelados por las normas.

Sin embargo, una sociedad en gran medida dependiente de la tecnología como la actual ha de afrontar importantes retos de diversa índole, entre los que destacan a los efectos que ahora interesan los de carácter jurídico y, en particular, jurídico-administrativos. De lo contrario existe un riesgo cierto de que el principio constitucional de sometimiento del Estado al Derecho –y, en concreto, de la Administración Pública– subsista simplemente sobre el papel por su reconocimiento formal en la Norma Fundamental pero desprovisto, sin embargo, de efectividad material. Se trata de un desafío que ha de plantearse tanto por lo que respecta a la supremacía de la norma jurídica respecto de los criterios fijados por quien haya programado las aplicaciones, en relación con el efectivo respeto al ejercicio competencial por parte de los titulares de los órganos administrativos que, en principio, son quienes han de adoptar las decisiones que vinculan a las Administraciones Públicas; como, en última instancia, por lo que se refiere a la capacidad de control por parte de jueces y magistrados que, dada la complejidad tecnológica inherente a los servicios, quedará en gran medida en manos de informes periciales. ¿Cuáles son pues las principales razones que justifican la magnitud de este desafío?

Como se ha destacado certeramente[89], resulta ingenuo pretender un control absoluto de la tecnología por parte del Derecho, esto es, en relación a cada uno de los detalles y aspectos menores del funcionamiento de las aplicaciones informáticas y los sistemas de información. Así pues, hemos de partir de esta premisa a la hora de realizar el análisis que nos ocupa, distinguiendo a estos efectos cuáles han de considerarse exigencias esenciales para asegurar sustancialmente la primacía del Derecho sobre la tecnología, en particular por lo que respecta a aquellas contradicciones especialmente destacadas que, por tanto, debieran dar lugar a consecuencias invalidantes de la actuación administrativa. Para ello, han de identificarse previamente aquellos peligros sustanciales derivados de la singularidad tecnológica en que se sustenta la Administración electrónica pues, de lo contrario, difícilmente cabría afrontar la delicada tarea de determinar las implicaciones jurídicas de las contradicciones con las normas que resulten de aplicación.

En primer lugar, en relación con las aplicaciones informáticas existe una tendencia a la utilización de normas téc-

---

[89] J. ESTEVE PARDO, *Técnica...*, ob. cit., p. 27.

nicas y certificaciones de proyección internacional a través de las cuales garantizar, al menos, unas mínimas exigencias a partir de la normalización de la calidad y seguridad. No obstante, muchas de estas normas se basan en estándares técnicos que, sin embargo, no implican necesariamente su respeto a las normas jurídicas aplicables en el ámbito interno de los Estados y, asimismo, de cada una de las Administraciones Públicas; esto es, no siempre tienen en cuenta las singularidades propias del respectivo sistema jurídico-administrativo, característica especialmente reforzada en el caso de estructuras descentralizadas como la española. En consecuencia, a la hora de que aquéllas contraten con terceros el desarrollo o, en su caso, la adquisición de aplicaciones para prestar servicios electrónicos, han de fijar claramente que, al menos desde el punto de vista jurídico, los estándares tecnológicos han de supeditarse necesariamente al cumplimiento de las normas jurídicas que resulten de aplicación en función del servicio de que se trate, tal y como puede suceder singularmente con los registros electrónicos, los gestores documentales o las plataformas de contratación. Sobre todo si tenemos en cuenta que, como destacaremos más adelante, la tendencia actual a la externalización se está materializando a través del denominado *cloud computing* que, al menos con carácter general, puede suponer la gestión de servicios y el manejo de información a través de equipos informáticos pertenecientes a empresas ubicadas en otro Estado.

Por otra parte, la complejidad añadida que caracteriza sobre todo el funcionamiento de ciertas aplicaciones determina que, en ocasiones, la creciente externalización propia de este ámbito ni siquiera pueda ser supervisada por el personal al servicio de la Administración Pública, tanto desde el punto de vista técnico como jurídico. Es más, resulta frecuente que en las condiciones de uso de tales aplicaciones se establezcan cláusulas que impidan indirectamente que dicho control se lleve a cabo, de manera que ni la propia entidad pública contratante puede constatar el efectivo respeto al marco jurídico aplicable. Al margen, claro está, de aquellos supuestos en que, aun cuando tal posibilidad no se encuentra impedida contractualmente, el personal propio carece del conocimiento necesario para fijar las condiciones técnicas que han de respetar las aplicaciones o, simplemente, supervisar su funcionamiento y, en consecuencia, el cumplimiento por parte del contratista de las condiciones técnicas previstas en los pliegos.

Más aún, el uso de medios electrónicos en la gestión administrativa permite llevar a cabo tratamientos más intensivos de información, tanto desde una estricta consideración cuantitativa como, sobre todo, cualitativa. En consecuencia, tal y como se ha destacado anteriormente, debe tenerse en cuenta que las normas tradicionales actualmente en vigor en materia de protección de datos personales se encuentran desfasadas, hasta el punto de que cabe poner en duda que la simple aplicación de los principios generales en la materia resulten suficientes para asegurar una adecuada protección jurídica; al menos si tenemos en cuenta la práctica que, en general, se ha venido llevando a cabo en el ámbito de la Administración electrónica, con manifiesto menosprecio en muchos casos de las exigencias legales en relación con el principio de finalidad –artículo 4 LOPD, que prohíbe los usos incompatibles con aquéllos que justificaron la recogida de la información–, las medidas de seguridad –artículo 9 LOPD–, el deber de información –artículo 5 LOPD– o, sin ánimo exhaustivo, el principio de proporcionalidad en la difusión de la información –artículo 4 LOPD–.

Antes al contrario, dado el mayor peligro potencial que supone el uso de la informática para las libertades de los ciudadanos, debería reforzarse la exigencia en el cumplimiento estricto de las reglas vigentes, incluso desde la perspectiva estrictamente formal y del cumplimiento de las obligaciones de esta naturaleza, sin que resulte admisible una injustificada flexibilidad amparada en una supuesta eficacia que postergue las garantías jurídicas. En este sentido, es necesario reiterar la necesidad de llevar a cabo un replanteamiento del alcance de las consecuencias del incumplimiento de estas normas[90], sobre todo si tenemos en cuenta que se trata de una garantía fijada en la Norma Fundamental que, en última instancia, podría ser extendida más allá del limitado alcance que el Tribunal Constitucional ha otorgado al artículo 18.4, circunscrito hasta ahora a la protección de las personas físicas frente al uso indebido de sus datos personales.

Una reflexión final debe realizarse desde la perspectiva material. En concreto, es necesario recordar que el uso de medios electrónicos puede suponer un reforzamiento de las garantías jurídicas siempre que efectivamente se utilicen las posibilidades que permite la tecnología para impedir la alteración de los documentos y acreditar las circunstancias

---

[90] Hasta ahora las aportaciones han sido ciertamente limitadas y en gran medida sólo constituyen una primera aproximación, debiendo destacarse el intento de A. PALOMAR OLMEDA, *La actividad...*, ob. cit., pp. 268 y ss.; y, desde la perspectiva del régimen jurídico de la protección de los datos de carácter personal, J. VALERO TORRIJOS, «La invalidez de los actos administrativos dictados en base a datos personales contenidos en ficheros irregulares», en M. A. Davara (coord.), *XIV Encuentros sobre Informática y Derecho 2000-2001*, Arazandi, Pamplona, 2001, pp. 193 a 204.

temporales en que se generan o, por lo que respecta a los accesos a la información, restringirlos exclusivamente a las personas o sistemas que requieran conocer de tales datos en razón de las funciones asignadas. Ahora bien, precisamente debido a las facilidades que permite la tecnología, si no se refuerza el efectivo cumplimiento –y, sobre todo, su exigencia– de las normas técnicas que aseguren tales extremos, lo cierto es que puede darse una cierta apariencia de garantía y cumplimiento que, sin embargo, no obedezca a la realidad; de manera que las medidas técnicas limiten su virtualidad simplemente al plano teórico y, por tanto, en la práctica queden sin asegurarse cuestiones tan esenciales y, al mismo tiempo, elementales como la integridad y autenticidad de los documentos, las limitaciones en el acceso a la información personal y, en caso de contravención, las condiciones fácticas en que ha tenido lugar la infracción o, sin ánimo exhaustivo, la constancia de las comunicaciones realizadas y la prueba de las circunstancias en que las mismas se han producido, tanto a nivel interno como por lo que respecta a las que tengan lugar con los ciudadanos u otras entidades.

II. PRINCIPALES HERRAMIENTAS TECNOLÓGICAS EN LA ADMINISTRACIÓN ELECTRÓNICA: ANÁLISIS JURÍDICO DESDE LA PERSPECTIVA DE LA INNOVACIÓN

1. LA FIRMA ELECTRÓNICA

a) LA FIRMA ELECTRÓNICA, UN CONCEPTO JURÍDICO ANFIBOLÓGICO

La utilización de la firma manuscrita como garantía de la integridad y la autenticidad de los documentos se ha consolidado tradicionalmente como la principal medida por lo que respecta al soporte papel, mientras que la confidencialidad en las comunicaciones se ha sustentado en la entrega personal de los documentos a los destinatarios mediante sobres cerrados. Sobre este doble paradigma ha venido funcionado la gestión administrativa y las comunicaciones con los ciudadanos, si bien la informática ha conllevado el cuestionamiento de tales premisas ante la dificultad o, incluso, inviabilidad de aplicarlas en los nuevos soportes electrónicos y en las redes telemáticas. Mientras que las tradicionales e insuficientes garantías de intangibilidad que ofrecen a este respecto los documentos escritos y la firma manuscrita no resultan de aplicación a los documentos y relaciones que se establecen a través de las modernas herramientas tecnológicas, y en especial a través de una red abierta como Internet, existen en la actualidad dispositivos técnicos que permiten asegurar con mayores dosis de fiabilidad las exigencias de identificación e integridad antes referidas, destacando entre todas ellas por su seguridad la firma electrónica.

Sin embargo, no todas las modalidades de firma electrónica ofrecen idénticos niveles de seguridad a los efectos de cumplir los requerimientos técnicos a los que se acaba de aludir; de manera que las exigencias antes referidas sólo se cumplirán en su grado máximo –al menos actualmente– a través de una concreta modalidad de firma electrónica, la denominada *firma digital*, que, al estar basada en el uso de sistemas criptográficos, permite garantizar que el remitente no ha sido suplantado y que el documento y, en general, la información no han sido modificados[91]. Se trata, por tanto, de una distinción cuyas consecuencias jurídicas son de gran relevancia, de ahí que dediquemos una especial atención a precisar la eficacia que presentan cada una de estas modalidades a partir de la regulación legal. Nos encontramos, pues, ante un requisito de carácter técnico legalmente exigido, como analizaremos más adelante para los documentos administrativos electrónicos, que, en función de la modalidad a la que se refiera, tendrá una eficacia u otra por lo que respecta a la identificación del firmante[92] y la integridad

---

[91] A. Martínez Nadal, *Comentarios a la Ley de Firma electrónica*, 2ª ed., Thomson-Reuters, Madrid, 2009, p. 81.

[92] En todo caso, como señala con acierto A. Rodríguez Adrados (*La seguridad de la firma electrónica. Consecuencias de su uso por un tercero*, Consejo General del Notariado, Madrid, 2005, pp. 22 y ss.), en puridad la firma electrónica sólo identifica al solicitante/titular de los certificados y no a quien realmente la utiliza, de ahí que se refiera a la firma electrónica como un *sello* más que como una firma. Específicamente, por lo que se refiere a las Administraciones Públicas, cfr. F. Bauzà Martorell, *Procedimiento administrativo electrónico*, Comares, Granada, 2003, pp. 65 a 76. En relación con la actividad probatoria relacionada con la firma electrónica, a estos efectos véase I. Alamillo Domingo y X. Uríos Aparisi, «Comentario crítico a la Ley 59/2003, de 19 de diciembre, de Firma Electrónica», *Revista de Contratación Electrónica*, núm. 46, 2004, pp. 59 a 63.

de la información, es decir, del documento administrativo en cuestión[93]. En efecto, el legislador español –siguiendo a estos efectos el modelo comunitario[94]– ha partido de un concepto amplio de firma electrónica que, en consecuencia, nos obliga a precisar el alcance de su utilización en cada caso concreto; en particular por lo que se refiere al ámbito de las Administraciones Públicas si tenemos en cuenta que la regulación legal básica sobre acceso de los ciudadanos a los servicios públicos electrónicos, lejos de establecer una disciplina rígida y cerrada, ha optado por un modelo flexible basado en el expreso reconocimiento de varias modalidades de firma electrónica y la fijación –artículo 4.g) LAE– de un principio general de proporcionalidad por lo que se refiere a las medidas de seguridad técnicas, en virtud del cual sólo se exigirán aquellas que «sean adecuadas a la naturaleza y circunstancias de los distintos trámites y actuaciones»[95].

---

[93] En opinión de A. Palomar Olmeda «corresponde al titular de la competencia administrativa acreditar su titularidad y la de la de los medios instrumentales utilizados para exteriorizar sus manifestaciones de voluntad [...]», de manera que si niega «haber realizado una determinada manifestación tendrá que probar la diligencia en la custodia de las claves, su denuncia ante las autoridades si se ha percatado de su utilización ilegal y, en general, mostrar una actitud que permita entender deshecha la presunción de que la actuación ligada a la firma electrónica corresponde al titular» (*La actividad administrativa efectuada por medios electrónicos*, Thomson-Aranzadi, Cizur Menor, 2007, p. 287).

[94] Artículo 2 de la Directiva 1999/93/CE del Parlamento Europeo y del Consejo, de 13 de diciembre de 1999, por la que se establece un marco comunitario para la firma electrónica.

[95] Así pues, según advierte I. Martín Delgado, debe existir una relación directa entre los datos que se manejen en el trámite y el nivel de seguridad que requieran los intereses afectados por el mismo [«Identificación y autenticación de los ciudadanos», en E. Gamero Casado y J. Valero Torrijos (coords.), *La Ley de Administración electrónica. Comentario sistemático a la Ley 11/2007, de*

El concepto de firma electrónica utilizado por el legislador español se basa en la regulación europea que ofrece la Directiva 1999/93/CE del Parlamento Europeo y del Consejo de 13 de diciembre de 1999, cuya regulación parte de una posición de neutralidad tecnológica que explica la excesiva generalidad antes resaltada. Esta toma de postura supone, como ha destacado Martínez Nadal, que no se hayan regulado de forma completa aspectos sustanciales de la firma digital –probablemente la única segura a día de hoy– y, sobre todo, que no se excluyan aquellas «técnicas y procedimientos que, en realidad no tiene[n] valor ni eficacia alguna»[96].

En definitiva, el amplio concepto legal de firma electrónica permite abarcar otras modalidades basadas en técnicas distintas de la criptografía asimétrica, ya disponibles, en desarrollo o futuras, que permitan cumplir algunas o todas las funciones características de las firmas manuscritas en un medio electrónico[97]. En concreto, según el artículo 3.1 de la LFE, se considera firma electrónica «el conjunto de datos en forma electrónica, consignados junto a otros o asociados con ellos, que pueden ser utilizados como medio de identificación del firmante». Así pues, en él tendrían cabida técnicas

22 de junio, de Acceso Electrónico de los Ciudadanos a los Servicios Públicos, 3ª ed., Thomson-Aranzadi, Madrid, 2010, p. 509].

[96] A. MARTÍNEZ NADAL, Comentarios..., ob. cit., p. 81.

[97] Señala Linares que la equiparación que con cierta frecuencia se da en la práctica entre firma electrónica y firma electrónica avanzada o, en su caso, reconocida, trae causa de la existencia de criterios de clasificación distintos, el técnico y el jurídico, lo que ha dado lugar a una sinécdoque bastante generalizada [M. LINARES GIL, «Identificación y autenticación de las Administraciones Públicas», en E. Gamero Casado y J. Valero Torrijos (coords.), La Ley de Administración electrónica. Comentario sistemático a la Ley 11/2007, de 22 de junio, de Acceso Electrónico de los Ciudadanos a los Servicios Públicos, 3ª ed., Thomson-Aranzadi, Madrid, 2010, p. 424].

tan simples como un nombre de usuario, una contraseña u otro elemento identificativo –por ejemplo la firma manual digitalizada– incluido al final de un mensaje o documento electrónico. Ahora bien, desde una estricta consideración técnica, tales instrumentos presentan un grado de fiabilidad diverso que habrá de precisarse en función de las garantías específicas que ofrezcan; de ahí que las disposiciones legales establezcan otros dos tipos de firma electrónica basados, en este caso, en el uso de técnicas criptográficas, modalidad que se conoce con la denominación de *firma digital*. Sin embargo, este último concepto no ha sido reconocido expresamente por el legislador que, por su parte, se refiere a las firmas electrónicas avanzada y reconocida.

De este modo, la firma electrónica avanzada sería aquélla que, según el artículo 3.2 LFE, «permite identificar al firmante y detectar cualquier cambio ulterior de los datos firmados, que está vinculada al firmante de manera única y a los datos a que se refiere y que ha sido creada por medios que el firmante puede mantener bajo su exclusivo control». Se trata, por tanto, de una categoría especial de firma electrónica que, no obstante, ha de cumplir una serie de requisitos concretos en base a los cuales se le reconoce una singular eficacia en la medida que ofrece mayores niveles de seguridad en la identificación del signatario y en la integridad de los documentos firmados con ella. En efecto, con las tres primeras exigencias –identificación del signatario, creación por medios bajo su exclusivo control y vinculación única al mismo– se persigue garantizar la autenticación y evitar el rechazo en origen de los mensajes electrónicos; mientras que con el último requisito –vinculación a los datos que permite detectar cualquier alteración ulterior–

se pretende salvaguardar la integridad de los documentos electrónicos.

Por tanto, esta pluralidad de firmas electrónicas requiere una aclaración previa que evite confusiones terminológicas que, en última instancia, generen dudas en cuanto a la eficacia jurídica de cada uno de los instrumentos analizados. En efecto, como señalábamos anteriormente, una clase particular de firma electrónica que cumpliría con los requisitos de autoría e integridad establecidos para la avanzada es la denominada *firma digital*, esto es, aquélla basada en una tecnología específica en la medida que se genera a partir de un sistema de criptografía asimétrica o de clave pública, lo que nos permite diferenciarla de la firma electrónica simple. En concreto, este sistema parte de la existencia de una clave de firma o clave privada, que únicamente conoce su titular y que permanece bajo su exclusivo control; y una clave pública a la que, por el contrario, puede acceder cualquier persona, si bien a través de la combinación matemática de ambas claves puede asegurarse de modo fidedigno que quien firma digitalmente un documento es realmente quien dice ser y que el contenido del mismo no ha sido alterado ni conocido por una tercera persona, sin que pueda obtenerse la clave privada a partir de la clave pública. Más aún, cuando la avanzada reúne determinadas garantías técnicas adquiere la condición de firma electrónica reconocida, debiendo a tal efecto –artículo 3.3. LFE– estar «basada en un certificado reconocido y generada mediante un dispositivo seguro de creación de firma».

¿Qué consecuencias jurídicas plantea esta distinción desde la perspectiva de la eficacia predicable respecto de cada una de estas modalidades?

b) La distinta eficacia de los tipos de firma electrónica y su proyección sobre los documentos electrónicos de las Administraciones Públicas

El análisis de la eficacia jurídica de la firma electrónica debe partir de una elemental premisa normativa: aun siendo la más extendida y, por tanto, un estándar de facto, la regulación legal no alude expresamente a la *firma digital* sino que parte de un concepto más amplio –la firma electrónica–, planteamiento que como antes señalábamos se justifica en base a la neutralidad tecnológica que debe predicarse respecto de este tipo de normas, ya que su efectividad se encuentra condicionada en última instancia por su mayor o menor grado de adaptabilidad a los incesantes avances que se van produciendo en este campo. Por tanto, el concepto legal de firma electrónica permite abarcar otras modalidades basadas en técnicas distintas de la criptografía asimétrica, ya disponibles o en desarrollo que permitan cumplir algunas o todas las funciones características de las firmas manuscritas en un medio electrónico. Ahora bien, dado que las garantías que ofrecen los diversos tipos de firma amparados por la definición legal no pueden equipararse, su eficacia jurídica también es necesariamente diversa.

Así, por lo que se refiere a la que podríamos denominar firma electrónica *simple*, es decir, la que no sea *avanzada* ni *reconocida*, podría ser considerada en principio y con carácter general como un instrumento inadecuado por cuanto, a tenor de lo dispuesto en el artículo 3 LFE, sólo garantiza la identidad del autor pero en modo alguno la integridad de la información. Ahora bien, teniendo en cuenta la prohibición *ex* artículo 3.9 LFE, no podrán negarse «efectos jurídicos a una firma electrónica que no reúna los requisitos de firma electrónica reconocida en relación a los datos a los que esté asociada por el mero hecho de presentarse en forma electrónica», de manera que es necesario plantearse cuál sería la eficacia de un documento administrativo cuando se utilice esta modalidad de firma electrónica.

Se trataría, en definitiva, de dar una respuesta a ciertas prácticas muy frecuentes en el día a día de la actividad administrativa como, por ejemplo, la incorporación a los documentos administrativos de firmas manuscritas digitalizadas o la utilización de sistemas de seguridad basados en un nombre de usuario y una contraseña, que en principio no asegurarían de forma razonable por sí mismos la integridad de la información y, en el primer caso, ni siquiera la autoría por parte del titular de la firma, por cuanto cualquiera podría suplantarle sin mayores dificultades. Aunque esta problemática nos remite, en definitiva, a cuestiones fácticas que han de ser analizadas desde la perspectiva de la valoración de la prueba, no es menos cierto que el artículo 45.5 LRJAP requiere inexcusablemente como requisito de validez que se asegure la autenticidad e integridad del documento administrativo electrónico, exigencias que no se darían necesariamente cuando se hubiese empleado la modalidad de firma electrónica que nos ocupa. O, para ser más precisos, nos podríamos encontrar ante una potencial divergencia entre el contenido del documento y la voluntad real del órgano administrativo, autoridad o funcionario público que aparentemente lo suscribe, de ahí que, en principio, deba rechazarse la utilización de los referidos ejemplos de firma electrónica *simple* para los documentos administrativos ya que, en última instancia, se podría estar facilitando la revisión encubierta de decisiones sin respetar los procedimientos legales de revisión que, en el caso de los actos administrativos, se establecen en los artículos 102 y ss. LRJAP. En consecuencia, los efectos jurídicos de los documentos que utilicen esta modalidad de firma electrónica dependerán, en última instancia y en caso de una eventual impugnación, de las garantías técnicas que ofrezca a la hora de asegurar la integridad y autenticidad del documento signado con ella, así como la autoría del mismo. En todo caso, desde la perspectiva de la innovación tecnológica, la utilización de sistemas de firma electrónica no basados en la criptografía asimétrica resulta manifiestamente insuficiente, en particular debido a los graves problemas de seguridad jurídica que se podrían plantear de forma reiterada en cuanto a la integridad y autenticidad de las actuaciones administrativas en general y de la información y los datos sobre los que se basen en particular.

De este modo, la plena validez y eficacia del documento administrativo electrónico nos remite necesariamente a la utilización de firma electrónica avanzada o reconocida, siendo también admisible el empleo de los mecanismos de identificación y autenticación enumerados en el artículo 13.3 LAE y regulados en el artículo 20 LAE. Ambos preceptos admiten expresamente que en el caso de relaciones entre Administraciones Públicas o, incluso, entre órganos pertenecientes a la misma entidad, se puedan realizar intercambios electrónicos de datos en entornos cerrados de comunicación, a los efectos de identificación de los sujetos que intervienen en la transmisión o, en su caso, el acceso y autenticación de los documentos electrónicos que produzcan. Ahora bien, aun cuando de una primera lectura de los referidos preceptos pudiera concluirse inicialmente que la validez y eficacia de los documentos que se transmitan –de los datos o la información, en puridad– dependerá de lo acordado entre las partes que participan en la comunicación, lo cierto es que el pacto habrá de partir de la elemental premisa del respeto de las condiciones técnicas antes analizadas y, por tanto, aquéllas únicamente podrían fijar las circunstancias concretas, técnicas y organizativas, en que habrá de tener lugar la comunicación.

A este respecto, sólo la firma reconocida tiene asegurada de forma expresa –artículo 3.4 LFE– para los datos consignados en forma electrónica la equiparación a la firma manuscrita respecto de los datos consignados en soporte papel, lo que nos lleva a plantearnos cuál sería la eficacia de las otras dos modalidades de firma electrónica contempladas legalmente, es decir, la avanzada y la simple. Por lo que se refiere a la primera, debemos recordar que, según la definición legal, no sólo permite identificar al firmante y detectar cualquier cambio ulterior del documento sino que, incluso, ha de estar vinculada al firmante de manera única y a los datos a que se refiera, de manera que al haber sido generada por medios que aquél mantiene bajo su exclusivo control podría concluirse que, en última instancia, su eficacia también se puede equiparar a la propia de la firma manuscrita.

A la vista de tales afirmaciones, ¿dónde está pues la diferencia en el alcance de la regulación legal por lo que se refiere a las modalidades analizadas y, en concreto, a la firma avanzada? Se trata, en definitiva, de un problema relacionado con la prueba que ha de practicarse en el supuesto de que se niegue la autenticidad de la firma electrónica con la que se hayan signado los datos incorporados a un documento electrónico[98], de manera que según el artículo 3.8 LFE debería distinguirse en función del tipo de que se trate. Así, en el supuesto de que fuese reconocida, quien haya presentado el documento deberá demostrar que la firma cumple con los requisitos establecidos para la avanzada y, además, que está basada en un certificado reconocido que reúne todos los requisitos previstos legalmente y, por último, que se ha generado mediante un dispositivo seguro de creación de firma; de manera que los gastos y costas que se generen corresponderán a quien hubiese formulado la impugnación en el caso de ser rechazada.

Por el contrario, si la firma sólo fuese avanzada resultarán de aplicación las reglas generales previstas por el artículo 326.2 de la Ley de Enjuiciamiento Civil para la fuerza probatoria de los documentos privados[99], de manera que quien hubiere presentado el documento podrá proponer las pruebas que estime pertinentes. En este caso, se plantea una doble alternativa:

---

[98] En palabras de I. ALAMILLO DOMINGO, la diferencia radica en el «grado de definición de los aspectos a comprobar en la pericial informática, que en el caso de la firma electrónica reconocida facilita la preparación de la prueba y, en su caso, la anticipación de la misma, y que además establece la presunción de autenticidad de la firma electrónica reconocida una vez verificada» [«Seguridad y firma electrónica: marco jurídico general», en E. Gamero y J. Valero (coords.): *Las Tecnologías de la Información y la Comunicación en la Administración de Justicia*, Thomson-Aranzadi, Cizur Menor, 2012, p. 428].

[99] Cfr. I. ALAMILLO DOMINGO, «Seguridad y firma electrónica...», ob. cit., p. 427. Como advierte A. MARTÍNEZ NADAL, las modalidades de firma electrónica no reconocida implicarán que, en caso de impugnación, «sea necesario demostrar, a través de procedimientos probatorios en ocasiones difíciles y costosos, sus efectos respecto de la autoría e integridad del mensaje firmado» (*Comentarios...*, ob. cit., p. 93).

- que el órgano judicial concluya que el documento es auténtico, supuesto en el que procede igualmente la imposición de los gastos y costas para quien hubiere formulado la impugnación;

- que, por el contrario, entienda que no puede afirmarse su autenticidad, de manera que realizará la valoración de la prueba conforme a las reglas de la sana crítica, criterioo que también se habrá de aplicar en aquellos supuestos en que no se hubiere propuesto prueba alguna.

Ahora bien, este planteamiento general se encuentra condicionado en relación con los documentos generados por las Administraciones Públicas, ya que según el artículo 57 LRJAP los actos administrativos se presumen válidos y, en consecuencia, su eventual impugnación requiere desarrollar la correspondiente actividad probatoria tendente a desmontar la validez del sistema de firma electrónica empleado. En última instancia, la carga de la prueba –al menos inicialmente– se trasladaría a quien negase los efectos jurídicos al sistema de firma electrónica utilizado en ese concreto supuesto.

c) Las singularidades de la regulación de la firma
electrónica en el ámbito de las Administraciones
Públicas

Una de las principales novedades que ha introducido la
LAE[100] en materia de identificación y autenticación de la actuación administrativa en general y, en particular, por lo que
se refiere a los documentos administrativos, es la posibilidad
de emplear diversos mecanismos en función de que el documento se genere de forma automatizada o directamente por
una persona física, ya sea el titular de un órgano administrativo o simplemente el personal al servicio de la Administración Pública autora del documento. Procede, pues, que
analicemos las diversas hipótesis que pueden plantearse por
lo que se refiere a la utilización de cada uno de estos sistemas
en relación con los documentos administrativos.

En efecto, junto a las citadas disposiciones de carácter
general ya analizadas, en el ámbito de las Administraciones
Públicas se han dictado normas específicas para regular la
utilización de la firma electrónica en la actividad de las mismas y sus relaciones con los ciudadanos. En concreto, los
artículos 13 a 23 LAE han incorporado previsiones particulares al respecto, junto con algunas otras que indirectamente
se refieren a la exigencia de su utilización, tal y como sucede
singularmente con las disposiciones reguladoras de la sede
electrónica –artículo 10– o el documento administrativo

---

[100] Para una visión general sobre las singularidades de la firma electrónica
en la regulación de la normativa sobre Administración electrónica, al margen
de las obras citadas en las notas anteriores, véase R. Martínez Gutiérrez,
«Identificación y autenticación: DNI electrónico y firma electrónica», en J.
L. Piñar Mañas (dir.), *Administración electrónica y ciudadanos*, Civitas-Thomson
Reuters, Cizur Menor, 2011, pp. 407-453.

–artículos 29 y 30–. Si bien la mayor parte de tales preceptos tienen carácter básico y, en consecuencia, resultan de aplicación a todas las Administraciones Públicas, debe tenerse en cuenta que también se han dictado normas que desarrollan las previsiones de la LAE en cada Administración Pública, de manera que pueden incorporar disposiciones específicas al respecto, tal y como sucede con el RLAE en la Administración General del Estado, cuyo Título III se dedica específicamente a la identificación y autenticación. Ahora bien, esta última circunstancia ha de ser valorada con cierta prevención y con un alcance restrictivo, de manera que no se desnaturalice la regulación general básica. En efecto, en base al ejercicio de las competencias autonómicas de desarrollo y, asimismo, a las relativas a la autoorganización de comunidades autónomas y entidades locales se podrían establecer diferencias en el régimen jurídico aplicable que, en definitiva, supusieran una dificultad a la hora de aplicar criterios estandarizados de interoperabilidad que faciliten la gestión documental avanzada y el ejercicio de los derechos de los ciudadanos a no tener que reiterar la presentación de documentos en poder de las Administraciones Públicas.

Quizás la principal característica a destacar de la regulación legal en materia de Administración electrónica sea la continua referencia que en la LAE se hace a la firma electrónica avanzada y no a la reconocida[101] que, en función de

---

[101] I. Alamillo Domingo y X. Uríos Aparisi, «El nuevo régimen legal de gestión de la identidad y firma electrónica por las Administraciones Públicas», en L. Cotino y J. Valero (coords.), *Administración electrónica. La Ley 11/2007, de 22 de junio, de Acceso Electrónico de los Ciudadanos a los Servicios Públicos y los retos jurídicos del e-gobierno en España*, Tirant lo Blanch, Valencia, 2010, p. 665, quienes llegan incluso a considerar que se ha producido una «degradación de

lo previsto en el artículo 3.4 LFE, es la única que tiene garantizada legalmente de forma expresa la equivalencia con la firma manuscrita desde el punto de vista de su eficacia; sin perjuicio de que a la primera no se le pueda privar de efectos jurídicos al amparo del artículo 3.9 LFE, tal y como ya se explicó con anterioridad.

Desde esta amplia perspectiva, el artículo 13.3 LAE expresamente habilita a que las Administraciones Públicas utilicen tanto certificados de dispositivo seguro para identificar su sede electrónica, sistemas de firma electrónica para las actuaciones automatizadas, la firma electrónica de su personal y, en su caso, el DNI electrónico, así como el intercambio electrónico de datos cuando se acuda a sistemas cerrados de comunicación. Igualmente, se reconoce de forma expresa la posibilidad de que en las actuaciones automatizadas –artículo 18 LAE– se empleen tanto sellos electrónicos basados en sistemas de firma electrónica como códigos seguros de verificación, correspondiendo a cada Administración la determinación de los casos en que procederá un instrumento u otro. Mientras que en el primer supuesto se establece una obligación de publicidad electrónica de la relación de sellos utilizados y la de poner a disposición los medios que permitan la verificación de los mismos, en el segundo será imprescindible ofrecer un sistema telemático de consulta a través de la sede electrónica mediante el cual se permita comprobar la integridad del documento, por lo que puede afirmarse que en la *mens legis* este último medio está concebido como una herramienta vinculada a la comprobación de la autenticidad

la firma electrónica reconocida como nivel normal de seguridad en las relaciones con las Administraciones Públicas».

de las copias de los documentos administrativos, especialmente cuando se encuentren en soporte papel.

Más allá de la diferente virtualidad y eficacia de ambos instrumentos, una aparente cuestión de matiz ha de ser destacada por cuanto podría pasar desapercibida a pesar de su relevancia práctica: en ambos casos se hace una referencia expresa a que el sello y el código pueden estar vinculados no sólo a un órgano concreto sino, más genéricamente, a la entidad en su conjunto; de manera que se está produciendo un desplazamiento de la titularidad competencial desde los órganos hasta las personas jurídicas en que se integran, con lo que se pretende facilitar la realización automatizada de ciertas actuaciones sin necesidad de una intervención humana directa. Ahora bien, en todo caso esta pretensión no puede ser contraria a las normas reguladoras de la Administración correspondiente en cuanto realicen atribuciones competenciales a favor de órganos concretos –por ejemplo, si atribuyen a un determinado órgano la relativa a la expedición de copias auténticas– y, asimismo, ha de respetar las exigencias –en este caso, también competenciales– a que se refiere el artículo 39 LAE y que no corresponde ahora analizar en profundidad. Esta última premisa ha de asegurarse igualmente cuando se utilicen sellos electrónicos vinculados únicamente al órgano competente y no a la persona física de su titular; es decir, que no supongan que este último deba hacer uso personal y directo del correspondiente certificado, a pesar de lo cual la actuación se entenderá realizada por el órgano, si bien de manera automatizada.

Supuesto distinto es, por el contrario, aquél en que las personas físicas –ya sean titulares de órganos, ya de unidades administrativas o, simplemente, personal al servicio de la

Administración– empleen sus propios certificados electrónicos, instrumentos a los que preceptivamente habrá de acudirse cuando sea necesaria la identificación y autenticación del ejercicio de la competencia y no se trate de actuaciones automatizadas, es decir, cuando la decisión deba ser adoptada de forma directa por una persona física. En este caso, las Administraciones Públicas pueden decidir tanto que se empleen sistemas específicos que identifiquen no sólo a la persona física sino, asimismo, el cargo o puesto que ocupa en la organización administrativa como, en su caso, facilitar el uso de la firma vinculada al DNI electrónico, posibilidad admitida expresamente por el artículo 19.3 LAE. Sin embargo, esta habilitación legal no empece para que deban respetarse los principios generales vigentes en materia de protección de datos personales y, en concreto, el relativo a la calidad –artículo 4 LOPD– en su manifestación de que el tratamiento de los mismos sea proporcionado. En efecto, «una cosa es que se utilice el DNI electrónico para la identificación de su titular y otra muy distinta que en cualquier supuesto el documento firmado deba hacer referencia expresa al número de identificación fiscal –NIF– asociado, revelación que no tiene lugar cuando las autoridades y el personal al servicio de las Administraciones Públicas firman manuscritamente un documento en soporte papel: ¿qué justificación puede amparar esta dualidad?»[102]. Y, por tanto y como consecuencia inescindible, tampoco esta información podría incorporarse a los metadatos asociados a los documentos electrónicos aun cuando dicha información personal no aparezca recogida en el cuerpo principal de aquéllos ya que, en definitiva, el

---

[102] J. Valero Torrijos, «El alcance de la protección...», ob. cit., p. 158.

sistema de gestión innovadora en que se basa su utilización permite acceder, conocer e, incluso, llevar a cabo tratamientos avanzados de tales datos aunque, en apariencia, dicha información no sea revelada como parte del contenido del documento. De este modo, la adecuada protección del citado derecho fundamental requeriría que los programas y aplicaciones que se utilicen para generar el correspondiente documento administrativo electrónico sean diseñados conforme a esta exigencia; sin perjuicio, claro está, de que deban llevarse a cabo las comprobaciones oportunas en orden a la validación del estado de los certificados, lo que no implica necesariamente revelar a terceros cierta información personal, como es el caso del número de identificación antes aludido.

Asimismo, cabe la posibilidad de que la Administración Pública en que se integra el autor del documento electrónico haya aprobado normas o criterios que redunden en el establecimiento de requisitos adicionales para el uso de la firma electrónica y, en concreto, para el empleo de certificados *profesionales* que acrediten no sólo la identidad sino también la condición subjetiva de personal o autoridad al servicio de la misma[103]. En estos casos, además de las anteriores exigencias de carácter general relativas a la comprobación del estado de revocación del certificado, por lo que respecta a la identidad del titular también deberían añadirse las específicamente referidas a su condición subjetiva, de manera que podría darse

---

[103] En relación con la acreditación de dicho elemento subjetivo, más allá de los llamados *certificados de atributos*, véanse las sugerentes reflexiones de I. ALAMILLO DOMINGO y X. URÍOS APARISI, «La gestión de identidades y capacidades por las Administraciones Públicas», *IX Jornadas Tecnimap*, Sevilla, 2006, pp. 5 y 6.

el caso de que el certificado no hubiese sido revocado pero su titular no ocupe ya el cargo que conste en el mismo. Este eventual desfase justificaría la preferencia por los sistemas de comprobación dinámica de los atributos al margen de los propios certificados electrónicos, lo que sin duda conlleva una mayor complejidad en cuanto a la gestión de su validación pero, no obstante, permite incrementar la seguridad jurídica y ofrecer servicios de valor añadido respecto de la gestión documental basada en el soporte papel. En efecto, se trata de un claro ejemplo que evidencia cómo la tecnología puede ofrecer mayor seguridad en términos jurídicos a partir de un modelo avanzado de gestión de identidades por cuanto, en definitiva, cuando el titular de un órgano administrativo o un funcionario público firman un documento en soporte papel no tiene lugar comprobación alguna sobre la vigencia o no de su condición subjetiva o, al menos, tal actividad no se realiza más que a *posteriori*, una vez detectado un posible problema. Por el contrario, el sistema asociado a certificados electrónicos supone que automáticamente se pueda llevar a cabo dicha constatación, lo que obliga en definitiva a adoptar las medidas técnicas y organizativas que permitan aprovechar tal potencialidad innovadora.

En todo caso, la elección de una u otra modalidad de identificación del personal corresponde en gran medida a cada Administración Pública, ya a través de una regulación específica de desarrollo ya en función de criterios fijados al margen de disposiciones normativas, de manera que siempre que se cumplieran las exigencias básicas que establecen la LAE o la legislación estatal sobre firma electrónica la entidad destinataria del documento no podría discutir su validez y eficacia, tal y como dispone el artículo 4.e) LAE.

d) Las comprobaciones relativas al uso de la firma electrónica en la gestión documental: problemas y disfunciones derivados de la intermediación de prestadores de servicios de certificación

Según se desprende del artículo 3.2 y 3 LFE, tanto la firma electrónica avanzada como la reconocida permitirían acreditar no sólo la identidad del firmante sino, adicionalmente y a diferencia de la simple, también detectar «cualquier cambio ulterior de los datos firmados», dando satisfacción por tanto a las exigencias de integridad y autenticidad planteadas por el artículo 45.5 LRJAP. Sin embargo, el funcionamiento pleno y satisfactorio de este tipo de sistemas suscita una serie de problemas específicos a los que debe darse solución no sólo desde la tecnología sino, antes bien y por lo que afecta al presente trabajo, desde la perspectiva jurídica. De lo contrario no se podría aprovechar plenamente el potencial de aquélla como instrumento para reforzar la seguridad jurídica de la innovación basada en sistemas dinámicos y avanzados de comunicación con los ciudadanos y de gestión documental.

En primer lugar, existe una obligación de aceptar aquellos documentos administrativos emitidos por otras Administraciones Públicas que hubieran sido firmados digitalmente utilizando los servicios de certificación ofrecidos por cualquier proveedor que satisfaga las exigencias técnicas que, a tal efecto, se establecen en la legislación de firma electrónica: se trata de una consecuencia ineludible a la vista del principio de libre prestación de servicios de certificación que, por imposición de la normativa europea en la materia, reconoce el artículo 5 LFE, incluso si los citados prestadores se encontraran establecidos en otro Estado de la Unión

Europea. Al margen de los problemas técnicos y organizativos que la aplicación efectiva de este principio conlleva[104], la admisibilidad de tal número y diversidad de certificados supone un inconveniente práctico relevante, sobre todo por la exigencia de comprobar su vigencia –y, en su caso, la relativa a los atributos del titular del órgano, autoridad o funcionario signatario– en el momento de la fecha que aparece reflejada en el documento administrativo.

Este inconveniente se encuentra reduplicado por lo que se refiere a los servicios ofrecidos por la FNMT, prestador mayoritario en el ámbito del sector público que normalmente opera a través de convenios con las respectivas Administraciones Públicas, en virtud de los cuales los servicios de validación sólo se encuentran accesibles previa satisfacción de una cierta cantidad económica. Se trata de un modelo de negocio basado en el pago por el destinatario de los documentos firmados y no por parte de quien los firma[105], que es en realidad a quien se le presta el servicio, cuya conformidad con el artículo 21 LAE es más que dudosa; y, en última instancia, impide aprovechar el valor añadido que, desde el punto de vista de la seguridad jurídica, ofrece la herramienta tecnológica referida para asegurar tanto la identidad de los sujetos que intervienen como la integridad y la autenticidad de los documentos y datos utilizados, entorpeciendo las co-

---

[104] Cfr. I. MARTÍN DELGADO, «Identificación y autenticación...», ob. cit., pp. 516 a 522.

[105] Ciertamente, el impulso que ha recibido el uso de los certificados en el ámbito de la Administración electrónica gracias al impulso de la FNMT no puede ser obviado, pero lo cierto es que desde la perspectiva de la regulación vigente el modelo de negocio en que se basa su actividad es más que discutible. En relación con esta idea, cfr. R. COUTO CALVIÑO, *Servicios de certificación de firma electrónica y libre competencia*, Comares, Granada, 2008, pp. 88 a 91.

nexiones automatizadas de información con plenas garantías desde la perspectiva del Derecho. En efecto, según el citado precepto, los certificados reconocidos sólo serán admitidos cuando el prestador ponga a disposición de la Administración Pública la información precisa en condiciones técnicamente viables y sin coste alguno para ella, de manera que la conclusión parece evidente: la negativa de la FNMT a ofrecer servicios de validación de forma gratuita a terceras entidades en relación con los documentos firmados por aquellas Administraciones Públicas que sí tienen suscrito un convenio con ella es contraria a lo dispuesto en el citado precepto legal.

En todo caso, este problema debería solventarse de forma definitiva obligando a todos los prestadores y, en concreto a la FNMT, a que permitan el libre acceso a la información necesaria para comprobar el estado del certificado en el momento de ser utilizado respetando las condiciones a que se refiere el artículo 21 LAE, es decir, sin coste alguno para la Administración Pública destinataria del documento[106]. Precisamente, el artículo 21.3 LAE pretende establecer el mecanismo oportuno a tal efecto al disponer que la Administración General del Estado ofrezca una plataforma de «ve-

---

[106] Cfr. A. MARTÍNEZ NADAL, *Comentarios...*, ob. cit., p. 341, quien admite que, desde la perspectiva del régimen general de la LFE, el prestador pueda cobrar una tasa para acceder a la lista de certificados revocados. No obstante, dada la exigencia establecida en el ámbito de la Administración electrónica, la posibilidad de condicionar el acceso al servicio de validación al pago de cantidad alguna ha de entenderse circunscrita a que la Administración Pública que utilice los certificados satisfaga las cantidades que procedan en su relación contractual –o convencional– con el prestador, pero en modo alguno a los ciudadanos u otras entidades públicas que deban comprobar la vigencia del certificado utilizado para, de esta manera, confiar en la validez y eficacia del documento electrónico.

rificación del estado de revocación de todos los certificados admitidos en el ámbito de las Administraciones Públicas que será de libre acceso por parte de todos los Departamentos y Administraciones». Aun cuando ya se encuentra operativo este servicio respecto de todos los certificados admitidos en el ámbito de las Administraciones Públicas a través de varias vías, en uno de los casos la comprobación ha de hacerse individualmente para cada uno de los certificados[107] y, por lo que respecta al servicio que se permite para las Administraciones Públicas[108], la comprobación automatizada y masiva del estado de los certificados se ofrece, en principio, a través de un servicio disponible en condiciones jurídicas tales que conllevan el pago de la contraprestación prevista en el respectivo contrato o convenio[109]. Difícilmente cabe, por tanto, admitir la consecuencia de que, debido la imposibilidad jurídica de llevar a cabo las comunicaciones que han de tener lugar para realizar las comprobaciones exigidas por la singularidad en el funcionamiento de la firma digital, las mismas no se ejecuten y, por tanto, la gestión documental no se fundamente en la fortaleza que permite la tecnología, degradándose de este modo la seguridad jurídica reforzada que, en principio,

---

[107] https://valide.redsara.es/ (última visita: 15/09/2012).

[108] http://www.cert.fnmt.es/convenio/dpc.pdf (última visita: 15/09/2012).

[109] Se trata de la herramienta @firma, accesible en http://administracion-electronica.gob.es/ desde las secciones Firma Electrónica y CTT (última visita: 15/09/2012). Sin embargo, por lo que se refiere a la utilización de @firma en relación con los certificados expedidos por la FNMT, las condiciones se han de fijar a través del correspondiente contrato o convenio, es decir, mediante la oportuna contraprestación. En relación con esta última exigencia, véanse los apartados 9.13 y 9.14 de la *Declaración de Prácticas de Certificación* de la FNMT, versión 2.8, accesible desde http://www.cert.fnmt.es/convenio/dpc.pdf (última visita: 15/09/2012).

y de no admitirse dichas restricciones, podría obtenerse. En otras palabras, es jurídicamente inadmisible cualquier pretensión de innovación que se fundamente en la reducción del nivel de garantía que ofrece la tecnología.

Al margen de las dificultades prácticas que estas condiciones suponen para el intercambio de documentos administrativos firmados electrónicamente dado el amplio número de Administraciones Públicas que utilizan los servicios de la FNMT, según se ha mantenido anteriormente, dicha práctica contraviene lo dispuesto en el artículo 21 LAE y, en definitiva, nos lleva a la inexorable conclusión de que los certificados de dicho prestador cuyo estado de revocación no se pueda comprobar gratuitamente no deberían ser admitidos por las Administraciones Públicas dado que no se puede confiar razonablemente –en puridad, no se puede comprobar– en su vigencia en el momento de ser utilizados.

En todo caso, más allá del supuesto concreto referido al citado prestador y desde una perspectiva internacional intensificada en los últimos años, el acceso a los servicios de validación a través de la plataforma ofrecida por la Administración General del Estado está llamado a jugar un papel decisivo con aquellos ciudadanos extranjeros que precisen relacionarse telemáticamente con una Administración española y, en ejercicio de sus derechos y en aplicación del principio de libre prestación de servicios fijado por la Directiva, decidan utilizar los certificados que les hayan sido expedidos en su país de origen. Se trata de un supuesto ciertamente frecuente en relación con aquellos ciudadanos de la Unión Europea que pasan sólo una parte del año en España, ya que en estos casos los inconvenientes derivados de las exigencias de interoperabilidad por lo que se refiere a la identificación y autenticación sólo podrán ser en gran medida soslayados a través de esta herramienta de cooperación interadministrativa con el apoyo de iniciativas supranacionales similares a las que, bajo las siglas STORK[110], se pongan en marcha.

Nos encontramos, por tanto, ante dificultades específicas del funcionamiento de la firma electrónica como instrumento técnico que permite dotar de seguridad a la gestión documental avanzada que se lleve a cabo por medios electrónicos y, en concreto, de la necesaria participación de terceros intermediarios que, como en el supuesto que se acaba de exponer, pueden impedir que se realicen las comprobaciones exigidas para acreditar las condiciones jurídicas inexcusables a partir de las cuales construir la Administración electrónica. En última instancia, se trata de una consecuencia derivada de la transición de un modelo de identificación basado en el monopolio del sector público –y en concreto, de las autoridades policiales de cada uno de los Estados, al menos en la mayor parte de la Unión Europea– característico de las relaciones presenciales a otro en el que, como consecuencia de la liberalización impulsada desde el ámbito europeo, la intermediación se puede llevar a cabo incluso por entidades privadas, nacionales o pertenecientes a otro Estado, en un régimen de plena liberalización; lo que, en definitiva, obliga a una reconfiguración de los parámetros en base a los cuales se han construido tradicionalmente las relaciones entre los ciudadanos y las Administraciones Públicas. De lo contrario, la innovación tecnológica no será factible jurídicamente o, en su caso, sólo podrá plantearse degradando el respeto y la efectividad de las normas jurídicas.

---

[110] http://www.eid-stork2.eu/ (última visita: 15/09/2012).

e) Implicaciones jurídicas de los desajustes en la regulación de la firma electrónica como consecuencia de su singularidad tecnológica

Como acaba de explicarse, la firma digital implica la participación de una tercera parte de confianza, el prestador de servicios de certificación, cuya actividad incide indirectamente sobre la relación jurídica que se establece entre la Administración Pública y los ciudadanos cuando se utilizan medios electrónicos. Sin embargo, lejos de presentar una perspectiva estática como inicialmente pudiera parecer, la intervención de estas entidades conlleva una serie de singularidades que pueden afectar directamente a las condiciones jurídicas en que tienen lugar las actuaciones administrativas y las comunicaciones con los ciudadanos. Así, por aplicación del principio de libre prestación de los servicios de certificación consagrado en la normativa europea, cada ciudadano –y también las entidades públicas– puede elegir libremente la utilización de certificados expedidos por cualquier proveedor que cumpla con las exigencias técnicas fijadas legalmente, lo que conlleva la consiguiente obligación de aceptar las firmas electrónicas generadas a través de los mismos.

Ahora bien, la anterior conclusión parte de una premisa inexcusable: que pueda comprobarse el estado del certificado en el momento de ser utilizado y, en concreto, que el mismo no se encuentre revocado ya que, de ser así, no se debería confiar en la firma electrónica que se hubiese generado. Ahora bien, los propios prestadores han de permitir la validación por terceros en condiciones de interoperabilidad, de manera que si no lo hiciesen sería inviable realizar la comprobación anterior y, por tanto, no sería posible afirmar en términos jurídicos que el documento firmado o la actuación realizada respeta las exigencias de integridad y autenticidad legalmente requeridas[111]. Nos encontramos ante un requisito que no se da en el ámbito de la gestión documental en soporte papel y las relaciones presenciales que, por tanto, se justifica por la singularidad de la tecnología en que se fundamenta la firma electrónica; pero, al mismo tiempo, es una demostración de cómo la tecnología puede reforzar las garantías jurídicas de la actuación realizada, ya que también en el caso de una firma manuscrita cabría comprobar su autenticidad a través de una prueba pericial, si bien en este caso sólo podría llevarse a cabo la verificación a *posteriori*, es decir, una vez consumado el ilícito.

Más allá de la problemática relativa a las condiciones económicas y jurídicas en que ha de tener lugar esta operación de verificación, lo cierto es que nos obliga a plantearnos la incidencia que tendría el uso de certificados revocados por parte de las autoridades administrativas. En principio, al no poder subsumirse en alguna de las causas de nulidad que contempla el artículo 62 LRJAP, cabría pensar que se trata de un supuesto de anulabilidad que admitiría la convalidación siempre que el titular del certificado se ratificase en su actuación. Sin embargo, el hecho de que el certificado ya no estuviera vigente no impide que la declaración de voluntad, juicio, conocimiento o deseo en que consiste el acto admi-

---

[111] En palabras de J. F. Ortega Díaz, se trata de una de las premisas esenciales para que el tercero verificador –en nuestro caso, la Administración Pública que recibe el documento generado por otro sujeto o entidad– confíe en una firma electrónica, de manera que el acceso a la información relativa a la validez resulta crucial, salvo en los supuestos en que la expiración del certificado se haya producido por el transcurso del tiempo de su vigencia (*La Firma y el Contrato de Certificación Electrónicos*, Thomson-Aranzadi, Cizur Menor, 2008, p. 123).

nistrativo reúna los requisitos generales exigibles sino que, simplemente, afecta a las condiciones de comprobación de la presunción legal en que se basa el uso de los certificados a los efectos de la imputación de la autoría del documento. En consecuencia[112], la imposibilidad de llevar a cabo la comprobación de forma gratuita no afectaría en sí misma a su validez sino, más bien, a su eficacia. En última instancia, salvo el matiz que más adelante se referirá, lo que no podría conocerse es si fue firmado empleando un certificado –y, por tanto, la clave privada asociada al mismo– que estuviera en vigor en el momento de utilizarse, de manera que la Administración Pública que recibe el documento electrónico firmado por otra no dispone de medios lícitos para hacer la comprobación en las condiciones del artículo 21 LAE y, en consecuencia, difícilmente pude hablarse de una obligación al respecto. Más aún, únicamente podría conocer si el certificado estaba o no caducado, ya que dicha información temporal sí consta en la información que el mismo proporciona, pero no si dicho certificado había sido revocado al margen de la anterior circunstancia y, en consecuencia, se encontraba en vigor al ser utilizado para signar electrónicamente el documento administrativo en cuestión. Incluso, resulta frecuente que esta comprobación se lleve a cabo por una nueva entidad que, de este modo, se interpondría entre la Administración Pública y el ciudadano e, incluso, el prestador de servicios de certificación, de manera que se conectaría con este último para prestar un servicio a aquélla en relación con la actuación realizada por el segundo. Sólo a partir de esta ma-

---

[112] Por lo que se refiere a esta argumentación, véase J. VALERO TORRIJOS, «El alcance de la protección...», ob. cit., p. 160.

yor complicación puede comprenderse el alcance real de las implicaciones jurídicas que conlleva el uso de la firma digital como herramienta a través de la cual asegurar la integridad y autenticidad en relación con los servicios de Administración electrónica.

Ahora bien, sentada esa regla general hay que realizar una importante matización por lo que respecta a la comprobación del estado de los certificados que podría tener consecuencias invalidantes. Se trataría del caso en que su titular hubiese comunicado al prestador alguna circunstancia que determinase la revocación del certificado, de manera que si el mismo fuese utilizado por otra persona distinta de su titular concurriría una causa de nulidad radical –artículo 62.1.d) LRJAP– en la medida que la usurpación de identidad fuese constitutiva de infracción penal[113]. En este supuesto, la imposibilidad de llevar a cabo la validación impediría constatar el estado de revocación del certificado y, por tanto, la responsabilidad debiera ser asumida por el prestador al menos desde la perspectiva de la reparación de los daños que se pudieran causar. En consecuencia, la necesidad de comprobar el estado de los certificados se convierte en una exigencia inexcusable por parte de la Administración destinataria de los documentos electrónicos, a menos que se pretenda rebajar el nivel de garantía que ofrece esta tecnología. Des-

---

[113] Cfr. A. Palomar Olmeda, *La actividad administrativa...*, ob. cit., p. 287, quien añade que será el titular de la competencia administrativa y, en concreto, del certificado utilizado quien tenga que «probar la diligencia en la custodia de las claves, su denuncia ante las autoridades si se ha percatado de su utilización ilegal y, en general, mostrar una actitud que permita entender deshecha al presunción de que la actuación ligada a la firma electrónica corresponde al titular».

de la perspectiva de la interoperabilidad en términos jurídicos, debemos reiterar que existe una obligación de aceptar aquellos documentos emitidos por otras Administraciones Públicas que hubieran sido firmados digitalmente utilizando los servicios de certificación ofrecidos por cualquier proveedor que satisfaga las exigencias técnicas que, a tal efecto, se establecen en la legislación de firma electrónica[114]. Ahora bien, en puridad y salvo en los supuestos referidos, la imposibilidad de llevar a cabo dicha comprobación no afectaría en sí misma a la validez del documento electrónico ya que, en última instancia, simplemente se impediría constatar si el documento fue firmado utilizando un certificado –y, por tanto, por la persona física asociada al mismo– que estuviera en vigor en el momento de utilizarse. El problema se situaría, más bien, en el plano de la eficacia, ya que la Administración Pública que recibe el documento electrónico firmado por otra podría no disponer de medios lícitos para hacer la comprobación en las condiciones del artículo 21 LAE y, en consecuencia, difícilmente cabría plantear la existencia de una obligación al respecto.

Al margen de las implicaciones concretas en relación con la gestión documental y, en particular, la validez y eficacia de las actuaciones que se lleven a cabo sin realizar la comprobación referida, lo cierto es que se trata de particularidades propias únicamente de la firma *digital*, de manera que es necesario realizar una valoración más amplia desde la perspectiva general de la regulación de la firma electrónica y, en particular, desde la laxitud del concepto legal empleado y la diversidad tipológica reconocida. Como se ha destacado an-

---

[114] I. Martín Delgado, «Identificación y autenticación...», ob. cit., p. 519.

teriormente, la regulación del uso de la firma electrónica en el ámbito de las Administraciones Públicas se caracteriza por su flexibilidad, circunstancia que debe ser valorada positivamente en principio, sin perjuicio de algunas matizaciones[115]. En efecto, si bien la normativa contempla la utilización de otras modalidades de identificación y autenticación, su admisibilidad debe ser planteada de manera restrictiva y sólo en la medida que así se justifique por razones técnicas que fundamenten la seguridad jurídica en que se han sustentar las exigencias de integridad y autenticidad que reclama el interés público que podría verse afectado. Por tanto, el uso de firmas escaneadas debe ser en principio descartado, a menos que tales exigencias se vean satisfechas, lo que no podría suceder cuando se trate de actuaciones automatizadas ya que, en estos casos, procede la utilización de un sello de órgano; de manera que se reduciría a los supuestos en que no se diera dicha modalidad de actuación y la decisión se adoptase directamente por la persona física titular del órgano que, debido al elevado número de documentos a signar, podría utilizar esta modalidad de firma electrónica siempre y cuando se adopten las medidas que eviten la manipulación de su decisión a la hora de plasmarla documentalmente. Por lo que respecta a la posibilidad de utilizar –a los efectos de identificación y autenticación– otros sistemas como el intercambio electrónico de datos en entornos cerrados de co-

---

[115] En concreto, será necesario determinar caso por caso la concreta exigencia técnica y jurídica que se pretende satisfacer para decidir qué modalidad procede utilizar, de manera que, como tal y como advierte M. LINARES GIL, la pluralidad admitida por el legislador plantea un evidente riesgo de dispersión y heterogeneidad a pesar de la ventaja de flexibilización que conlleva («Identificación y autenticación...», ob. cit., p. 426).

municación, sólo resultaría admisible en el supuesto de que previamente se hubiesen fijado las condiciones técnicas y las medidas de seguridad a respetar. Y en relación con la aparente preferencia del legislador por la firma avanzada frente a la mayor garantía que ofrece la reconocida, ciertamente se trata en última instancia de una cuestión sustancialmente de facilidad probatoria que no admite dudas en cuanto a su legalidad, si bien llama la atención que se apueste en el ámbito de las Administraciones Públicas por una modalidad que ofrece menores garantías jurídicas cuando, precisamente, el Estado provee a todos los ciudadanos con un instrumento como el DNI electrónico, cuya eficacia jurídica se encuentra reforzada. Sin duda, se trata de una decisión basada en razones de oportunidad y, en concreto, en facilitar la utilización de otros certificados también expedidos por prestadores del sector público que en modo alguno puede cuestionarse desde el punto de vista de su legalidad. Al menos en teoría, ya que debe recordarse que, al margen de la rebaja en las garantías técnicas que esta posibilidad conlleva, en la práctica las condiciones de validación de los certificados son ciertamente discutibles en algún caso.

2. LA RELEVANCIA JURÍDICA DE LAS EXIGENCIAS DE SEGURIDAD E INTEROPERABILIDAD EN LA ADMINISTRACIÓN ELECTRÓNICA

Al margen de las exigencias relativas a la gestión documental que se analizan en el siguiente capítulo, el legislador español ha otorgado carta de naturaleza normativa a una serie de requisitos mínimos y principios básicos a los que se ha de someter cualquier proyecto y servicio de Administración electrónica a fin de permitir la protección adecuada de la información y, por lo que respecta a la interoperabilidad, facilitar su gestión, conservación y normalización, así como de los formatos y de las aplicaciones: son los denominados esquemas nacionales de Seguridad, contemplado en el artículo 42 LAE y regulado mediante Real Decreto 3/2010, de 8 de enero, y de Interoperabilidad, cuyas previsiones han sido aprobadas mediante Real Decreto 4/2012, de idéntica fecha. En consecuencia, no se trata simplemente de meras recomendaciones y criterios programáticos cuya efectiva aplicación quede en manos de las respectivas Administraciones Públicas sino que, por el contrario, constituyen auténticas normas jurídicas cuya infracción no puede quedar simplemente en el ámbito del incumplimiento de buenas prácticas, hasta el punto de que podría afectar incluso a la validez de las actuaciones que se lleven a cabo utilizando medios electrónicos.

Esta afirmación se encuentra reforzada en la medida que ambos esquemas constituyen normas de carácter básico según la disposición final primera LAE, de manera que incluso el legislador autonómico o las normas que dicten las entidades locales han de respetar sus previsiones. En consecuencia, su carácter normativo está fuera de toda duda, por lo que la totalidad de las Administraciones Públicas habrán de ajustarse a sus previsiones en los términos que analizaremos a continuación. A este respecto es necesario advertir que, aun cuando hayan sido aprobados mediante norma reglamentaria estatal, en su elaboración han participado las comunidades autónomas y las entidades locales, siendo elaborado el proyecto inicial en el seno de la Conferencia Sectorial de Administración Pública y contado con el informe favorable de la Comisión Nacional de Administración Local.

Se trata de un matiz relevante, ya que en ambos casos su ejecución conlleva la adopción de medidas organizativas que, en principio, corresponderían a la competencia de cada entidad, soslayándose de esta manera este inconveniente jurídico-formal; sin perjuicio de que, en la valoración concreta de su alcance, debe concluirse la dificultad que supone su cumplimiento para buena parte de los municipios, inconveniente que, sin embargo, no puede convertirse en excusa para dejar de exigir su efectivo cumplimiento. En consecuencia, el respeto a las previsiones de los citados esquemas constituye una premisa inexcusable a la hora de afrontar la adaptación de los procedimientos administrativos a las previsiones de la LAE por parte de todas las Administraciones Públicas, de manera que en el caso autonómico y local las «disponibilidades presupuestarias» –disposición final tercera LAE– deben contemplar necesariamente su cumplimiento, sin que puedan ponerse en marcha trámites y actuaciones que no respeten sus exigencias.

No obstante, incluso cuando se haya contado con el visto bueno de los órganos representativos antes referidos, lo cierto es que en relación con la dimensión y los medios de algunas entidades municipales su cumplimiento podría parecer desproporcionado y, en consecuencia, surgir la tentación de obviar su respeto o, al menos, proceder a una aplicación limitada de sus previsiones. Ahora bien, por las razones antes aludidas y, en general, debido a los problemas jurídicos tan serios que podrían generarse de incumplirse tales criterios tecnológicos, esas opciones han de ser descartadas radicalmente, de manera que procedería la actuación colaborativa de las propias Administraciones o, en su caso, que las entidades territoriales superiores les proporcionen los medios para su efectivo respeto, tal y como prevé la propia disposición final tercera LAE para el ámbito local.

Veamos pues cuál es el alcance de tales esquemas desde el punto de vista de su contenido material más allá de la problemática formal referida a la perspectiva competencial examinada.

a) El Esquema Nacional de Seguridad

La seguridad es uno de los pilares basilares a partir del cual se articula la Administración electrónica, tal y como demuestra el hecho de que, al margen de declaraciones implícitas –caso, por ejemplo, del artículo 1.2 LAE al fijar los objetivos de la Ley–, se encuentre expresamente consagrada entre las finalidades –artículo 3 LAE– y, sobre todo, enunciada entre los principios –artículo 4.f) LAE– que han de inspirar la implantación y utilización de medios electrónicos por las Administraciones Públicas. De forma más precisa, el artículo 42 LAE se ha encargado de concretar su eficacia normativa al señalar que mediante una norma reglamentaria se aprobará el Esquema Nacional de Seguridad, donde han de establecerse los «principios básicos y requisitos mínimos que permitan una protección adecuada de la información».

¿Cuáles son, por tanto, esos requisitos mínimos cuya vulneración podría afectar a las actuaciones y comunicaciones que lleven a cabo las Administraciones Públicas utilizando medios electrónicos o, en su caso, determinar la exigencia de responsabilidades, ya patrimonial a la institución ya personal a las autoridades y el personal al servicio de la correspondiente Administración Pública? Al margen de la efectiva implantación de, al menos las medidas de seguridad a que se refiere el artículo 27 ENS, y que, de manera precisa, se contemplan en el Anexo II, se han de cumplir ciertas obligaciones formales cuya inobservancia no supone necesariamente que no se hayan adoptado materialmente las precauciones correspondientes pero que, sin embargo, podrían ser un indicio de que no se satisfacen los estándares mínimos que contempla el propio Esquema. En primer lugar, se exige la aprobación formal de una política de seguridad en cada entidad, si bien en el ámbito municipal –artículo 11.2– podrá ser común para varios de ellos. En segundo lugar, para el análisis y el tratamiento de los riesgos de seguridad se ha de emplear una metodología reconocida internacionalmente –artículo 12–, no bastando por tanto acudir a fórmulas que ofrezcan un menor nivel de garantía, si bien a estos efectos deberá tenerse en cuenta el cumplimiento de la normativa administrativa aplicable en cada caso en función de la entidad de que se trate. Asimismo, con carácter previo a su instalación en el sistema, se requiere autorización expresa de cualquier elemento físico o lógico –artículo 20– a fin de constatar que cumple con las exigencias mínimas de seguridad. Por último, con la finalidad de asegurar el efectivo cumplimiento de las previsiones del Esquema, resulta preceptivo el registro de «las actividades de los usuarios, reteniendo la información necesaria para monitorizar, analizar, investigar y documentar actividades indebidas o no autorizadas, permitiendo identificar en cada momento a la persona que actúa».

Por lo que se refiere a la efectiva exigibilidad de tales medidas, con carácter general han de respetarse desde la entrada en vigor del ENS, es decir, son obligatorias desde comienzos del año 2011 si bien, excepcionalmente y siempre que se hubiese aprobado un plan de adecuación, se podría demorar su efectiva aplicación dos años más. Fuera de estos supuestos, el incumplimiento de las previsiones del ENS podría afectar a las garantías técnicas que han de respetar los servicios de Administración electrónica y, en consecuencia, los derechos de los ciudadanos. Más allá de las implicaciones en orden a la responsabilidad patrimonial por los daños que se causen –que exige una relación de causalidad que no siempre se dará–, la principal deficiencia del marco normativo que en orden a la seguridad técnica prevé el Esquema es la ausencia de consecuencias expresas en su articulado para hacer frente a los supuestos de incumplimiento; lo que sin duda conlleva un riesgo inadmisible desde la perspectiva de la seguridad jurídica, dada la íntima relación que ya hemos destacado entre esta última y el cumplimiento de las normas técnicas en tanto que garantía de aquélla. Únicamente en el caso de los sistemas de categoría ALTA, a la vista del dictamen de auditoría, «el responsable del sistema podrá acordar la retirada de operación de alguna información, de algún servicio o del sistema en su totalidad, durante el tiempo que estime prudente y hasta la satisfacción de las modificaciones prescritas».

Es decir, salvo en este caso concreto, el ENS ha renunciado a concretar las consecuencias prácticas del incumplimiento de las garantías técnicas que establece, hasta el punto de que la anterior medida cautelar sólo se contempla para el supuesto de que, al menos, se hubiese realizado la auditoría que contempla el artículo 34; sin que por el contrario se prevean las implicaciones de una situación de claro y abierto menosprecio a sus previsiones, como sucedería en el caso de que ni siquiera se lleve a cabo la auditoría de seguridad que exige el citado precepto. Esta insuficiencia sólo puede tener como explicación el temor a que se debieran paralizar aquellos servicios de Administración electrónica que no cumplan con las exigencias que se prevén en el Esquema, consecuencia que en todo caso resulta inadmisible desde la perspectiva jurídica. En efecto, las garantías de seguridad se encuentran fijadas normativamente y, por tanto, no es tolerable que su incumplimiento no tenga consecuencias jurídicas, ya que nos encontramos ante un principio con fundamento constitucional –artículo 18.4 CE–, consagrado legamente y cuyo alcance ha sido precisado reglamentariamente. Volveremos más adelante en el epígrafe III.2 sobre las consecuencias concretas que cabe derivar del incumplimiento del ENS.

Una reflexión final, no por ello menos importante, debe ser realizada. ¿Hasta qué punto las entidades locales se encuentran en muchos casos en disposición de cumplir estas exigencias de seguridad? Ciertamente, el planteamiento del ENS es adecuado para entidades administrativas dotadas de medios personales y materiales suficientes para satisfacer tales objetivos y, en ese sentido, la Administración General del Estado, las comunidades autónomas, diputaciones provinciales y grandes municipios deberían cumplir escrupulosamente sus exigencias, ¿pero qué sucede con el resto de Administraciones Públicas? Ciertamente, la obligación legal de que presten servicios electrónicos en función de sus disponibilidades presupuestarias cobra todo su sentido por lo que respecta a las exigencias del ENS, de manera que si no se encuentran en condiciones de asumirlas lo que procede es que las entidades de ámbito territorial superior antes referidas presten su apoyo a tal efecto. Así pues, resulta jurídicamente inadmisible que se presten servicios de Administración electrónica sin cumplir escrupulosamente las exigencias normativas de seguridad ya que, de hacerse, se podría estar vulnerando la garantía del ciudadano consagrada en el artículo 18.4 CE en relación con el uso de la informática. En definitiva, aun a costa de limitar las posibilidades de modernización de la gestión, la innovación tecnológica debe descansar en el efectivo respeto de las exigencias jurídicas relativas a la seguridad.

b) Las condiciones de interoperabilidad y el ENI

Junto al ENS también se ha previsto legalmente la existencia de una normativa específica relativa a la interoperabilidad, concepto de carácter técnico que, no obstante y según contempla dicha regulación, también presenta implicaciones organizativas y semánticas que, en última instancia, resultan imprescindibles a la hora de plantear servicios basados en la innovación tecnológica; aun cuando dificulten su efectiva consecución en la medida que, como ha destacado Gamero, todas estas perspectivas complican especialmente dicho objetivo[116]. Más allá de las exigencias relativas a las comunicaciones con los ciudadanos que habrán de estar basadas en ciertos estándares definidos legalmente –en concreto *abiertos* así como, en su caso y de forma complementaria, aquéllos que sean de uso generalizado, según prevé el artículo 4.f) LAE–, el propio legislador establece la necesaria premisa de la interoperabilidad en muchas de sus previsiones. Esto sucede, por ejemplo, al referirse al principio de cooperación

---

[116] E. Gamero Casado, «Interoperabilidad y Administración electrónica: conéctense, por favor», *Revista de Administración Pública*, núm. 179, 2009, pp. 292 y ss., donde no obstante se destaca su carácter de «piedra angular para el impulso de la administración electrónica integral».

–artículo 4.e–, a la configuración de las sedes electrónicas –artículo 10.3–, las condiciones en que resultarán admisibles los certificados de firma electrónica –artículo 21– o la aportación de documentos a través de los registros electrónicos –artículo 25–, al margen de la regulación específica del Título IV en su Capítulo II bajo el prisma de la cooperación interadministrativa[117].

Estas genéricas previsiones han sido concretadas a través del ENI que, al igual que sucede en el ámbito de la seguridad, ha adoptado la forma de una disposición de carácter reglamentario ya que su aprobación ha tenido lugar a través de un Real Decreto cuyo ámbito de aplicación coincide con el de la propia Ley, de manera que su contenido tiene igualmente carácter básico y, por tanto, es de aplicación en todas las Administraciones Públicas. Sin embargo, la regulación del ENI ha sido objeto de concreción a través de numerosas *normas técnicas* dictadas al amparo de su disposición adicional primera, que han sido aprobadas mediante resoluciones de altos cargos estatales y que, no obstante, también son de obligado cumplimiento por parte de todas las Administraciones Públicas al igual que el ENI.

Ahora bien, dicha vinculación ha de ser matizada por cuanto, a pesar de que formalmente se ha facilitado la participación de tales entidades en el procedimiento de elaboración

---

[117] En relación con las diferentes modalidades que puede revestir este principio por lo que se refiere a la cuestión abordada desde el punto de vista de algunas experiencias prácticas, veáse A. CERRILLO I MARTÍNEZ, «Cooperación entre Administraciones Públicas para el impulso de la Administración electrónica», en E. Gamero Casado y J. Valero Torrijos (coords.), *La Ley de Administración electrónica. Comentario sistemático a la Ley 11/2007, de 22 de junio, de Acceso Electrónico de los Ciudadanos a los Servicios Públicos*, 3ª ed., Thomson-Aranzadi, Madrid, 2010, pp. 775 a 780.

del ENI, no es admisible que a través de las referidas normas técnicas –que, además, son actos administrativos y no tienen carácter normativo– se pueda llegar al extremo de imponer concretas decisiones que vulneren la autonomía organizativa constitucionalmente garantizada a las comunidades autónomas y entidades locales territoriales, tal y como podría considerarse, por ejemplo, con la fijación de una calidad mínima en las imágenes digitalizadas. Más allá de la valoración que merezcan estas soluciones desde la perspectiva constitucional y, en concreto, el alcance de la intervención estatal en la fijación de las bases del régimen jurídico de las Administraciones Públicas, nos encontramos ante una exigencia técnica –la interoperabilidad– que plantea una clara centralización competencial en manos de la Administración General del Estado que, para resultar admisible, ha de permitir al resto de entidades ejercer razonablemente sus propias competencias organizativas. Y, por otra parte, la exigencia de garantizar la interoperabilidad obliga a reforzar los mecanismos de cooperación y coordinación, de manera que se facilite tanto el ejercicio de los derechos de los interesados como, sobre todo, la actividad administrativa que permita ofrecer servicios avanzados basados en el intercambio documental. Volveremos sobre esta problemática en el capítulo siguiente al analizar la perspectiva jurídica de la interoperabilidad en relación con los documentos electrónicos.

Al igual que sucedía en materia de seguridad, el ENI no ha establecido con rotundidad las consecuencias jurídicas de su incumplimiento[118], más allá de la prohibición de adquirir

---

[118] Aun cuando E. GAMERO CASADO haya mantenido que el ENI apuesta por un «modelo de interoperabilidad vinculante, rígido y centralizado» («In-

sistemas que no se diseñen conforme a sus exigencias[119] –artículo 5 ENI–, lo que nos lleva a ampliar la necesidad de su respeto también a los casos en que el desarrollo de los sistemas se hubiere realizado por el personal de la propia entidad. Todo ello con idéntico horizonte temporal que en el caso del ENS, cuyas previsiones en cuanto a la entrada en vigor son similares salvo un matiz relevante: la exigibilidad de las normas de interoperabilidad se condiciona en los términos de la disposición final tercera LAE, de manera que podría quedar diferida en los ámbitos autonómicos y local, en relación con ciertas actuaciones y procedimientos para los cuales no existiesen suficientes disponibilidades presupuestarias; circunstancia cuya valoración, tal y como antes advertíamos, ha de tener en cuenta el coste necesario para implementar efectivamente las normas de seguridad.

Sin embargo, a diferencia de lo que sucede en el ámbito de la seguridad, las consecuencias del incumplimiento de las exigencias de interoperabilidad van más allá simplemente de la puesta en riesgo de la información o el funcionamiento de los sistemas y aplicaciones, ya que esconden un riesgo menos

---

teroperabilidad y Administración electrónica...», ob. cit., p. 328), lo cierto es que se ve obligado a reconocer igualmente el riesgo de bloqueo en el ámbito institucional por lo que se refiere a sus herramientas de desarrollo (ibídem, p. 331). En última instancia, no se trata únicamente ya de la falta de exigibilidad de los derechos al uso de medios electrónicos en la totalidad de los trámites y procedimientos en relación con las Administraciones autonómicas y locales sino, específicamente en relación con la interoperabilidad, de la ausencia de mecanismos que aseguren que los servicios ofrecidos respeten las exigencias previstas en el ENI.

[119] No obstante, CERRILLO incluye entre las garantías de cumplimiento de las exigencias del ENI otros mecanismos adicionales como las disposiciones de creación de las sedes y los registros electrónicos (A. CERRILLO I MARTÍNEZ, «Cooperación entre Administraciones...», ob. cit., p. 792).

visible pero devastador para la confianza de los ciudadanos y, en última instancia, el efectivo respeto de sus derechos, el correcto funcionamiento de los servicios según las previsiones legales o, sin ánimo exhaustivo, la accesibilidad de la información.

Por lo que respecta al derecho a no presentar documentos que ya obren en poder de las Administraciones Públicas o, simplemente, el intercambio documental entre entidades distintas, los inventarios que contempla el artículo 9 ENI resultan esenciales, si bien no se prevén consecuencias concretas para las Administraciones que incumplan esta obligación, perjudicándose de esta manera tanto a los intereses públicos en juego como a la posición jurídica de los ciudadanos. Más grave resulta, incluso, el supuesto en que como consecuencia del incumplimiento de los estándares fijados se impida el ejercicio de derechos o el cumplimiento de obligaciones relacionadas con la presentación o recepción de comunicaciones; si bien en este caso cabría entender que cuando no se hubiesen respetado las condiciones del artículo 11.2 ENI sería inadmisible admitir la utilización de un estándar no abierto para dichas comunicaciones, al menos en la medida que se perjudique ilícitamente al ciudadano.

Más allá de que se pudiera dejar sin efecto el derecho de acceso a los archivos y registros administrativos, el incumplimiento de los criterios de interoperabilidad en la conservación de los documentos y los expedientes electrónicos con vistas a su posterior recuperación –artículos 21 y 23 ENI– podría suponer un serio perjuicio para los intereses públicos vinculados, hasta el punto de que cabría dudar de la eficacia de los documentos –o, incluso, de su validez en la medida que suponga una vulneración de los derechos de los ciudadanos– en aquellos casos en que no fuese factible acceder a los mismos. Salvo, claro está, que la infracción condicione la integridad de la información, en cuyo caso podría verse afectada incluso la validez de los documentos generados sin respetar las condiciones generales exigidas por el artículo 45.4 LRJAP; problemática de la que nos ocuparemos detenidamente en el epígrafe III.2.

Así pues, las garantías de interoperabilidad constituyen un desafío para el diseño y la ejecución de los proyectos de Administración electrónica si se pretenden superar los problemas, inconvenientes y disfuncionalidades de la Administración basada en el uso del papel y las relaciones presenciales. Sin embargo, la modernización tecnológica se está llevando a cabo en muchos casos sin tener en cuenta suficientemente las exigencias que conlleva este principio, de manera que la seguridad jurídica se puede ver seriamente afectada, al margen de otras negativas consecuencias más allá del Derecho como la falta de confianza de los ciudadanos al percibir que, a pesar de los importantes esfuerzos presupuestarios realizados, no mejoran sustancialmente ni la eficacia y la eficiencia de la Administración Pública ni las condiciones en que ejercen sus derechos y cumplen sus obligaciones.

III. ENTRE EL CUMPLIMIENTO DEL DERECHO Y EL POTENCIAL INNOVADOR DE LA ADMINISTRACIÓN ELECTRÓNICA: PERSPECTIVA JURÍDICA DE UN DIFÍCIL EQUILIBRIO

1. LA NECESARIA RECONFIGURACIÓN DE LOS CONCEPTOS JURÍDICOS AL TRASLUZ DE LAS SINGULARIDADES TECNOLÓGICAS

Una de las principales manifestaciones de las tensiones entre las normas jurídicas y la tecnología se refiere a la necesidad de que los conceptos en los que tradicionalmente se ha basado el Derecho sean adaptados a las singularidades que plantea esta última ya que, de lo contrario, podrían dejar de cumplir la función que originariamente satisfacían. Más aún, como analizaremos más adelante, la obsolescencia en los conceptos y categorías jurídicas podría afectar negativamente a las garantías establecidas normativamente, generando una apariencia de protección que, sin embargo, puede resultar incluso contraproducente debido a su desfase. Ahora bien, no se trata de sustituir las bases conceptuales a partir de las cuales se articula el régimen jurídico de las Administraciones Públicas sino, por el contrario, de reformular su alcance cuando resulte preciso, todo ello con el objetivo de lograr una mejor adaptación a la realidad tecnológica sobre la que se proyecta.

Desde estos planteamientos, el principio de competencia en relación con la innovación tecnológica en la gestión administrativa adquiere un nuevo significado, tal y como ya se adelantase en el capítulo anterior. En efecto, en la concepción tradicional de la persona jurídico-administrativa el concepto de los órganos se ha construido a partir de su consideración como parte de la estructura organizativa de la Administración Pública a la que se le atribuyen ciertas competencias en tanto que parcelas del poder público. Al frente de los órganos se encuentran las personas físicas a las que corresponde su titularidad, ya sean unipersonales o colegiados, de manera que son dichas personas las que proceden a adoptar decisiones en el ejercicio de las correlativas competencias asignadas. Sin embargo, el uso de medios electrónicos en la adopción de decisiones puede alterar las premisas conceptuales antes referidas, en particular cuando se pretenda su plena automatización, ya que en los supuestos en que se acuda a la informática como una herramienta de apoyo a la decisión de los titulares de los órganos existirá, al menos, una vinculación formal entre estos últimos y el ejercicio competencial.

Por el contrario, la actuación automatizada implica que dichos titulares ni siquiera participan indirectamente en la formación de la decisión administrativa que, en consecuencia, se adopta a partir del funcionamiento de aplicaciones informáticas que han sido diseñadas por el personal técnico al servicio de la Administración Pública o, incluso, por la correspondiente entidad privada que hubiese sido seleccionada previo el correspondiente procedimiento contractual. En consecuencia, sólo acudiendo a una ficción legal cabe considerar que la actuación se ha llevado a cabo por el órgano que tenía atribuida la competencia que, a lo sumo, podría haber emitido un informe en relación con el funcionamiento de una aplicación informática que, debido a la complejidad que conlleva, con relativa frecuencia ni siquiera podría comprender y mucho menos controlar[120]. Parece pues más que justificado que la actuación de que se trate se entienda atribuida no ya a un órgano en concreto, y menos aún a su titular, sino antes bien a la entidad considerada como persona jurídica, de manera que nos encontraríamos en realidad ante una imputación institucional que supera los contornos conceptuales de la teoría del órgano en la que tradicionalmente se había asentado, incluso, la validez de los actos administrativos.

Más aún, en estos casos cabría poner en duda que nos encontremos ante auténticos actos administrativos en el sentido de que hayan sido dictados por el órgano competente a través de su titular ya que, como se ha razonado con anterioridad, su participación sería a lo sumo meramente formal. Así pues, este tipo de supuestos han de reconducirse a la categoría de actuaciones administrativas ya que, de lo contrario, se corre el riesgo de seguir utilizando un concepto dotado de unos elementos cuya efectiva presencia en este tipo de supuesto simplemente no se daría y, por tanto, cuya validez en términos jurídicos ha de ser al menos discutida. En consecuencia, las garantías jurídicas a partir de las cuales se fundamenta la actuación administrativa también deben rediseñarse a fin de garantizar, al menos, el efectivo control no ya por las personas físicas titulares de los órganos sino,

---

[120] Por ello cobra especial trascendencia el estricto cumplimiento de las exigencias en orden a la concreción expresa de las razones que avalan la posibilidad de automatizar el proceso decisor (I. MARTÍN DELGADO, «Naturaleza...», ob. cit. p. 373); premisa que se ha llegado a formular genéricamente en la necesidad de que conlleve una mejora de la eficiencia administrativa (I. ALAMILLO DOMINGO y X. URÍOS APARISI, *La actuación administrativa automatizada...*», ob. cit., p. 18).

al menos, por la entidad en su conjunto, tal y como sucede con las herramientas utilizadas para asegurar la integridad y autenticidad de la actuación automatizada.

De la misma manera, el concepto de firma como instrumento mediante el que una persona física dota de autenticidad a un documento y a través del cual expresa que aprueba su contenido resulta claramente insuficiente, al menos en ciertos casos, cuando se proyecta sobre el uso de medios electrónicos en la actividad administrativa. En efecto, en primer lugar la firma electrónica plantea la importante singularidad de que la persona física no tiene una intervención directa e inescindible cuando la utiliza, de manera que su identidad podría ser suplantada por un tercero cuando disponga de acceso a la clave privada y tenga la información necesaria –es decir, caso de la contraseña si estuviese habilitada–: de darse estas premisas, podría utilizar la firma electrónica de otro sujeto sin que, salvo que concurran circunstancias adicionales, pueda detectarse que ha habido un uso indebido de esta herramienta de identificación y autenticación. En consecuencia, a la hora de afrontar eventuales problemas relacionados con este asunto debería tenerse en cuenta que más que de una firma se trata de un sello, en el sentido de que no se puede garantizar más que a través de una ficción legal que quien generó la firma electrónica fuese directa y personalmente el titular del certificado.

Precisamente, teniendo en cuenta esta premisa y, sobre todo, la falta de actuación de personas físicas, la legislación sobre Administración electrónica ha creado dos mecanismos de autenticación que, al contrario de lo que sucede con la regulación general en materia de *firma* electrónica, no utilizan dicho sustantivo[121]: son los denominados sello de órgano y sello de entidad. En efecto, se trata de instrumentos que no se vinculan directamente a personas físicas, de manera que su utilización se reserva legalmente para aquellos supuestos en que se lleven a cabo actuaciones automatizadas, debiéndose acudir a uno u otro según que las mismas se encuentren reservadas a un órgano concreto en función de la correspondiente asignación competencial o, por el contrario, no se haya precisado dicha exigencia y, por tanto, se considere que la actuación se lleva a cabo en abstracto por la entidad.

Sin embargo, la identificación de las personas jurídicas cuando realizan trámites por medios electrónicos ha tenido por el contrario una respuesta normativa que al menos habría que considerar confusa en el ámbito general y, en particular, a efectos tributarios; planteamiento que demuestra claramente la necesidad de adaptación conceptual a la que nos estamos refiriendo. En concreto, se admite la denominada firma de personas jurídicas para hacer referencia, en realidad, a un supuesto de representación de estas últimas a través de personas físicas que llevan a cabo un trámite en su nombre. Es un contrasentido utilizar el concepto de firma en relación con las personas jurídicas ya que, como destacábamos anteriormente, únicamente puede relacionarse con las personas físicas y, aun cuando en estos casos se produzca su participación directa, la actuación se considera en última instancia realizada por la

---

[121] En todo caso, desde el punto de vista conceptual, debe advertirse que difícilmente cabe considerar a estos instrumentos como una firma electrónica ya que, tal y como han destacado I. ALAMILLO DOMINGO y X. URÍOS APARISI, sencillamente son instituciones nuevas y diferentes de la firma («El nuevo régimen legal...», ob. cit., p. 676).

entidad a los efectos jurídicos. Ciertamente, la vinculación permanente con una concreta persona física simplifica la gestión de identidades y la imputación de las actuaciones que se realicen, pero en puridad más que de un supuesto de firma electrónica de personas jurídicas nos encontramos ante un ejemplo de representación y, por tanto, debería ser tratado como tal no sólo a los efectos del régimen jurídico aplicable –en particular por lo que se refiere al alcance de la representación y el tipo de trámites que pueden realizarse– sino también del concepto utilizado, evitando de este modo confusiones innecesarias.

Por último, en relación con la perspectiva analizada en este epígrafe, es necesario enfatizar que la tecnología obliga a que el Derecho acoja y modele ciertos conceptos que, de este modo, adquieren una nueva dimensión que ha de ser tenida en cuenta necesariamente. Así sucede, por ejemplo, con la seguridad y, sobre todo, la interoperabilidad: el significado de estas expresiones no puede mantenerse intacto cuando se analizan desde el prisma jurídico a pesar de que el fundamento de las mismas siga siendo en gran medida tecnológico. En el caso de la interoperabilidad este planteamiento es sin duda más evidente por cuanto incluso la propia normativa se ha visto obligada a asumir su carácter poliédrico: en concreto, el ENI reconoce que habrá de tenerse en cuenta una triple perspectiva que, como analizamos anteriormente, englobaría no sólo la tecnológica en sí misma considerada sino, además, la semántica y la organizativa. Más aún, por lo que se refiere a esta última, su proyección jurídica y, en particular normativa, es más que evidente en algunos casos, tal y como sucede, por ejemplo, en relación con los requisitos establecidos en cada Administración Pública relativos al contenido y los requisitos de los concretos documentos; de manera que, si no se produce previamente una normalización en cuanto a la regulación donde se contemplen, podría impedirse –o, al menos, dificultarse gravemente– la funcionalidad propia y característica de la interoperabilidad concebida como premisa para el normal funcionamiento de los servicios de Administración electrónica, en particular desde la perspectiva innovadora que requiere un modelo de gestión documental avanzado.

2. CONSECUENCIAS JURÍDICAS DEL INCUMPLIMIENTO DE LAS GARANTÍAS TECNOLÓGICAS

Aun cuando la tecnología puede ofrecer, en principio, mayores garantías que las actuaciones llevadas a cabo presencialmente, lo cierto es que tal premisa requiere que se apliquen efectivamente las oportunas medidas técnicas ya que, en caso de no hacerse, las consecuencias son ciertamente inevitables: se crea una apariencia formal de seguridad que en la práctica no se da y, por tanto, las posibilidades de accesos, alteraciones y manipulaciones indebidas se incrementan exponencialmente, afectando negativa e intensamente incluso a la validez jurídica de aquéllas; al margen, claro está, de otro tipo de consecuencias como la eventual responsabilidad que pueda derivarse o la desconfianza en la tecnología que puede generarse. Más aún, en muchos casos las propias Administraciones Públicas no adoptan las medidas técnicas necesarias para dar cumplimiento a las exigencias jurídicas, de manera que se implantan proyectos de modernización e innovación tecnológica en los que el grado de cumplimiento de las disposiciones normativas que las contemplan es más que deficiente.

Ante la constatación de esta evidencia surge la necesidad de plantear las consecuencias jurídicas que conlleva el incumplimiento de las garantías tecnológicas fijadas normativamente por lo que respecta específicamente a las disposiciones reguladoras de la Administración electrónica. Primeramente debe recordarse que el artículo 18.4 de la Constitución establece como garantía al máximo nivel –el propio de los derechos fundamentales y libertades públicas incardinados en el Capítulo II del Título II– la limitación del «uso de la informática para garantizar el honor y la intimidad personal y familiar de los ciudadanos y el pleno ejercicio de sus derechos». Si bien el Tribunal Constitucional ha llevado a cabo una injustificada interpretación restrictiva del alcance de este precepto al circunscribirlo al ámbito de la protección de los datos de carácter personal, tal y como ya justificó anteriormente, nada obsta para que dicha garantía se aplique también a los efectos de prohibir el uso de los medios electrónicos que vulnere las normas relativas a la seguridad tecnológica, al menos siempre que se impida el pleno ejercicio de los derechos de los ciudadanos. A este respecto debe tenerse en cuenta que las normas de seguridad han sido concretadas a nivel reglamentario a través del ENS, de manera que disponemos de los estándares tecnológicos a partir de los cuales poder evaluar la conformidad de las actuaciones administrativas desde la perspectiva que ahora nos ocupa.

Más allá del plano constitucional y de la tutela preferente y sumaria que se deriva de la ubicación sistemática del citado precepto, ante el silencio por parte del legislador que no ha establecido una previsión expresa al respecto, resulta imprescindible extraer por vía interpretativa las consecuencias que pueden derivarse del incumplimiento de las normas técnicas relativas a la seguridad de los servicios de Administración electrónica. Así, en primer lugar debe tenerse en cuenta que la vulneración de un derecho fundamental podría dar lugar a la nulidad de pleno derecho de los actos administrativos –artículo 62.1.a) LRJAP–, de manera que incurrirían en ella aquéllos que se hubiesen dictado sin respetar las reglas de seguridad esenciales que resulten de aplicación directa según las previsiones del ENS; al menos cuando como consecuencia de la infracción se impida el pleno ejercicio de sus derechos a los ciudadanos, tal y como exige la garantía constitucional[122]. De la misma manera, podría concluirse que la infracción de las reglas del ENI, en particular cuando supongan la utilización de estándares tecnológicos que incumplan los principios jurídicos en la materia, podrían determinar la nulidad de aquellas actuaciones administrativas que impidan a los ciudadanos el ejercicios de sus derechos legalmente reconocidos o, en su caso, el acceso a la información y los documentos a los que tengan derecho.

Esta misma consecuencia –la nulidad radical– se daría en el supuesto en que la infracción conlleve la vulneración manifiesta de las reglas de competencia por razón de la materia, problemática en relación con la cual las actuaciones automatizadas ofrecen una especial trascendencia. En

---

[122] Cfr., en sentido contrario, J. M. MOLINA MATEOS, «Esquema Nacional de Seguridad», *Revista Aranzadi de Derecho y Nuevas Tecnologías*, núm. 23, 2010, p. 62.

efecto, podría darse el caso de que las reglas competenciales hayan reservado a un determinado órgano administrativo una concreta actuación de manera que, mientras permanezcan vigentes, será precisa al menos la intervención formal de aquél a través del correspondiente sello de órgano; en consecuencia, no serviría otro instrumento para asegurar el cumplimiento de los requerimientos legales de integridad y autenticidad. Más aún, también habrían de respetarse las exigencias esenciales que, desde el punto de vista sustantivo, se hayan fijado para las actuaciones automatizadas, en particular las que se refieren a las condiciones técnicas para su correcto funcionamiento[123]. En el resto de casos que no puedan considerarse meros defectos de forma, el incumplimiento de las normas relativas a la seguridad tecnológica habrá de reconducirse a la anulabilidad, es decir, siempre que se trate de infracciones que no impidan el ejercicio de los derechos a los interesados y no encajen en los supuestos de nulidad absoluta.

En todo caso, además de tales requisitos, con carácter general es necesario que el incumplimiento de las medi-

---

[123] En concreto, por lo que respecta a la Administración General del Estado, el artículo 39 LAE requiere que se establezcan previamente «el órgano u órganos competentes, según los casos, para la definición de las especificaciones, programación, mantenimiento, supervisión y control de calidad y, en su caso, auditoría del sistema de información y de su código fuente». Sin embargo, este precepto carece de naturaleza básica y, por tanto, su aplicación en otros ámbitos distinto de aquél quedaría desplazada por las previsiones de la correspondiente normativa aplicable, más allá de su efectividad como regla supletoria. Por el contrario, los incumplimientos meramente formales deberían ser reconducidos a la anulabilidad, tal y como sucedería, por ejemplo, con la exigencia relativa a la indicación del órgano responsable de la actuación a los efectos de la competencia judicial para su eventual impugnación que establece ese mismo precepto.

das de seguridad y la causa de invalidez –ya sea nulidad, ya sea anulabilidad– tengan una relación directa que justifique el alcance de tales consecuencias: no bastaría, por tanto, la simple concurrencia de circunstancias genéricas como el mero hecho de no haber implantado las medidas de seguridad previstas en cada caso según el tipo de servicio o el trámite de que se trate. En estos casos, por el contrario, aunque no pueda afirmarse la invalidez de la actuación realizada, sí que se debería adoptar de oficio –y, por supuesto, a solicitud del interesado– la medida cautelar que consiste en la paralización del funcionamiento de los servicios afectados hasta que no se satisfagan las garantías técnicas previstas en la normativa que, en cada caso, resulte de aplicación[124].

Una consecuencia adicional podría derivarse del incumplimiento de las normas de seguridad exigibles y, en particular, de las previstas en el ENS, por lo que respecta a la presunción de validez de los actos administrativos que declara el artículo 57 LRJAP. En concreto, esta singular eficacia parte de la premisa del cumplimiento de las normas jurídicas que resulten de aplicación a los actos administrativos de que se traten, exigencia que también afecta a las anteriormente referidas[125]. Así pues, en el supuesto de que el interesado alegue y demuestre el incumplimiento de las previsiones del

---

[124] Precisamente, se trata de la consecuencia prevista de manera expresa en materia de protección de datos personales por el artículo 49 LOPD para los «supuestos constitutivos de infracción grave o muy grave en que la persistencia en el tratamiento de los datos de carácter personal o su comunicación o transferencia internacional posterior pudiera suponer un grave menoscabo de los derechos fundamentales de los afectados».

[125] En relación con esta idea, cfr. J. M. Molina Mateos, «Esquema Nacional de Seguridad», ob. cit., p. 62.

ENS y la afectación a su posición jurídica como destinatario del acto en cuestión cabría afirmar que dicha presunción quedaría destruida y, en consecuencia, sería la propia Administración la que, ante la oposición del ciudadano, debería demostrar que a pesar del incumplimiento el acto afectado respeta las exigencias y garantías técnicas necesarias para desplegar sus efectos sin causar perjuicios al interesado. Este sería, pues el sentido, de la previsión del artículo 31 ENS al afirmar, en relación con las comunicaciones, que cuando sean realizadas en los términos fijados por el propio Esquema, «tendrán el valor y la eficacia jurídica que corresponda a su respectiva naturaleza, de conformidad con la legislación que resulte de aplicación»; de modo que si no se respetasen tales condiciones la conclusión sería, *sensu contrario*, la imposibilidad de que las comunicaciones desplieguen sus plenos efectos ante una eventual impugnación por parte de los destinatarios.

CAPÍTULO TERCERO

EL NUEVO PARADIGMA DE LA GESTIÓN ADMINISTRATIVA DOCUMENTAL POR MEDIOS ELECTRÓNICOS

ÍNDICE

I. La incidencia de la tecnología en la gestión documental de la Administración Pública: dificultades y retos desde la óptica del Derecho 210

1. El alcance de las posibilidades de innovación tecnológica en la gestión documental 210

2. Problemas, dificultades y desafíos en la innovación tecnológica de la gestión documental en el ámbito de las Administraciones Públicas 220

    a) El equilibrio entre los intereses particulares y los intereses generales en relación con el derecho a no presentar documentos. Especial referencia a la autocompulsa   220

    b) La singularidad de las garantías tecnológicas, ¿un problema adicional? 223

    c) La reduplicada importancia del archivo en la gestión documental a través de medios electrónicos 229

    d) La interoperabilidad como premisa jurídica 232

    e) Mayor incidencia en la protección de los datos de carácter personal 236

    f) Aspectos relativos a la conservación y accesibilidad de los documentos 242

    g) La aparición de nuevos prestadores de servicios y su proyección sobre la gestión documental 245

II. El régimen jurídico de la gestión documental a través de medios electrónicos en las Administraciones Públicas 247

1. Las deficiencias relativas al ámbito subjetivo de aplicación de las previsiones sobre gestión documental: la opción por la supletoriedad del legislador estatal   248

2. El documento administrativo en la regulación general sobre régimen jurídico de las Administraciones Públicas y procedimiento administrativo común . . 252

3. La gestión documental en la normativa sobre Administración electrónica 257

a) La elección del soporte documental de la actividad administrativa: una decisión en manos del ciudadano . . 258

b) El concepto y los requisitos de los documentos administrativos electrónicos 263

c) El régimen de las copias y la incidencia del cambio de soporte 267

d) El expediente administrativo electrónico 269

4. La simplificación del procedimiento administrativo y su incidencia en la gestión documental 274

a) Una nueva oportunidad, ¿para seguir haciendo lo mismo? 274

b) El derecho a no presentar datos y documentos que ya obren en poder de las Administraciones Públicas . . . 278

c) Una puerta abierta a la simplificación en manos del interesado al inicio del procedimiento 282

III. UNA VISIÓN INNOVADORA DE LA GESTIÓN DOCUMENTAL BASADA EN EL USO DE MEDIOS ELECTRÓNICOS 286

1. De la gestión por procedimientos y trámites a la gestión para los usuarios 286

2. El alcance de la necesaria reconsideración conceptual y regulatoria 293

3. La gestión documental avanzada, una herramienta esencial para la innovación basada en el uso de medios electrónicos 300

UNO de los principales desafíos para la modernización tecnológica de las Administraciones Públicas consiste en revisar el modelo de gestión documental basado en la utilización del soporte papel y las relaciones presenciales a fin de aprovechar el potencial innovador de las tecnologías de la información y las comunicaciones. Desde la perspectiva jurídica en la que centramos nuestro análisis resulta imprescindible examinar los problemas y dificultades que este proceso conlleva, teniendo en cuenta los condicionamientos que impone el régimen jurídico vigente, cuyo examen detallado nos permitirá, por su parte, alumbrar las posibilidades de innovación que basadas en el uso avanzado de los medios electrónicos. En todo caso, en las reflexiones que se realizan en este capítulo se tendrá en cuenta la trascendencia del Derecho como instrumento para dotar de seguridad jurídica a la actividad administrativa, tanto desde el prisma de los intereses generales como, asimismo, de la posición de los ciudadanos. De manera que, si bien no puede aspirarse a la eficacia a costa de aquélla, tampoco cabe admitir que la innovación tecnológica se vea dificultada –cuando no impedida– como consecuencia de un marco normativo inadecuado; si bien, en muchos casos, el problema no radica tanto en las normas vigentes como en la interpretación que se hace de las mismas y, sobre todo, en una práctica administrativa excesivamente reglamentista, sin duda acrecentada en muchos casos por la desproporcionada exhaustividad de normas técnicas a las que se pretende dotar de eficacia jurídica.

¿Es posible armonizar todos los términos de esta compleja ecuación? Trataremos en las siguientes páginas de ofrecer criterios y pautas que faciliten la esencial tarea de cohonestar los diversos puntos de vista e intereses afectados facilitando la eficacia de las normas vigentes y, asimismo, adaptando su aplicación a las posibilidades y exigencias de una gestión documental avanzada basada en la innovación tecnológica.

I. LA INCIDENCIA DE LA TECNOLOGÍA EN LA GESTIÓN DOCUMENTAL DE LA ADMINISTRACIÓN PÚBLICA: DIFICULTADES Y RETOS DESDE LA ÓPTICA DEL DERECHO

1. EL ALCANCE DE LAS POSIBILIDADES DE INNOVACIÓN TECNOLÓGICA EN LA GESTIÓN DOCUMENTAL

La modernización de la gestión documental en las Administraciones Públicas es, sin duda, uno de los principales desafíos que plantea la exigencia constitucional de eficacia en su actividad, sobre todo teniendo en cuenta el actual estado de desarrollo tecnológico y la inexcusable eficiencia que ha de inspirar la actuación de los poderes públicos. Ahora bien, debe tenerse en cuenta que no se trata simplemente de un mero cambio de soporte, de manera que se supriman el papel y se generen únicamente documentos y expedientes electrónicos sino que, antes al contrario, resulta inexcusable aspirar a un modelo de gestión en el que la tecnología sirva, de una parte, para resolver definitivamente problemas arraigados en una actividad administrativa concebida desde la falta o, al menos, la insuficiencia de controles funcionales realmente operativos y, de otra, para impulsar sistemas innovadores que permitan dotar de valor añadido a la gestión documental que realizan las Administraciones Públicas, tanto por lo que respecta al ámbito estrictamente interno como, asimismo, a las relaciones con los ciudadanos. A este respecto, debemos dejar constancia de la asimetría en el desarrollo normativo del ámbito de la gestión interna respecto de la dimensión externa de las relaciones con los ciudadanos, concepción –o más bien inercia– de la que traen causa algunas de las principales dificultades a la hora de implementar soluciones innovadoras de gestión documental basadas en el uso avanzado de la tecnología[126].

En efecto, al margen de la efectividad del derecho a no presentar documentos que ya obren en poder de las Administraciones Públicas –artículos 35.f) LRJAP y 6.2.b) LAE– la gestión basada en el uso de medios electrónicos permitiría un mayor control sobre la tramitación de los procedimien-

---

[126] A este respecto no puede pasar inadvertida la tesis de Parejo relativa al ensanchamiento de la grieta entre las reglas organizativas y de funcionamiento del procedimiento administrativo común [L. PAREJO ALFONSO, «El procedimiento administrativo en España: situación actual y perspectivas de cambio», en J. Barnes (ed.), *La transformación del procedimiento administrativo*, Global Law Press-Editorial Derecho Global, Sevilla, 2008]. Más aún, aquí podría encontrarse la explicación última de la fragmentación del régimen jurídico básico de algunos aspectos esenciales en materia de Administración electrónica, singularmente la regulación de las notificaciones en materia tributaria, en el ámbito social y, más recientemente, por lo que se refiere a las potestades administrativas relacionadas con la ordenación del tráfico.

tos, de manera que los interesados pudieran no sólo acceder a los documentos que formen parte del expediente sino, además y sobre todo, recibir alertas que le permitan conocer el momento exacto en que se encuentra la tramitación de su solicitud sin tener que realizar actuación adicional alguna; o, en general, si sus escritos fueron recibidos y cuándo por el órgano competente para tramitarlos, enviando asimismo el oportuno aviso por medios electrónicos no formalizados; el tiempo que se ha tardado realmente en realizar las actuaciones de ordenación e instrucción previstas en la normativa reguladora del procedimiento o, sin ánimo exhaustivo, el lapso temporal transcurrido desde la finalización de la fase de instrucción hasta que se resuelve por parte del órgano competente. En última instancia, esta transparencia reforzada en relación a la tramitación del procedimiento ofrecería al ciudadano mayores posibilidades en el ejercicio de sus derechos frente a la actual situación de opacidad que, inexorablemente y con demasiada frecuencia, le termina abocando a la inadmisible consecuencia de tener que soportar el silencio administrativo o, incluso peor por la apariencia de cumplimiento que conllevan, recibir respuestas formales a sus solicitudes de acceso al expediente basadas en modelos normalizados que en modo alguno cumplen con las más elementales exigencias en cuanto a la individualización de la respuesta administrativa al supuesto de hecho al que se refiere, en particular cuando resulte legalmente exigida la motivación.

Más aún, desde el punto de vista interno, la gestión innovadora de la información permitiría la implantación de sistemas avanzados de control interno basados en el uso intensivo de información estadística, de manera que incluso podrían establecerse mecanismos automatizados de alerta en virtud de los cuales los responsables de cada una de las unidades administrativas fueran informados de retrasos anormales en la tramitación de los expedientes en función de la duración media según el tipo de procedimiento de que se trate; de la falta de realización en plazo de algunos de los trámites esenciales en relación con la actuación principal a que se refiera; o, entre otros, de la tasa de rendimiento del personal a su cargo a los efectos de la puesta en marcha de sistemas de evaluación de su desempeño profesional o, simplemente, de conocer el porcentaje de recursos o reclamaciones estimados, denegados o inadmitidos en relación con un determinado tipo de asuntos, contribuyendo de esta manera a mejorar el sistema de control interno de la respectiva entidad.

Ahora bien, el efectivo aprovechamiento de las posibilidades de gestión avanzada de la información requiere implantar un modelo sustancialmente distinto al que han venido utilizando las Administraciones Públicas, en gran medida concebido para el soporte papel y basado en parámetros que difícilmente permiten tales funcionalidades; desafío que precisa de una nueva concepción de cómo han de articularse el acceso y el manejo de la información[127]. En efecto, la gestión documental basada en el soporte papel se articula a partir de compartimentos estancos, esto es, de las unidades y órganos administrativos separados, incluso físicamente con frecuencia, bajo cuyo control se encuentran los registros, expedientes y, en general, los datos. De este modo, cuando otro órgano o unidad –y, por supuesto, otra entidad pública o privada– necesita de la información que aquéllos custodian,

---

[127] R. García Macho, «Procedimiento administrativo...», ob. cit., p. 214.

han de formalizar la correspondiente solicitud que, tras la oportuna revisión, será ofrecida o, en su caso, denegada teniendo en cuenta la fundamentación jurídica en la que se base. En última instancia y, más allá de consideraciones de mera oportunidad al margen del Derecho, lo cierto es que se encuentra extendida una cierta concepción de titularidad de la información administrativa por parte del personal –y en general, las estructuras en las que se incardinan– en cuyo poder se encuentra; de manera que, ante la falta de efectividad de los mecanismos jurídicos existentes, sucede con cierta frecuencia que o bien ni siquiera se contestan de forma expresa las peticiones de información formuladas o, incluso, se ofrecen argumentos jurídicos ciertamente discutibles.

A este respecto, la normativa sobre protección de datos personales se ha convertido en una perfecta excusa en base a la cual conservar el control sobre la información y, con una cierta apariencia de rigor jurídico, denegar el acceso a la misma sin tener en cuenta que, según la citada regulación, basta con que exista habilitación legal para que se puedan conocer datos personales incluso sin consentimiento del titular de los mismos[128]. Más aún, cuando el requerimiento de la información provenga de la propia entidad en principio hay que

---

[128] Para un análisis preciso de la regla general del intercambio interadministrativo de datos, documentos y certificaciones véase R. MARTÍNEZ GUTIÉRREZ, «Régimen jurídico del intercambio electrónico de datos, documentos y certificaciones entre Administraciones», *Revista de Administración Pública*, núm. 183, 2010, pp. 381 y ss., donde se analizan los diversos supuestos que podrían darse en función de que sea o no exigible el consentimiento de los afectados. En relación con las exigencias específicas de la normativa sobre protección de datos de carácter personal, cfr. M. FERNÁNDEZ SALMERÓN, *La protección de los datos personales en las Administraciones Públicas*, Civitas, Madrid, 2003, pp. 235 y 236, y E. GUICHOT REINA, *Datos personales y Administración Pública*, Civitas, Madrid, 2005, pp. 250 a 253.

considerar que el acceso será lícito a menos que la finalidad para la que se pretenda utilizar sea incompatible con la que justificó la recogida de la información, tal y como establece el artículo 4 LOPD. En última instancia, como destaca Pitschas, es preciso abandonar los planteamientos reduccionistas según los cuales se entiende que cualquier tratamiento de datos personales de los ciudadanos ha de considerarse una injerencia potencial sobre su esfera de libertad, así como la perspectiva de estos últimos en relación con un supuesto derecho de propiedad sobre la información a ellos vinculada[129]; planteamiento sin duda reforzado en la medida que en la actividad de las Administraciones Públicas siempre ha de existir un interés público en juego que obliga, en definitiva, a modelar las garantías generales existentes en la materia.

Por el contrario, la gestión avanzada que permite la tecnología exige necesariamente un planteamiento más abierto que facilite, con las inexcusables garantías jurídicas, el acceso y la utilización de la información administrativa y que, por tanto, lleve a superar las limitaciones inherentes a la concepción tan restrictiva antes aludida. En efecto, sólo de este modo cabría aspirar a que efectivamente sean viables las posibilidades de control referidas, el intercambio automatizado y fluido de los datos entre las diversas unidades y órganos de la misma entidad a fin de prestar un mejor servicio a los ciudadanos y, en última instancia, que se lleven a cabo las funciones asignadas y se ejerzan las competencias correspondientes con mayor eficacia.

---

[129] R. Pitschas, «El Derecho Administrativo de la Información...», ob. cit., p. 228.

Ahora bien, el efectivo respeto de las diversas garantías jurídicas y, en particular, de las derivadas de la normativa sobre protección de los datos de carácter personal requiere un rediseño de los mecanismos de control, en particular si se pretende facilitar el acceso directo y el intercambio automatizado de la información. En efecto, mientras que cuando las solicitudes de acceso se dirigen por medios convencionales al órgano o unidad bajo cuya responsabilidad se encuentra la información será el titular de los mismos quien adopte la correspondiente decisión en función de las circunstancias –en concreto, la identidad del solicitante y, en su caso, el fundamento de su petición–, la gestión avanzada que se propugna conlleva la eliminación de dicho intermediario, de manera que los mecanismos de control tendrán que adaptarse a la singularidad de este proceso. En consecuencia, habrán de definirse previamente los sujetos autorizados, los mecanismos para su identificación, las finalidades que justifican la obtención de la información y, en última instancia, las evidencias que permitan acreditar tales extremos; criterios que habrán de fijarse con anterioridad a la puesta en funcionamiento del sistema y, por tanto, a la realización de los accesos ya que, a diferencia del modelo tradicional, el control del cumplimiento de las referidas exigencias no podrá ya hacerse a *posteriori*, caso por caso, mediante la intervención directa del personal bajo cuya supervisión se encuentra en principio la información. En todo caso, cuando se trate de un órgano administrativo que tenga atribuidas formalmente competencias al respecto, dado el carácter irrenunciable de las mismas, será el titular de dicho órgano quien deba aprobar dichos criterios; sin perjuicio de que la autorización concreta para cada uno de los accesos –en el supuesto de que se considere preciso– pueda llevarse a cabo de forma automatizada, en cuyo caso habrán de cumplirse igualmente las exigencias del artículo 39 LAE.

Más aún, el propio concepto de documento en tanto que soporte y estructura de la información ha de ser necesariamente reformulado, en particular si tenemos en cuenta las exigencias impuestas por la práctica administrativa y, en ocasiones, por las propias normas jurídicas, no siempre facilitadoras de la necesaria flexibilidad. Así, el documento como unidad de gestión ha de fragmentarse en atención a la información que contiene –incluso a partir de información que no resulta visible para el usuario, como es el caso de los denominados *metadatos*[130]–, de manera que, por una parte, sólo se ponga a disposición de terceros aquellos datos que sean estrictamente necesarios para el ejercicio de sus funciones o la satisfacción de sus derechos o intereses legítimos, dándose pleno cumplimiento de esta manera al principio de compatibilidad al menos cuando se trate de datos de carácter personal. Incluso, puede darse el caso de que no sea necesario a tales efectos compartir la información original sino que, por el contrario, bastase con una transformación de la misma, de manera que dicha exigencia legal se vería incluso reforzada en su garantía. Así sucedería, por ejemplo, cuando a los efectos del otorgamiento de una subvención fuera necesario conocer el nivel de renta del solicitante en función de

---

[130] Aun cuando esta información no forma parte del contenido principal del documento, lo cierto es que resulta esencial para la gestión documental avanzada, de ahí que se haya valorado muy positivamente que algunas normas exijan con carácter preceptivo su utilización (P. VALCÁRCEL FERNÁNDEZ, «Documentos y archivos...», ob. cit., p. 564).

un determinado rango de ingresos, resultando innecesaria la cantidad concreta de los ingresos.

Ahora bien, en ocasiones la normativa impone que el documento sea expedido por un determinado órgano que tiene atribuida la competencia o conforme a ciertos requisitos formales, de manera que el incumplimiento de tales exigencias podría determinar su invalidez. Éste sería el caso, entre otros, de las copias auténticas de los documentos administrativos a que refiere el artículo 46 LRJAP, de manera que la intervención directa del titular del órgano a través de su firma manuscrita ha de ser reemplazada necesariamente por el correspondiente sello de órgano contemplado en el artículo 18 LAE ya que, de lo contrario, la expedición del documento de manera automatizada no cumpliría con las exigencias legales y, por tanto, seguiría siendo imprescindible la participación personal de aquél. En todo caso, esta perspectiva requiere que con carácter previo se hayan concretado los supuestos en que procede llevar a cabo la adaptación referida; lo que necesariamente nos lleva a la que debería ser una de las principales premisas sobre las que ha de asentarse cualquier proyecto de modernización tecnológica: la existencia de un catálogo de procedimientos y actuaciones completo y exhaustivo en la respectiva Administración, ya que difícilmente se puede modernizar y simplificar sin que se tenga constancia precisa del objeto al que se ha de referir dicho proceso.

Desde estas premisas resulta imprescindible que la gestión documental se conciba no simplemente como un mero objeto pasivo del cambio innovador sino, antes al contrario, se contemple como una herramienta esencial para la modernización tecnológica, convirtiéndose en uno de los ejes en que se apoye el liderazgo político y administrativo imprescindible para superar las dificultades que conlleva el diseño y ejecución de cualquier proyecto relacionado con la Administración electrónica. De lo contrario, los hábitos, inercias, rutinas e intereses, personales e institucionales, de un sistema de gestión y sus actores, anclado en un modelo ya superado al estar basado en el papel y las comunicaciones postales, terminarán por convertirse en dificultades insalvables; todo ello a pesar de que el marco normativo vigente ofrezca la necesaria seguridad para abordar este desafío con suficientes dosis de seguridad jurídica. Más aún, en caso de resultar necesario, el modelo de gestión documental puede reforzarse con las oportunas medidas normativas en las que se establezcan mandatos claros y terminantes en relación con el uso de los medios electrónicos, sin perjuicio de que asimismo se contemplen reglas específicas para aquellas eventualidades que, debido a problemas técnicos, siempre pueden presentarse. Tal y como sucedería singularmente con la imposibilidad de acceder a la información, la interrupción temporal de los sistemas de información o, sin ánimo exhaustivo, dificultades en el funcionamiento de servicios prestados por terceros, caso de la validación de certificados o, incluso, de la gestión basada en la computación en la *nube* o *cloud computing*.

2. PROBLEMAS, DIFICULTADES Y DESAFÍOS EN LA INNOVACIÓN TECNOLÓGICA DE LA GESTIÓN DOCUMENTAL EN EL ÁMBITO DE LAS ADMINISTRACIONES PÚBLICAS

a) EL EQUILIBRIO ENTRE LOS INTERESES PARTICULARES Y LOS INTERESES GENERALES EN RELACIÓN CON EL DERECHO A NO PRESENTAR DOCUMENTOS. ESPECIAL REFERENCIA A LA AUTOCOMPULSA

Con carácter general puede afirmarse que la gestión documental a través de medios electrónicos presenta evidentes beneficios para el ciudadano, fundamentalmente en tanto se garantice realmente un derecho efectivo a la elección del canal de las comunicaciones con las Administraciones Públicas y, sobre todo, en la medida que se le evite tener que presentar los documentos que ya obren en poder de las mismas. Incluso, cabría considerar que la tecnología ofrece mayores posibilidades para la satisfacción de la posición jurídica de los ciudadanos por cuanto podría garantizar el derecho de acceso a la información administrativa sin que tenga que presentarse una solicitud formal y, en consecuencia, esperar a la decisión administrativa que autorice el acceso, proporcione eventualmente copia de los documentos a que se refiera la solicitud y, en su caso, se haga efectivo el pago de la correspondiente tasa.

Incluso, el derecho a no presentar documentos que ya obren en poder de las Administraciones Públicas podría ser superado en aras a facilitar tanto la satisfacción de intereses públicos como privados a través de repositorios documentales en los que cada ciudadano pueda almacenar y gestionar los que desee poner a disposición de aquéllas[131], de manera que serían ellas mismas las que podrían acceder directamente a la información necesaria para el ejercicio de sus propias competencias. De este modo se podrían evitar las dificultades derivadas de la actual configuración legal del derecho consagrado en el artículo 6.2.b) LAE, en particular si tenemos en cuenta que el ciudadano sólo tendrá certeza de la titularidad de este derecho *a posteriori*, esto es, una vez ejercido, de manera que no sólo se perjudica la seguridad jurídica respecto de sus propios intereses sino, además y sobre todo, de las actividades de instrucción que han de llevar a cabo las propias entidades públicas, que pueden verse obligadas a solicitar la subsanación y, por consiguiente, retrasar la tramitación de los expedientes.

Por lo que respecta a la configuración de ese repositorio, debería permitirse no sólo la gestión relativa a las relaciones con la propia entidad sino, además, servir para facilitar las comunicaciones con otras, de ahí que resulte especialmente adecuado que este servicio sea ofrecido bien por el Estado, bien desde el ámbito autonómico. En todo caso, el control de dicha herramienta debe reservarse al ciudadano, de manera que sea quien decida los documentos concretos que pone a disposición de las entidades que indique –incluyendo la que ofrece el servicio– y para qué trámites en particular, exigencia que obligar a adaptar las correspondientes medidas de

---

[131] Como advierte J. A. HERNÁNDEZ CORCHETE en relación con el derecho analizado, hay que resaltar que el mismo «implica, como reverso de la moneda, un deber de transparencia de las Administraciones Públicas respecto de la información que tienen y que es relevante» («El derecho de los ciudadanos...», ob. cit., p. 149).

seguridad a fin de impedir accesos que no hayan sido autorizados por el titular de la información.

Finalmente, en relación con el contenido del repositorio, debería admitirse la incorporación tanto de documentos administrativos como privados. Por lo que se refiere a los primeros, cabría objetar que el derecho a no presentar los documentos que ya obren en poder de las Administraciones Públicas determinaría que sólo tuviera realmente sentido limitarse a los segundos, pero las razones antes aducidas sobre la deficiente configuración legal del derecho *ex* artículo 6.2.b) y, asimismo, las eventuales dificultades prácticas que puedan tener lugar en el intercambio documental al amparo del artículo 9 LAE aconsejan ampliar el ámbito objetivo de los repositorios para incorporar todo tipo de documentos. Por lo que respecta a los documentos privados, si bien es cierto que se ha contemplado un régimen de autocompulsa muy beneficioso para los ciudadanos en el artículo 35.2 LAE, sin embargo las garantías jurídicas que ofrece el mecanismo legal no son suficientes, especialmente si tenemos en cuenta que el cotejo de los documentos originales se concibe con carácter excepcional. Al margen de la discutible divergencia en el régimen jurídico de la autocompulsa según el soporte donde obre la información, los repositorios podrían utilizarse para almacenar copias electrónicas previamente compulsadas por la Administración, de manera que pueda confiarse plenamente en la veracidad de los documentos sin tener que proceder ulteriormente a una nueva comprobación, incluso aunque esta posibilidad se conciba con carácter excepcional. En última instancia, a través de este modelo de gestión se haría innecesaria la autocompulsa por parte de los propios interesados, cuya limitación a los documentos electrónicos resulta más que discutible, ya que si lo que se pretende es reforzar la posición jurídica de los ciudadanos ante la excesiva carga documental que soportan, ¿qué razones impedirían que se puedan presentar también fotocopias en papel adveradas con su firma manuscrita? Parece evidente que la medida contemplada en el artículo 35.2 LAE está pensada, fundamentalmente, para facilitar la gestión documental que llevan a cabo las Administraciones Públicas, de manera que cuando un escrito, solicitud o comunicación se remita por medios electrónicos no sea necesario aportar documentación en soporte papel que, sin duda alguna, supondría una complicación adicional por lo que respecta a la gestión documental. Sin embargo, no es admisible que esta ventaja se pretenda obtener reduciendo la funcionalidad de las garantías jurídicas relativas a la comprobación de la autenticidad de los documentos, especialmente si las dificultades referidas se pueden solventar a través de un sistema de compulsa electrónica que permita incorporar al repositorio de cada interesado documentos previamente adverados por una Administración Pública.

b) La singularidad de las garantías tecnológicas, ¿un problema adicional?

La necesidad de incorporar las garantías de integridad y autenticidad adecuadas al soporte electrónico nos enfrenta a nuevos problemas y dificultades en gran medida inexistentes en un contexto de documentos y expedientes gestionados en papel. Más allá de las implicaciones específicamente referidas a la firma electrónica de las que nos ocupamos en el capítulo anterior, procede ahora analizar las principales consecuencias que, desde la perspectiva tecnológica, conlleva el uso de medios electrónicos en relación con las garantías específicas que han de adoptarse.

En primer lugar, podría darse el caso de que los documentos requieran la firma de varias personas físicas, lo que sucede con cierta frecuencia cuando se precise el visto bueno del titular de otro órgano o, singularmente, cuando se trate de las actas o certificaciones de acuerdos adoptados por un órgano colegiado. En estos casos la garantía de inalterabilidad que ofrece la firma digital podría verse afectada, ya que la segunda o ulteriores firmas conllevarían una modificación del documento inicial y, en consecuencia, no podría ya confiarse en su autenticidad. En consecuencia, será imprescindible llevar a cabo las adaptaciones técnicas que permitan evitar este inconveniente, de manera que el documento pueda incorporar todas las firmas necesarias sin que, por ello, se vean afectadas las exigencias legales en cuanto a su autenticidad e integridad. Más aún si tenemos en cuenta la duplicidad de soportes –papel y electrónico– en que habrá de sustentarse la gestión documental en las Administraciones Públicas como consecuencia del régimen legal consagrado y, asimismo, de las reticencias por parte de ciudadanos y, sobre todo, del personal a su servicio a la hora de utilizar su propia firma electrónica; si bien, por lo que respecta a este último colectivo, el problema en realidad suele presentarse debido a la ausencia de un proyecto institucional bien concebido en orden a la modernización tecnológica de la gestión administrativa que, entre otras medidas, contemple la distribución de certificados digitales y, sobre todo, medidas jurídicas que obliguen a su uso efectivo en el contexto de una relación de prestación de servicios profesionales según las exigencias propias de la realidad social y tecnológica en que ha de desenvolverse.

Así pues, cuando un documento firmado por una persona en un determinado soporte deba luego incorporar la firma de otra sobre el mismo documento pero en otro soporte distinto será necesario proceder a la conversión del mismo, para lo cual habrán de respetarse las exigencias previstas en el artículo 30 LAE. Ahora bien, desde el punto de vista de la racionalidad organizativa, tal y como se acaba de advertir, este tipo de situaciones deberían evitarse en el ámbito interno de las Administraciones Públicas a través de instrucciones, criterios o, incluso, disposiciones normativas que obliguen a utilizar la firma digital con carácter preceptivo en los supuestos en que el documento se encuentre inicialmente en soporte electrónico. Más complicado sería, por el contrario, el supuesto en que una de las firmas corresponda al ciudadano, ya que en este caso su libertad de elección se ampara en el reconocimiento legal de un derecho. En todo caso, tal y como prevé el artículo 27.6 LAE, a través de una norma reglamentaria se le podría también imponer el uso de medios electrónicos, teniendo en cuenta, eso sí, que habrán de respetarse las exigencias de disponibilidad de los medios adecuados a que se refiere el citado precepto legal.

La singularidad de las garantías tecnológicas que permite el documento electrónico puede tener, no obstante, una importante incidencia en ciertas prácticas que, sin poder calificarse rotundamente de ilegalidades en todos los supuestos, sí que podrían considerarse al menos simples irregularidades no invalidantes en sentido estricto. En efecto, al margen de manipulaciones claramente contrarias a Derecho que incluso pueden tener implicaciones penales, en ciertas ocasiones la propia dinámica de algunas actuaciones se ha aprovechado de las posibilidades de antedata de los documentos administrativos, como ha venido sucediendo con las relativas al cierre presupuestario que, con cierta frecuencia, se han realizado ya iniciada la nueva anualidad pero indicando una fecha correspondiente a la anterior. Por el contrario, cuando se firma digitalmente un documento se incorpora al mismo una referencia al momento temporal en que la misma tiene lugar, exigencia que incluso puede reforzarse cuando sea preciso incorporar un sello o una marca de tiempo. En estos casos, a fin de evitar dudas sobre la legalidad de la actuación llevada a cabo, sería recomendable el establecimiento, al menos, de criterios específicos que amparen jurídicamente estas situaciones aprovechando las posibilidades de dotar de eficacia retroactiva a los actos administrativos, dado que el supuesto de hecho ya existía previamente y, al menos con carácter general, en la medida que no se vulneren derechos de terceros, circunstancia esta última que impediría la eficacia retroactiva.

Aun reconociendo que también se incrementan notablemente las exigencias de conservación y accesibilidad, el uso de medios electrónicos en la gestión documental ofrece en abstracto mayores garantías en cuanto a la integridad y autenticidad de los documentos, de manera que en principio cualquier modificación del mismo requiere la generación de un nuevo documento ya que, de lo contrario, se alteraría la fecha de su firma; lo que sin duda refuerza el principio jurídico de que los actos administrativos sólo pueden ser modificados en los supuestos y a través de los procedimientos fijados legalmente –artículos 102 y ss. LRJAP–. La regulación sobre la eficacia de las copias constituye otra manifestación especialmente destacada de esta perspectiva garantista a la que nos referimos: así sucede, por ejemplo, cuando se genera una copia en soporte papel de un documento electrónico, ya que en estos casos su consideración como copias auténticas requiere la habilitación de un sistema de comprobación a través del acceso a los archivos de la Administración Pública que lo hubiese expedido. Más aún, las exigencias técnicas que el legislador ha impuesto para los documentos electrónicos permitirían, incluso, comprobar que su autor se encontraba válidamente investido como titular del órgano administrativo en el supuesto de que el sistema de firma electrónica implantado por la respectiva Administración lo previera, de manera que no sólo se dejara constancia en el propio documento de la identidad del firmante sino, asimismo y por lo que ahora interesa, de la vigencia de determinados aspectos accesorios como el referido; si bien, para ello resulta imprescindible que el sistema de firma electrónica implantado a nivel institucional permitiese añadir dicha información junto a la simplemente referida a la identidad de la persona física que lleva a cabo la actuación.

Pero, sin duda, el principal desafío que plantean las garantías tecnológicas de los documentos electrónicos se refiere a la necesidad de su continua actualización dada la constante evolución de los riesgos de seguridad. En consecuencia, al margen del sistema en cada caso empleado, lo cierto es que si no se adoptan este tipo de medidas existe el peligro de que las garantías de integridad y autenticidad –o incluso la accesibilidad– que inicialmente se satisfacían en función de los estándares disponibles al realizarse al firma del documento hayan quedado desfasadas con el transcurso del tiempo y, en consecuencia, no se cumplieran las exigencias legales. Así pues, podría darse el caso de que el documento hubiese sido manipulado y las modificaciones respecto del original no fuesen detectables, consecuencia que resulta inadmisible tanto desde la perspectiva de los efectos jurídicos derivados del correspondiente acto administrativo como, asimismo, desde una estricta consideración historiográfica. Queda, por tanto, evidenciada la trascendencia de que por parte de cada Administración Pública se adopten políticas activas y progresivas de conservación documental que necesariamente habrán de articularse a partir del archivo electrónico como herramienta principal de una gestión avanzada de los documentos y expedientes electrónicos.

Más aún, el incremento de la complejidad en la gestión documental como consecuencia del uso de medios electrónicos adquiere una singular trascendencia por cuanto la prestación de servicios avanzados exige una mayor accesibilidad de la información. En efecto, la disponibilidad de la misma ha de estar necesariamente limitada a quien se encuentre legitimado para ello, bien para el ejercicio de una determinada función pública bien para la satisfacción de una posición jurídica de naturaleza privada; perspectiva que, en última instancia, se encuentra reforzada normativamente cuando la información se refiera a personas físicas identificadas o identificables por exigencia de la normativa sobre protección de datos personales. En consecuencia, la seguridad en el acceso a la información se convierte en una exigencia inexcusable no tanto para la validez y/o eficacia de las decisiones administrativas sino, sobre todo, para la protección de los diversos intereses públicos y privados en juego, hasta el punto de que el incumplimiento de las exigencias fijadas normativamente –caso del Esquema Nacional de Seguridad o de la normativa sobre protección de datos personales– o en aplicación de los estándares al uso debería determinar la interrupción inmediata de los servicios electrónicos; al margen de las consecuencias de cualquier otra naturaleza que pudieran derivarse, en particular por lo que respecta a las de naturaleza sancionadora. De lo contrario, existe un riesgo cierto de minusvalorar la trascendencia de los bienes jurídicos vinculados a la información en poder de las Administraciones Públicas, dejando sin sentido las restricciones que en orden a la tutela de los mismos se encuentran fijadas legalmente.

c) La REDUPLICADA IMPORTANCIA DEL ARCHIVO EN LA GESTIÓN DOCUMENTAL A TRAVÉS DE MEDIOS ELECTRÓNICOS

Uno de los principales desafíos para el uso de medios electrónicos en la gestión documental se refiere al cambio de paradigma a que se ha de ver sometido el archivo. En efecto, lejos de la concepción de este instrumento como un simple depósito donde se almacenan los documentos y expedientes ante la eventualidad de que sea preciso realizar alguna consulta relativa a su contenido, las posibilidades de innovación en la gestión administrativa que ofrece la tecnología implican un modelo en el que el archivo ocupa necesariamente una posición protagonista, de modo que la información que contiene pueda utilizarse para llevar a cabo funciones de control, realizar comprobaciones automatizadas que, en su caso, puedan determinar la iniciación de un procedimiento o, sin ánimo exhaustivo, ofrecer a los ciudadanos servicios personalizados y proactivos a través de los cuales, por ejemplo, trasladarles avisos informativos sobre materias y actuaciones de su interés, comunicarles la posibilidad de validar documentos normalizados previamente cumplimentados por la propia Administración o, simplemente, ofrecer información estadística o, incluso, para la posterior reutilización, ya comercial ya con otra finalidad. Incluso, desde la perspectiva de los derechos del ciudadano en relación con los documentos administrativos, la gestión avanzada del archivo permitiría simplificar su ejercicio, tal y como sucedería con la no aportación nuevamente de documentos que ya obran en poder de las Administraciones Públicas o, singularmente, la obtención automatizada de copias.

Ahora bien, estas posibilidades requieren que con carácter previo el archivo electrónico sea diseñado adecuadamente, de manera que cuando sea admisible en términos jurídicos y con las oportunas medidas de seguridad se habiliten accesos directos por parte del personal de la propia o de otras Administraciones e, incluso, de los mismos ciudadanos, ya que gran parte de los servicios avanzados antes referidos sólo podrían implementarse eliminando las intermediaciones que conllevan los permisos y autorizaciones de acceso a *posteriori*, es decir, previa la formulación de una solicitud y la tramitación de un procedimiento para determinar si procede admitir la petición formulada. Incluso, estos tratamientos de información en ocasiones serán automatizados ya que, de lo contrario, las posibilidades de innovación en la personalización de los servicios pueden verse impedidas o dificultadas en tal medida que pierdan el valor añadido que, en principio, podrían ofrecer tanto para los ciudadanos como, asimismo, para la propia entidad titular del archivo u otras Administraciones Públicas.

Es evidente, por tanto, que el tradicional ostracismo al que se ha visto relegado el archivo tanto desde el punto de vista normativo[132] como, también en la práctica administra-

---

[132] Resulta llamativo desde esta perspectiva que el precepto legal donde se establece el deber de conservación en soporte electrónico de los actos ad-

tiva diaria ha de ser desterrado, de manera que cualquier proyecto que pretenda innovar la gestión administrativa a partir del uso intensivo de la tecnología debe plantearse necesariamente como uno de sus principales ejes el fortalecimiento del archivo electrónico que, por tanto, está llamado a jugar un activo y destacado papel. Más aún, como antes se enfatizaba, las garantías tecnológicas que aseguren la conservación de la información y los documentos de forma dinámica han de aplicarse, precisamente, a través del archivo electrónico, por lo que una deficiente configuración del mismo –tanto desde la perspectiva de su regulación, su diseño organizativo o su estructura tecnológica– podría convertirse en un inhibidor o, incluso, impedimento para el ofrecimiento de servicios avanzados con las características antes referidas.

---

ministrativos que consten en documentos de dicha naturaleza siempre que afecten a los derechos o intereses de los particulares –artículo 31 LAE– no tenga carácter básico. Más aún, ni siquiera el legislador ha contemplado una clara exigencia legal en orden a la creación del archivo electrónico, si bien su existencia se deriva de los derechos reconocidos a los ciudadanos [C. Velasco Rico, «Archivo y conservación de los documentos administrativos electrónicos. Especial referencia a la Ley 11/2007, de Acceso Electrónico de los Ciudadanos a las Administraciones Públicas» en L. Cotino y J. Valero (coords.), *Administración electrónica. La Ley 11/2007, de 22 de junio, de Acceso Electrónico de los Ciudadanos a los Servicios Públicos y los retos jurídicos del e-gobierno en España*, Tirant lo Blanch, Valencia, 2010, pp. 605 y 616, así como P. Valcárcel Fernández, «Documentos y archivos...», ob. cit., p. 599]. Más aún, en opinión de F. J. Sanz Larruga («Documentos y archivos electrónicos», ob. cit., p. 733), aun cuando del artículo 31 LAE pudiera concluirse que el archivo sólo puede exigirse respecto de los documentos que contengan actos administrativos, lo cierto es que una interpretación sistemática ampliaría el objeto del archivo también a los que formen parte de un expediente más allá de si tienen la consideración de acto administrativo en sentido estricto.

d) La interoperabilidad como premisa jurídica

Tal y como se enfatizó en el capítulo anterior, la interoperabilidad constituye una exigencia técnica para la gestión electrónica avanzada que, no obstante, presenta una destacada perspectiva jurídica que no se puede obviar. En efecto, resulta de gran importancia normalizar los documentos administrativos, de manera que incorporen los mismos campos informativos o, al menos, los datos puedan ser accedidos y tratados de manera automatizada simultáneamente a la iniciación del procedimiento a través de una solicitud formulada por medios electrónicos pues, de lo contrario, no sería posible llevar a cabo actuaciones de respuesta inmediata que precisen del acceso a información en poder de otras entidades, ya que los sistemas de información y las aplicaciones no podrían procesar los datos necesarios para dar una respuesta en el acto. Se trata de un problema especialmente relevante cuando, más allá de que nos encontremos ante relaciones interadministrativas, el intercambio se produzca entre dos Estados distintos, tal y como sucede singularmente en relación con las previsiones que contiene la Directiva 2006/123/CE del Parlamento Europeo y del Consejo, de 12 de diciembre, relativa a los servicios del mercado interior, en materia de Administración electrónica.

Más aún, la interoperabilidad como concepto jurídico[133] debería ser reforzada, en particular, por lo que respecta a

---

[133] Según GAMERO, la dimensión jurídica o legal de este principio consiste en «la sincronización adecuada de la legislación de un determinado ámbito político para que los datos electrónicos originarios del mismo sean conformes al Derecho aplicable en otros, y se reconozcan recíprocamente cuando ello sea necesario para su utilización en ámbitos distintos del originario» (E. GAMERO CASADO, «Interoperabilidad y Administración electrónica…», ob. cit., p. 297).

la gestión documental, de manera que los concretos documentos utilizados por cada Administración Pública para el ejercicio de la misma función obedezcan a un diseño común que evite disfuncionalidades en su gestión compartida. Nos encontramos ante una problemática especialmente grave en un contexto como el actual, caracterizado por el creciente movimiento de estudiantes y trabajadores, sobre todo en el ámbito de la Unión Europea, que requiere la prestación de servicios administrativos interestatales que, en gran medida, han de basarse en el uso de medios electrónicos. Y, en ocasiones, para lograr este objetivo será necesario contemplar la interoperabilidad no sólo como un principio técnico, organizativo y semántico sino, además, tener en cuenta su dimensión jurídica en la medida que puede ser necesaria la modificación de aquellas normas jurídicas donde se establezcan los requisitos y condiciones en relación con cada concreto documento a normalizar.

Sin embargo, la actual regulación legal relativa al intercambio de información entre Administraciones Públicas no sólo se caracteriza por una excesiva rigidez sino que, además, rezuma una cierta subordinación interadministrativa, así como una clara desconfianza[134], manifiestamente inadecuada para los planteamientos de una Administración electrónica dinámica construida a partir de las posibilidades de innovación que ofrece la tecnología. Desde esta perspectiva, es ciertamente discutible la práctica consistente en negar validez a los documentos expedidos por otras Administraciones Públicas a pesar de que se ajustan a los requisitos fijados normativamente. Este es el caso singularmente de las copias

---

[134] R. García Macho, «Procedimiento administrativo...», ob. cit., p. 221.

en soporte papel de originales electrónicos que han sido expedidas conforme a las exigencias de los artículos 30 LAE y 46 LRJAP, de manera que no incorporan firma manuscrita alguna sino, tal y como exigen tales preceptos, un código que permite comprobar su autenticidad a través del acceso a la correspondiente sede electrónica; mecanismo a través del cual se pretende trasladar al documento en soporte papel la garantía técnica que ofrece el sello del órgano competente por lo que respecta al original electrónico. En última instancia, este tipo de dificultades derivadas del cambio de soporte se podrían solventar si la gestión de los intercambios documentales se hiciera necesariamente a través de medios telemáticos, si bien el reconocimiento a favor del ciudadano del derecho a la elección del canal en sus relaciones con las Administraciones Públicas y, sobre todo, la preferencia –que no exclusividad– que el legislador ha sentado como regla general para las relaciones interadministrativas, se convierten en obstáculos difícilmente superables si tenemos en cuenta la realidad diaria en que se desarrolla la gestión administrativa.

De manera que resulta imprescindible proyectar en este contexto el modelo característico del ámbito europeo basado en la separación de las distintas Administraciones desde el punto de vista organizativo y la cooperación funcional[135]. En el caso concreto de la normalización de los documentos, está fuera de toda duda que, supuesto el cumplimiento de las normas básicas, cada Administración Pública tiene atribuida la competencia en términos jurídicos para fijar el contenido y los requisitos de los documentos que genera y, asimismo, de los que recibe de otras entidades para surtir efectos en rela-

---

[135] J. BARNES, «La colaboración interadministrativa...», ob. cit., p. 264.

ción con el ejercicio de sus propias funciones, pero tampoco puede obviarse que sólo a partir de una previa coordinación con el resto de las entidades implicadas es posible ofrecer servicios electrónicos avanzados, es decir, basados en las posibilidades de simplificación que permiten las actuales tecnologías y que, en definitiva, son los que permitirían hacer efectivo el derecho a no presentar documentos que ya obran en poder de las Administraciones Públicas o, sin ánimo exhaustivo, la posibilidad de ofrecer a los ciudadanos servicios proactivos de información sin necesidad de plantear peticiones formalizadas o, incluso, de realizar actuación alguna al margen de las que tengan lugar de forma automatizada. En consecuencia, más allá de las condiciones de interoperabilidad fijadas legalmente en cuanto a los requisitos de los documentos, resulta imprescindible que las Administraciones Públicas fijen de forma coordinada su contenido y requisitos –y más ampliamente no sólo de los documentos sino, asimismo y sobre todo, de los intercambios de información– en tanto condición jurídica inexcusable para dar satisfacción a las exigencias de interoperabilidad desde esta perspectiva.

Ciertamente, la efectiva consecución de la interoperabilidad es una de las premisas esenciales para aprovechar el potencial de modernización, innovación y, en definitiva, simplificación que ofrecen las tecnologías de la información y la comunicación aplicadas a la gestión administrativa. Más aún si tenemos en cuenta el carácter descentralizado de nuestra organización pública[136], de manera que en el ejerci-

---

[136] Cfr. E. Gamero Casado, «Interoperabilidad y Administración electrónica...», ob. cit., p. 323, donde se destaca la singular dificultad que para la interoperabilidad supone el reparto competencial propio de una organización territorial descentralizada.

cio de la respectiva autonomía cada Administración podría libremente determinar desde el formato y el contenido de un mismo documento hasta las aplicaciones informáticas en las cuales se ha de sustentar la gestión documental. De ahí que las competencias estatales de coordinación adquieran una importancia reduplicada, asegurando, de una parte, la interoperabilidad de todos los sistemas y aplicaciones que se utilicen y, de otra, respetando la libertad de cada entidad a la hora de optar por un concreto sistema de información o una determinada aplicación informática; sin que la concreta elección de uno de ellos por parte de la Administración estatal condicione las opciones del resto, tal y como ha venido sucediendo en relación con la firma electrónica o las notificaciones telemáticas. No parece el planteamiento más eficiente desde la perspectiva económica que cada entidad desarrolle o adquiera sus propios sistemas de gestión documental cuando, de forma colaborativa, podrían impulsarse iniciativas institucionales pero lo cierto es que, al menos desde una estricta consideración jurídica, el reparto competencial actualmente en vigor aboca, al menos potencialmente, a que la racionalidad en la organización y en el gasto público quede condicionada a la prevalencia de criterios estrictamente políticos, salvo por lo que respecta al efectivo ejercicio estatal de su competencia de coordinación en los términos expuestos en relación con las singulares exigencias de la interoperabilidad como premisa jurídica.

e) Mayor incidencia en la protección de los datos de carácter personal

Resulta incuestionable que el uso de medios electrónicos conlleva una mayor incidencia, al menos potencialmente, para la protección de los datos de carácter personal, de manera que resulta imprescindible adaptar las garantías jurídicas tradicionales a fin de asegurar su efectividad[137]. A este respecto, la normativa específica sobre Administración electrónica no ha mostrado una especial sensibilidad hacia los peligros que encierra el uso intensivo de la informática en la gestión administrativa, hasta el punto de que se ha limitado en gran medida a remitir formalmente a las previsiones generales existentes en la materia que, no obstante, fueron dictadas en un contexto tecnológico muy distinto del actualmente existente[138].

En tanto no se proceda a la modificación del marco normativo aplicable, el principal desafío consiste en asegurar la efectiva aplicación de los instrumentos de protección existentes y, en última instancia, reforzar sus contornos esenciales y la integridad de su sentido mediante una reinterpretación

---

[137] Para una visión general sobre las implicaciones singulares de la Administración electrónica en el ámbito de la privacidad, véase J. VALERO TORRIJOS y M. FERNÁNDEZ SALMERÓN, «Protección de datos...», ob. cit., pp. 115 y ss.; A. TRONCOSO REIGADA, «La Administración electrónica y la protección de datos personales», en J. L. Piñar Mañas (coord.), *Administración electrónica y ciudadanos*, Thomson-Civitas, Madrid, 2011, pp. 235 y ss., así como J. L. PIÑAR MAÑAS, «Administración electrónica y protección de datos personales», *Revista Jurídica de la Universidad de Santiago de Compostela*, núm. extraordinario 1, 2011, pp. 145 a 175.

[138] No obstante, en relación con esta valoración, cfr., de una parte, J. L. BLASCO DÍAZ, «Los derechos...», ob. cit., pp. 819 y 820, donde se concluye la suficiencia de las previsiones de la normativa sobre Administración electrónica al limitarse a remitirse a la normativa sobre protección de datos personales; y, de otra, J. VALERO TORRIJOS y M. FERNÁNDEZ SALMERÓN, «Protección de datos personales ...», ob. cit., pp. 140 y 141, quienes concluyen, por el contrario, la insuficiencia de las regulaciones tradicionales para hacer frente a las singularidades de la tecnología.

de los principios generales vigentes[139], de manera que no se menosprecie la posición jurídica de los ciudadanos en relación con este derecho fundamental frente a pretensión de una mayor eficacia que ignore o, como sucede en muchos casos, banalice el alcance de las garantías jurídicas. Desde este planteamiento, las limitaciones impuestas por el principio de calidad de los datos y, en concreto, las exigencias de compatibilidad en relación con la finalidad que justificase inicialmente la recogida de la información adquieren en el ámbito administrativo una importancia reduplicada ya que, de un parte, no suele requerirse el consentimiento del afectado en la medida que basta la existencia de habilitación legal[140] –con frecuencia, incluso, la información ha de proporcionarse obligatoriamente– y, de otra, las finalidades están basadas en la satisfacción de un concreto interés público, lo que restringe sustancialmente las posibilidades de reutilización de los datos.

En consecuencia, frente a la mayor facilidad de las interconexiones e intercambios automatizados de información, la prohibición del uso incompatible salvo consentimiento del afectado se erige como un límite que es preciso revitalizar, ya que forma parte del contenido esencial de este derecho fundamental que, por tanto, ha de respetar incluso el legislador a la hora de contemplar tales tratamientos. Asimismo,

---

[139] En relación con este desafío, véase la propuesta concreta de P. TRUDEL, «Reinforcer la protection de la vie privée...», ob. cit., pp. 260 a 262.

[140] Por lo que se refiere a los requisitos y condiciones de la autorización legal como excepción a la regla del consentimiento, véase J. A. MESSÍA DE LA CERDA BALLESTEROS, *La cesión o comunicación de datos de carácter personal*, Civitas, Madrid, 2003, pp. 110 a 112. En relación con las peculiaridades de esta habilitación en el ámbito administrativo, cfr. M. FERNÁNDEZ SALMERÓN, *La protección de los datos...*, ob. cit., pp. 163 y ss.

los derechos informativos que corresponden al titular de los datos han de ser exigidos en su plenitud, de manera que por parte de las Administraciones Públicas habrá de informarse de los extremos del artículo 5 LOPD incluso cuando no sea preciso el consentimiento para el tratamiento inicial de los datos y, sobre todo, se tendrán que comunicar las cesiones que se realicen en el plazo legalmente previsto; al margen, claro está, de las excepciones que pueden contemplarse al amparo del citado precepto[141], si bien la legitimidad de esta posibilidad queda condicionada a la previa obtención de autorización por parte de las autoridades de control competentes. De lo contrario, teniendo en cuenta que forma parte del contenido esencial del derecho a la autodeterminación informativa el control sobre el uso de los propios datos, que sólo puede ceder en los términos regulados legalmente al tratarse de un derecho fundamental, cabría argumentar que la información así obtenida no respetaría las garantías reconocidas al titular de la misma y, por tanto, procedería su bloqueo como medida cautelar inmediata por cuanto su utilización sería ilícita.

En última instancia, tal y como se insistió en el capítulo anterior, resulta imprescindible el estricto cumplimiento de las reglas técnicas y organizativas de seguridad que correspondan en función de la naturaleza de los datos. En efecto,

---

[141] En concreto, según el artículo 5.5 LOPD, la exención sólo procede cuando la información «resulte imposible o exija esfuerzos desproporcionados, a criterio de la Agencia Española de Protección de Datos o del organismo autonómico equivalente, en consideración al número de interesados, a la antigüedad de los datos y a las posibles medidas compensatorias», expresiones que, en la medida que se contemplan como garantías para el titular de los datos, habrán de ser interpretadas restrictivamente.

el respeto a las exigencias de este derecho fundamental requiere que se implementen las medidas de seguridad necesarias a fin de adecuar las garantías que impidan los accesos indebidos a los tratamientos que tengan lugar de manera automatizada, de modo que se asegure el principio de finalidad antes referido y, asimismo, el deber de secreto que se impone tanto al responsable del fichero como a quienes intervengan en cualquier fase del tratamiento de los datos de carácter personal. A este respecto, debe enfatizarse que el artículo 9 LOPD requiere que se adopten aquellas medidas de carácter técnico y organizativo que impidan el acceso no autorizado, configuración que habrá de realizarse teniendo en cuenta «el estado de la tecnología, la naturaleza de los datos almacenados y los riesgos a que están expuestos, ya provengan de la acción humana o del medio físico o natural»[142]. En definitiva, no puede procederse a la modernización tecnológica de la gestión administrativa y las comunicaciones con los ciudadanos, en particular por lo que respecta al acceso directo a la información administrativa por parte de estos últimos, a costa de las exigencias irrenunciables del principio de seguridad.

También es necesario advertir que la gestión informativa basada en el uso de la tecnología permite lograr una mejor satisfacción del derecho de los titulares de los datos, en particular por lo que se refiere a la limitación de los accesos

---

[142] Para la concreción del nivel de seguridad y las medidas concretas a adoptar en función de la naturaleza de la información y, por tanto, las limitaciones técnicas en el acceso a la misma, cfr. R. MARTÍNEZ MARTÍNEZ, «Las medidas de seguridad», en la obra por él mismo coordinada *Protección de Datos. Comentarios al Reglamento de Desarrollo de la LOPD*, Tirant lo Blanch, Valencia, 2009, pp. 98 y ss.

e, incluso, un mayor control en la gestión del expediente y en la realización de las actuaciones de instrucción –obtención de información, comprobación de datos...– requeridas por la regulación del procedimiento de que se trate. Sin embargo, una simple visita al Registro General de Protección de Datos nos demuestra que el proceso de modernización de la actividad administrativa no ha supuesto, como cabría esperar, la afloración generalizada de nuevos ficheros vinculados al uso de los medios electrónicos, de manera que existe una duda razonable de que la gestión de la información se esté realizando en muchos casos con manifiesto menosprecio de las obligaciones legales. En todo caso, más allá de la necesidad de redimensionar el alcance de los principios generales existentes en la regulación vigente a fin de afrontar el potencial peligro derivado de una mayor incidencia en la vida privada de los ciudadanos, resulta esencial readaptar el marco normativo a la singularidad de la Administración en red ya que, de lo contrario, se estará bloqueando el pleno desarrollo de las potencialidades de gestión innovadora que permite la tecnología. Ahora bien, debe enfatizarse que este desafío no puede basarse en el menosprecio de las garantías jurídicas sino, por el contrario, ha de sustentarse en la búsqueda de fórmulas creativas que las adapten a la particularidad que supone el uso de medios electrónicos pues, de lo contrario, terminarán por convertirse en una rémora que evitar, dificultando de esta manera su efectividad. Desde esta perspectiva, la creación de entornos seguros[143] –técnica, organizativa y, sobre todo,

---

[143] Especialmente sugerente es la propuesta planteada en P. Trudel, «Reinforcer la protection de la vie privée...», ob. cit., pp. 263 a 266.

jurídicamente– donde las diversas Administraciones puedan obtener la información necesaria y los usuarios gestionar sus preferencias y conocer los accesos que aquellas realizan a su información constituye una alternativa que debería potenciarse, ya que con este tipo de soluciones se consigue cohonestar los intereses públicos en juego con la protección de los ciudadanos por lo que respecta al efectivo respeto de su ámbito jurídico propio.

f) Aspectos relativos a la conservación y accesibilidad de los documentos

Resulta imprescindible plantear algunos de los problemas y singularidades más destacados que suscita la tecnología en la gestión documental de las Administraciones Públicas por cuanto dicha problemática se encontrará directamente influenciada por aquélla. En efecto, de una parte, tal y como anteriormente se ha destacado, existe una inevitable necesidad –al menos por el momento– de mantener la duplicidad en los soportes de gestión documental como consecuencia del reconocimiento del derecho a favor del ciudadano en la elección del canal de sus comunicaciones con la Administración y, asimismo, del todavía reducido grado de modernización que puede constatarse en la mayor parte de las organizaciones administrativas. Se trata, sin duda, de una complicación añadida que obliga a duplicar el soporte donde ha de constar la información, incrementándose por tanto los riesgos de divergencias en las versiones y/o actualizaciones de los documentos y, en general, de la información; problemática especialmente sensible por lo que se refiere a los datos de personas físicas, ya que en este supuesto entraría en juego la normativa sobre protección de los datos de carácter personal.

Más allá de esta problemática, el documento electrónico plantea relevantes retos y dificultades desde la perspectiva de la integridad, autenticidad y conservación, requisitos todos ellos expresamente aludidos en el artículo 45.5 LRJAP. En efecto, si bien el legislador se ha limitado simplemente a enumerarlos, quizás en la confianza de que la normativa sobre firma electrónica sería la encargada de precisarlos desde la perspectiva técnica, lo cierto es que la necesidad de conservación en el tiempo de la información y, en concreto, de los documentos administrativos, supone la necesidad de plantearse la creación y regulación de sistemas de almacenamiento y registro electrónicos ya que, hasta ahora, la utilización del papel como soporte permitía solventar estos inconvenientes de forma relativamente sencilla: conservando los documentos en el oportuno expediente o carpeta y, llegado el momento, depositando las series documentales en un archivo que, con demasiada frecuencia, es más bien un simple almacén.

Íntimamente unida a las anteriores cuestiones se encuentra la relativa a la accesibilidad, cuya garantía no se encuentra explícitamente reconocida en el artículo 45. 5 LRJAP y que, sin embargo, presenta perfiles muy singulares al proyectarse sobre el documento electrónico. En efecto, mientras que cuando se utiliza el papel la accesibilidad *hacia el futuro* se encuentra relativamente asegurada en tanto sea posible localizar el documento y no se haya destruido, el soporte tecnológico presenta una dificultad singular: es necesario en cada momento disponer de las aplicaciones y programas que sean compatibles con aquéllos que se utilizaron para generar el documento inicialmente pues, de lo contrario, nos encontraríamos con la imposibilidad de acceder a la información aun cuando el documento original no se hubiere destruido.

Ahora bien, uno de los principales desafíos desde la perspectiva jurídica consiste en reconocer de forma expresa y contundente esta garantía con carácter básico ya que, con el marco normativo actualmente vigente, sólo vinculándola al posible ejercicio de los derechos de acceso por los sujetos legitimados[144] o, en su caso, al deber de conservación derivado de la normativa sobre protección de datos personales podría argumentarse –indirecta e implícitamente– la obligación de todas las Administraciones Públicas de conservar los documentos. Si bien es cierto que en cada una de ellas suele existir una disciplina normativa referida al expurgo documental basada en la intervención de una comisión calificadora de los documentos, lo que en modo alguno asegura la conservación y accesibilidad en los términos que estamos propugnando como exigencia de la singularidad del soporte.

Incluso, la posibilidad de acceder a la información una vez transcurrido cierto tiempo desde que se generó el documento electrónico nos sitúa ante un nuevo reto que tampoco ha tenido una respuesta adecuada por parte del Derecho, al menos de forma específica que ofrezca una garantía efectiva. En efecto, como consecuencia de las exigencias relativas a la integridad y autenticidad del documento electrónico, el uso de la firma digital y, en concreto, la necesaria intervención de una tercera parte de confianza, el prestador de servicios de certificación, puede conllevar una dificultad añadida por

---

[144] Señala C. VELASCO RICO que la adecuada conservación de la documentación administrativa es una cuestión que no sólo ha de valorarse de forma autónoma sino, en particular, desde la perspectiva de su accesibilidad por parte de los ciudadanos [«El procedimient administratiu electrònic», en X. Bernadí (ed.), *Administracions públiques i internet*, Fundació Carles Pi i Sunyer, Barcelona, 2006, p. 279].

cuanto este último deberá conservar –¿durante cuánto tiempo?– los medios adecuados que permitan hacer las comprobaciones necesarias acerca del estado de validez o revocación de los certificados en el concreto momento en que el documento fuera firmado digitalmente. Se trata, en definitiva, de una nueva dimensión de la accesibilidad vinculada a las exigencias de autenticidad e integridad de la información que, en última instancia, se refiere a las condiciones de conservación de los datos, de manera que llegado el momento necesario puedan volver a vincularse con su autor.

g) LA APARICIÓN DE NUEVOS PRESTADORES DE SERVICIOS Y SU PROYECCIÓN SOBRE LA GESTIÓN DOCUMENTAL

Al margen de la participación de los intermediarios que con carácter general operan en cualesquiera relaciones telemáticas, en el supuesto de la gestión documental las complejidades aludidas y, sobre todo, la búsqueda de una mayor eficiencia ante las dificultades presupuestarias existentes, está determinando la aparición de prestadores especializados que ofrecen servicios dirigidos particularmente a satisfacer las necesidades de las Administraciones Públicas.

En primer lugar, muy pocas entidades públicas desarrollan sus propios sistemas de gestión documental electrónica, de manera que o bien utilizan herramientas basadas en aplicaciones libres o, en su caso, contratan con empresas privadas el diseño y, en su caso, incluso la gestión de los programas informáticos y los sistemas de información. La versión más avanzada de esta tendencia viene representada por la denominada computación en la *nube* o *cloud computing*, de la que nos ocuparemos en detalle más adelante debido a su relevante proyección sobre los principios, criterios y requisitos generales no sólo de la gestión documental sino, más aún, de la actuación de las Administraciones Públicas desde el punto de vista jurídico.

Asimismo, tal y como se destacó en el capítulo anterior, la utilización de la firma digital, en sus versiones avanzada o reconocida, determina la necesaria participación de otros prestadores intermediarios, como es el caso de los que ofrecen los servicios de certificación, de manera que resulta imprescindible que se lleven a cabo comunicaciones telemáticas con sus servicios de validación de los certificados a fin de comprobar si estaban revocados en el momento de ser utilizados, tal y como se refería en el epígrafe anterior. Incluso, en ocasiones, tales actuaciones se llevan a cabo por prestadores especializados en la realización de tales comprobaciones, lo que supone una complejidad añadida desde el punto de vista técnico, organizativo y, en particular, jurídico, sobre todo a la hora de determinar las responsabilidades ante eventuales problemas en las comunicaciones que impidan el normal funcionamiento de los servicios administrativos en relación con los cuales se realizan las anteriores comunicaciones.

Nos encontramos, por tanto, ante una característica singular del uso de medios electrónicos que, por las razones antes aludidas, se está consolidando en el ámbito de la gestión documental que llevan a cabo las Administraciones Públicas y que, por tanto, ha de ser tenida en cuenta necesariamente a la hora de abordar sus implicaciones jurídicas más allá de las meras previsiones normativas expresas, no siempre suficientemente adaptadas a la realidad tecnológica sobre las que han de ser aplicadas.

II. EL RÉGIMEN JURÍDICO DE LA GESTIÓN DOCUMENTAL A TRAVÉS DE MEDIOS ELECTRÓNICOS EN LAS ADMINISTRACIONES PÚBLICAS

Al menos desde el punto de vista jurídico, la despreocupación ha sido la nota general por lo que respecta a la gestión documental de la actividad administrativa, tanto desde la perspectiva normativa como por la limitada dedicación doctrinal. En efecto, la atención prestada al estudio y análisis de las implicaciones jurídicas de la documentación administrativa, hasta fechas muy recientes y salvo excepciones muy concretas[145], se ha centrado en la perspectiva del régimen del derecho de acceso a los documentos y, en general, a la información administrativa, reflejo sin duda de la trascendencia constitucional *ex* artículo 105 CE. Sin embargo, el proceso de modernización tecnológica emprendido por las Administraciones Públicas en los últimos años evidencia la necesidad de abordar el análisis de las implicaciones jurídicas del marco normativo vigente pues sólo desde esta premisa será

---

[145] La monografía de R. RIVERO ORTEGA ha venido en cierta medida a colmar esta sorprendente laguna, sobre todo teniendo en cuenta la importancia práctica de esta materia en la gestión diaria de la actividad administrativa; debiendo destacarse su propuesta en orden a la consagración normativa del principio de expediente y la regulación específica de los archivos (*El expediente administrativo...*, ob. cit., pp. 198 y 199). En todo caso, no pueden dejar de recordarse los trabajos de F. GONZÁLEZ NAVARRO («Hacia una clasificación de los documentos administrativos», *Boletín de Organización y Métodos*, núm. 7, 1971, así como «Introducción al estudio de los documentos administrativos», en *Estudios en Homenaje al Profesor Laureano López Rodó*, Universidad Complutense, Madrid, 1972) y de A. SÁNCHEZ BLANCO sobre los registros administrativos («Administración local y sistema administrativo. La interrelación procedimental y telemática del registro, archivo y secretaría», *Revista de Estudios de la Administración Local y Autonómica*, núm. 300, 2006).

posible vislumbrar las posibilidades de innovación basada en un modelo de gestión documental avanzada.

1. LAS DEFICIENCIAS RELATIVAS AL ÁMBITO SUBJETIVO DE APLICACIÓN DE LAS PREVISIONES SOBRE GESTIÓN DOCUMENTAL: LA OPCIÓN POR LA SUPLETORIEDAD DEL LEGISLADOR ESTATAL

Partiendo de la premisa anterior, es necesario constatar en primer lugar que desde la perspectiva competencial el legislador básico tampoco ha demostrado una especial inquietud en relación con la regulación del documento administrativo. En efecto, la normativa de 1992 sobre régimen jurídico de las Administraciones Públicas se limitó a dedicar sólo un precepto y un apartado de otro a la regulación básica del régimen jurídico de la gestión documental en las Administraciones Públicas. Quince años después, el marco normativo *electrónico* ha insistido en la despreocupación[146] e, incluso, la ha acentuado, en particular por lo que se refiere al establecimiento de unas garantías mínimas para cualquier Administración Pública y, por extensión, para los ciudadanos. En consecuencia, la actitud inhibicionista del legislador –tan contradictoria con la firme apuesta que ha demostrado en otros asuntos, como el relativo al aparente reconocimiento de sus derechos– podría llegar a convertirse en un obstáculo para lograr una cierta homogeneidad en la regulación de la gestión documental, presupuesto inexcusable del acce-

---

[146] A este respecto, A. Palomar Olmeda, *La actividad administrativa...*, ob. cit., p. 417.

so de los ciudadanos a los servicios públicos por medios electrónicos y, en definitiva, de la modernización tecnológica de la actividad administrativa[147]. Sin embargo, una tendencia contraria se percibe en las normas técnicas que desarrollan el ENI, de manera que la exigencia de una mayor cohesión en la regulación no se ha perseguido a través de la fijación de un mínimo marco normativo en normas legales o, al menos, reglamentarias sino, por el contrario, en detalladas previsiones técnicas cuya obligatoriedad se enfatiza a pesar de su dudosa naturaleza normativa. A este respecto, la disposición adicional primera ENI advierte que las Normas Técnicas de Interoperabilidad que han de aprobarse a su amparo son de obligado cumplimiento por parte de las Administraciones Públicas; si bien no se fijan las concretas consecuencias que se derivarían de su inobservancia, problemática de la que nos ocupamos en el capítulo anterior y que no tiene sentido ahora reiterar.

Desde la perplejidad con la que este planteamiento se ha de valorar desde el punto de vista jurídico es necesario advertir que, aun cuando la mayor parte de los preceptos de la LAE se declaran dictados al amparo del artículo 149.1.18ª CE –donde se reserva al Estado la competencia para aprobar las bases del régimen jurídico de las Administraciones Públicas y regular el procedimiento administrativo común–, resulta cuando menos llamativo comprobar que algunas de

---

[147] Con carácter general, por lo que se refiere a la incidencia de la tecnología en la distribución competencial entre Estado y Comunidades Autónomas, véase X. BERNADÍ GIL (ed.), *Administracions públiques i Internet*, Fundació Carles Pi i Sunyer, Barcelona, 2006, pp. 33 y ss. En concreto, por lo que respecta a las opciones de la LAE, cfr. E. GAMERO CASADO, «Objeto, ámbito de aplicación...», ob. cit., p. 104 a 121.

las normas más relevantes para la gestión documental no resulten de aplicación directa a todas las Administraciones Públicas. No obstante, tanto la regulación principal del documento y sus copias –artículos 29 y 30 LAE– como del expediente administrativo –artículo 32 LAE– sí gozan de tal eficacia. Por el contrario, sólo de forma supletoria se aplicarán a las comunidades autónomas, entidades locales y demás Administraciones Públicas previsiones de tal importancia para la gestión documental en soporte electrónico como las siguientes:

- el deber de conservación en soporte electrónico de los actos administrativos que consten en documentos de dicha naturaleza siempre que afecten a los derechos o intereses de los particulares, junto con las medidas de seguridad que acrediten no sólo su integridad, autenticidad y conservación –ya aseguradas con carácter general por el artículo 45 LRJAP– sino, además y sobre todo, su confidencialidad, calidad y protección, asegurando la identificación de los usuarios y el control de accesos –artículo 31 LAE–;

- las disposiciones comunes en cuanto a la gestión electrónica de los procedimientos administrativos –artículos 33 y 34 LAE–, que fundamentalmente se refieren al necesario respeto de la titularidad y el ejercicio de la competencia por el órgano o entidad que la tenga atribuida, la toma en consideración de la simplificación a la hora de digitalizar los procedimientos, la reducción de la carga documental que pesa sobre los ciudadanos –que incluso se prevé que pueda diferirse al momento final de la tramitación, medida especialmente importante en aquellos supuestos en que los interesados sean numerosos– o la racionalización de las comunicaciones internas;

• las garantías relativas a la identificación de los órganos responsables de la instrucción de los procedimientos; así como la tramitación ordenada de los expedientes y la publicidad y simplificación de los mismos –artículo 36 LAE–;

• y, finalmente aunque no por ello menos importante, las relevantes garantías relativas a la actuación automatizada –artículo 39 LAE–, en virtud de las cuales con carácter previo a la puesta en práctica de tal modalidad debe especificarse tanto el órgano competente para la definición de las especificaciones, programación, mantenimiento, supervisión y control de calidad y, en su caso, auditoría del sistema de información y de su código fuente; como el que debe ser considerado responsable a efectos de impugnación. En definitiva, según advierte Linares[148], en muchos casos se plantea una disociación entre el órgano que tiene la competencia funcional por razón de la materia sobre la que verse la actuación y aquél a quien corresponde el control del funcionamiento del sistema de información, siendo incluso frecuente que un tercer órgano sea quien esté encargado de llevar a cabo las auditorías informáticas.

---

[148] M. Linares Gil, «Identificación y autenticación de las Administraciones Públicas», ob. cit., p. 454.

Parece evidente que, a pesar de que en general pueda considerarse acertado el alcance subjetivo del ámbito de aplicación de la LAE desde la perspectiva competencial, las limitaciones de la aplicación de estas medidas a todas las Administraciones Públicas de forma directa y no meramente supletoria suponen claramente una renuncia por parte del legislador estatal a fijar un régimen de garantías sustancialmente idéntico para todos los ciudadanos independientemente de la Administración Pública con la que se relacionen, finalidad principal de la atribución competencial que realiza a su favor el artículo 149.1.18ª CE. En consecuencia, tales insuficiencias de naturaleza jurídica constituyen en sí mismas en un importante obstáculo para la modernización tecnológica de nuestras Administraciones Públicas, ya que estas garantías no resultan directamente exigibles ante cualquiera de ellas y, por consiguiente, se les habilita para la lícita consolidación de prácticas contrarias a dicha regulación o, incluso, la aprobación de normas que la desconozcan y, por tanto, la desplacen en cuanto a su aplicabilidad.

2. EL DOCUMENTO ADMINISTRATIVO EN LA REGULACIÓN GENERAL SOBRE RÉGIMEN JURÍDICO DE LAS ADMINISTRACIONES PÚBLICAS Y PROCEDIMIENTO ADMINISTRATIVO COMÚN

El actual proceso de modernización tecnológica de la actividad administrativa y las relaciones con los ciudadanos ha supuesto una revitalización del documento administrativo como objeto de estudio, actitud en gran medida justificada no sólo por la importancia objetiva de las materias relativas a la gestión documental sino, además y sobre todo, por los nuevos problemas, retos y desafíos que conlleva la utilización de medios electrónicos[149]. La nueva regulación legal sobre el acceso electrónico de los ciudadanos a los servicios públicos ha incrementado notablemente el número de trabajos ya publicados sobre la materia[150].

Por lo que respecta a la regulación jurídica del documento administrativo y, por extensión, del expediente en que tienen su reflejo las actuaciones de las Administraciones Públicas realizadas en el seno del procedimiento administrativo, hasta la aprobación de la LAE las previsiones normativas se limitaban fundamentalmente a lo dispuesto en los artículos 45.5 y 46 LRJAP y, con menor incidencia y una

[149] Pioneros fueron en su momento los trabajos de M. A. DAVARA («El documento electrónico en la Ley de Régimen Jurídico de las Administraciones Públicas y del procedimiento administrativo común», *Revista de Administración Pública*, núm. 131, 1993) y A. DE ASÍS ROIG [«Documento electrónico en la Administración Pública», en M. A. Gallardo Ortiz (coord.), *Ámbito jurídico de las Tecnologías de la Información*, Consejo General del Poder Judicial, Madrid, 1996]. Más recientemente, con anterioridad a la aprobación de la LAE, pueden destacarse el artículo de M. A. TORRES LÓPEZ («El documento electrónico en las relaciones jurídico-administrativas», en *Revista Vasca de Administración Pública*, núm. 55, 1999), los libros de F. BAUZÁ MATORELL (*Procedimiento administrativo...*, ob. cit.) y E. GAMERO CASADO (*Notificaciones telemáticas y otros medios de notificación administrativa en el procedimiento administrativo común*, Bosch, Barcelona, 2005), así como la contribución de J. PUNZÓN MORALEDA en el libro colectivo que él mismo dirigió («El documento tecnológico en el ámbito jurídico-administrativo», *Administraciones públicas y nuevas tecnologías*, Lex Nova, Valladolid, 2005).

[150] Al margen de las obras generales, destacan los trabajos de F. J. SANZ LARRUGA, «Documentos y archivos electrónicos», en E. Gamero Casado y J. Valero Torrijos (coords.), *La Ley de Administración electrónica. Comentario sistemático a la Ley 11/2007, de 22 de junio, de Acceso Electrónico de los Ciudadanos a los Servicios Públicos*, 3ª ed., Thomson-Aranzadi, Madrid, 2010, así como P. VALCÁRCEL FERNÁNDEZ, «Documentos y archivos...», ob. cit.

orientación ciertamente limitada, la disciplina sobre patrimonio documental que contiene la LPH –cuyo artículo 49 introdujo un concepto de documento ciertamente flexible y *tecnológicamente* avanzado– y, en desarrollo de la misma, las normas relativas a las comisiones calificadoras de los documentos administrativos.

La aprobación de la LAE ha supuesto una importante novedad en la materia objeto de nuestro análisis al incorporar una exhaustiva regulación en relación con la gestión documental y la utilización de medios electrónicos; si bien, al mismo tiempo, mantiene en vigor la regulación de la LRJAP, tanto por lo que se refiere a la previsión específica del artículo 45.5 sobre los documentos generados por medios informáticos, electrónicos o telemáticos o, en su caso, las copias de originales generados por estos mismos medios, como por lo que atañe al régimen general de validez y eficacia de los documentos administrativos contenidos en el artículo 46.

Más allá de la singularidades que ofrece la dimensión tecnológica de la gestión documental –perspectiva de la que nos ocuparemos en los siguientes epígrafes–, procede ahora valorar con carácter general el alcance del artículo 46 LRJAP por cuanto constituye la regulación básica y común para los documentos administrativos y, al mismo tiempo, las normas especiales sobre el documento administrativo electrónico –en concreto, el artículo 30 LAE– que, en última instancia, se remiten a las previsiones de la regulación general[151]. De

---

[151] Con carácter general, acerca de la articulación de la LRJAP en cuanto ley general y la LAE como ley especial, véanse las reflexiones de E. GAMERO CASADO («Objeto, ámbito de aplicación...», ob. cit., pp. 124 a 128), donde se detallan las consecuencias de las relaciones entre ambas a partir de esta calificación.

ahí que, aun cuando el objeto de este trabajo no justifique su análisis detallado, resulte imprescindible cuando menos valorar el alcance del primero de los preceptos citados teniendo en cuenta sus implicaciones para el régimen jurídico del documento administrativo electrónico.

Partiendo de este planteamiento es preciso advertir que, tal y como prevé el artículo 46.4 LRJAP, la consideración legal de *documento público administrativo* se limita exclusivamente a los «válidamente emitidos por los órganos de las Administraciones Públicas». Asimismo, idéntica vinculación orgánica encontramos en el apartado 1 al remitir a cada Administración Pública la determinación reglamentaria de aquellos órganos que tengan atribuida la competencia para expedir *copias auténticas* de documentos públicos o privados. Por último, el artículo 46 LRJAP atribuye la misma validez y eficacia de los documentos originales a las copias cuando exista constancia de su autenticidad en el caso de los públicos –apartado 2– y, por lo que se refiere a los privados, si su autenticidad ha sido comprobada –apartado 3–.

Aun cuando, tal y como antes se indicaba, no es nuestro objetivo realizar un análisis exhaustivo de las citadas normas, sí conviene resaltar algunas reflexiones iniciales en la medida que pueden tener trascendencia al proyectarlas sobre el régimen jurídico y las singularidades del documento electrónico. Así, de una parte, es preciso advertir que necesariamente ha de atribuirse a los órganos administrativos tanto la emisión de los documentos como la expedición de copias auténticas; previsiones ambas que se encuentran íntimamente ligadas a la atribución competencial a favor de tales unidades organizativas y que nos sitúan ante la problemática de la automatización de la actuación administrativa –decisoria y también documental– y, en última instancia, de la imputación de la misma no ya a órganos concretos sino a la entidad en su conjunto en la medida que no tiene lugar la intervención directa de sus titulares. De otra parte, por lo que se refiere a las copias es necesario tener en cuenta que mientras que para las referidas a documentos públicos sólo se exige que conste su autenticidad, si el original es un documento privado resultará imprescindible un acto de comprobación y, por tanto, una actividad que normalmente se materializa a través de un cotejo o compulsa.

Se trata de una cuestión directamente relacionada con la simplificación de la carga documental que pesa sobre el ciudadano y, en concreto, con los derechos a no presentar documentos que ya obren en poder de las Administraciones Públicas en los términos de los artículos 35.f) LRJAP y 6.2.b LAE. Derechos que, en todo caso, habrán de valorarse teniendo en cuenta las medidas de simplificación introducidas por la propia LAE, en particular por lo que respecta a la posibilidad –prevista en el artículo 35.2 LAE– de que sean los propios ciudadanos quienes aporten copias digitalizadas de documentos que no obren en poder de las Administraciones Públicas, documentos cuya fidelidad con el original será inicialmente acreditada por el propio interesado utilizando a tal efecto su propia firma electrónica.

Como ha podido apenas comprobarse, la aproximación al régimen jurídico del documento administrativo electrónico exige cohonestar la regulación general y común con las especialidades fijadas para el uso de medios tecnológicos. Adicionalmente, como consecuencia del amplio reconocimiento a favor de los ciudadanos del derecho a elegir el canal a utilizar en las relaciones con las Administraciones Públicas, nos encontramos abocados a manejar ambos regímenes jurídicos de forma simultánea en función del soporte en que conste la información; dualidad que, como ya adelantamos con carácter general, viene a evidenciar la necesidad de proceder al menos a la refundición de ambos textos legales[152].

3. LA GESTIÓN DOCUMENTAL EN LA NORMATIVA SOBRE ADMINISTRACIÓN ELECTRÓNICA

Partiendo de estas premisas e insuficiencias competenciales, procede analizar las opciones de la LAE en relación con el documento electrónico, perspectiva que no puede centrarse de manera exclusiva en los preceptos específicamente dedicados a la gestión documental por cuanto, al menos de forma indirecta aunque con una gran relevancia, otros pasajes legales presentan una gran incidencia sobre esta materia. Así sucede, singularmente, con el reconocimiento a favor del ciudadano de un derecho a elegir el canal de sus relaciones con las Administraciones Públicas y, por tanto, el carácter voluntario –salvo excepciones– del uso de los medios electrónicos; o con las medidas de simplificación procedimental que ha introducido la nueva regulación, que en muchas ocasiones se centran en cuestiones vinculadas a la gestión documental.

---

[152] A este respecto, véase el epígrafe IV.3 del capítulo 1.

a) La elección del soporte documental de la actividad administrativa: una decisión en manos del ciudadano

Como acaba de indicarse, el artículo 6.2.a) LAE otorga al ciudadano el derecho a «elegir, entre aquéllos que en cada momento se encuentren disponibles, el canal a través del cual relacionarse por medios electrónicos con las Administraciones Públicas». Esta genérica medida se completa en el artículo 8 LAE con la exigencia básica de que todas las Administraciones Públicas habiliten diversos canales o medios para la prestación de sus servicios por medios electrónicos, concretándose cuáles han de ser para la Administración General del Estado: oficinas de atención presencial, que habrán de contar con sistemas de asistencia y orientación al ciudadano respecto del uso de dichas herramientas; puntos de acceso electrónico; y, finalmente, servicios de atención telefónica, respecto de los cuales su utilización se condiciona a que las medidas de seguridad y las posibilidades técnicas lo permitan.

Por otra parte, al margen del derecho a la elección del *canal electrónico* entre los que se encuentren disponibles, el legislador ha configurado también como un derecho la opción por parte del ciudadano respecto de si utilizar medios electrónicos en las comunicaciones con la Administración Pública o, por el contrario, emplear vías más tradicionales como la personación física en la oficina administrativa y el soporte papel[153]. En efecto, a menos que se desprenda lo con-

---

[153] En relación con la duplicidad de soportes documentales, véase F. González Navarro y J. F. Alenza García, *Derecho de petición*, Civitas, Madrid, 2002, p. 468, donde se mantiene la necesaria separación entre ambos soportes

trario de una disposición legal, el artículo 27 LAE reconoce tal derecho a los ciudadanos con carácter general, si bien es cierto que se podría excepcionar si se impusiera reglamentariamente la obligación de que las relaciones se entablen por medios electrónicos, distinguiendo el legislador a estos efectos una doble posibilidad:

- que los destinatarios de la previsión reglamentaria fueran personas físicas, en cuyo caso la legitimidad de la medida se condiciona a que el colectivo afectado tengan garantizado el acceso y disponibilidad de los medios tecnológicos precisos por razón de su capacidad económica o técnica;

- que, por el contrario, se tratase de personas jurídicas, en cuyo caso el titular de la potestad reglamentaria ni siquiera se vería afectado por los citados condicionamientos, de manera que podría imponerse con mayor facilidad el uso de medios electrónicos a pesar de las críticas que este planteamiento pueda suscitar en relación con determinados tipos de personas jurídicas[154];

---

partiendo de la especificidad de los problemas a que pueden dar lugar que, en última instancia, se han de proyectar sobre el régimen jurídico aplicable.

[154] Por lo que respecta al alcance del diverso régimen legal en relación con las personas físicas y jurídicas, véase J. VALERO TORRIJOS, *El régimen jurídico...*, ob. cit., pp. 53 a 55. Con carácter general, por lo que se refiere a la posibilidad de imponer el uso de los medios electrónicos, parte de la doctrina se ha manifestado favorable a admitir la intervención reglamentaria (M. FABRA VALLS, «La reforma de la Administración electrónica y su incidencia en los procedimientos tributarios», en la obra editada conjuntamente con J. L. BLASCO DÍAZ, *La Administración electrónica en España: experiencias y perspectivas de futuro*, Universitat Jaume I, Castellón, 2007, pp. 258 y 259), posibilidad que L. COTINO

c) en el caso de las relaciones con otras Administraciones Públicas, la solución adoptada por el legislador ha sido bastante menos clara, de manera que ni se consagra una obligación ni tampoco se reconoce libertad de opción: simplemente el artículo 27.7 LAE establece como regla general la preferencia de los medios de comunicación electrónicos, abriendo por tanto la posibilidad de que se sigan empleando los documentos en soporte papel a tales efectos.

De ese somero análisis podemos concluir que la utilización de medios electrónicos en la actividad administrativa y las relaciones entre los ciudadanos y las Administraciones Públicas –o de éstas entre sí– corresponde en gran medida a los propios sujetos implicados con las matizaciones anteriormente realizadas; de manera que, en consecuencia, el soporte electrónico o papel, así como los instrumentos telemáticos o la relación presencial, quedan también en sus manos, lo que nos conduce necesariamente a una coyuntura en la que han de convivir documentos electrónicos y en papel. Más aún, la propia realidad de las Administraciones Públicas nos demuestra que, a pesar de las pretensiones modernizadoras del legislador y, en especial, de los estrictos plazos que contempla la disposición final tercera LAE, la utilización del papel sigue teniendo un protagonismo que incluso podría considerarse excesivo en atención a los medios disponibles en la mayor parte de las organizaciones administrativas; situación en gran medida condicionada por la ausencia de una

---

Hueso ha matizado en función del nivel de discrecionalidad admisible («El derecho a relacionarse...», ob. cit., p. 145).

política institucional clara en la respectiva entidad y, sobre todo, por la falta de confianza que suscita el documento electrónico, en particular por lo que se refiere a su integridad, su autenticidad y su conservación. Tal y como nos demuestra la práctica administrativa, cada vez es más frecuente el uso de aplicaciones informáticas para la búsqueda y gestión de la información o para la tramitación de las actuaciones y los procedimientos, si bien las razones que se acaban de aducir y, en general, la inexistencia de criterios claros en cuanto a la conservación y almacenamiento de los documentos electrónicos determina que con frecuencia el resultado de los tratamientos automatizados sea finalmente impreso en papel a los meros efectos de su conservación y, en caso de ser necesario, la comunicación a terceros. Situación que genera una innecesaria duplicidad en el gasto además de los problemas que se pueden derivar en relación con eventuales discrepancias en el contenido de las versiones o, sin ánimo exhaustivo, en la determinación de la eficacia jurídica de cada una de ellas en función del efectivo cumplimiento de los criterios antes examinados.

A este respecto, el artículo 31 LAE establece una obligación rotunda en orden a la conservación en formato electrónico de los actos administrativos que consten en soporte de dicha naturaleza, ya sea en el formato original ya en otro que asegure la identidad e integridad de la información, si bien dicho precepto ofrece dos insuficiencias relevantes por lo que se refiere la problemática que nos ocupa. De una parte, su ámbito de aplicación subjetivo es ciertamente limitado ya que no tiene carácter básico y, en consecuencia, sólo se aplica en la Administración General del Estado; y desde una consideración objetiva, el deber legal únicamente se refiere a aquellos actos que ya se encuentren en soporte electrónico, por lo que no se verían afectados los que, a pesar de dictarse en un procedimiento íntegramente digitalizado, constasen ya desde el principio en soporte papel, supuesto por lo demás ciertamente frecuente en la práctica administrativa. Más aún, el derecho a la conservación de los documentos electrónicos en dicho formato a que se refiere el artículo 6.2.f) LAE –éste sí con carácter básico– presenta una restricción que debe ser advertida por cuanto se limita únicamente a los documentos que formen parte de un procedimiento administrativo, en relación con los cuales los interesados tendrían reconocida la titularidad del derecho; con la salvedad, eso sí, de la efectividad de este derecho en los ámbitos autonómico y local en función de la existencia de disponibilidades presupuestarias, tal y como se analizó al ocuparnos del alcance de la disposición final tercera LAE.

La configuración legal de la elección del soporte en que ha de desenvolverse la actividad administrativa por parte del ciudadano se culmina con el reconocimiento del derecho a no presentar los documentos que ya obren en poder de las Administraciones Públicas en los términos de los artículos 6.2.b) y 9 LAE. Más allá del efectivo y discutible alcance de los términos utilizados por estos preceptos[155], su proyección sobre el tema objeto de este estudio debe ser precisada al amparo de lo dispuesto en el artículo 35.2 LAE, donde se reconoce a los interesados la posibilidad de incorporar al expediente copias digitalizadas de los documentos –públi-

---

[155] A este respecto, cfr. las opiniones de L. Cotino Hueso, «El derecho a relacionarse...», ob. cit., pp. 280 a 290, y J. Valero Torrijos, «Accesos a los servicios...», ob. cit., pp. 395 a 410).

cos o privados– que deban presentar, utilizando para ello su firma electrónica avanzada. En ambos casos, la decisión del legislador de establecer un derecho a favor de los ciudadanos puede determinar que aquéllos decidan renunciar al mismo y, en consecuencia, presentar la documentación en papel, lo que nos sitúa necesariamente ante un escenario más complejo para la gestión documental como consecuencia de la duplicidad de soporte que conllevaría el ejercicio o no de los citados derechos. Quizás, al menos a estos efectos y también por lo que respecta a la reducción de la carga documental que han de soportar los ciudadanos, sería preferible el establecimiento de una rotunda prohibición dirigida a las Administraciones Públicas para que no soliciten a los ciudadanos información en poder de otras entidades públicas y que, en consecuencia, fueran ellas quienes asumieran la tarea de obtenerla sin la intermediación de los afectados, tal y como se ha consagrado en el artículo 95.2 de la Ley General Tributaria, al menos para aquellos supuestos en que la información conste ya en soporte electrónico.

b) EL CONCEPTO Y LOS REQUISITOS DE LOS DOCUMENTOS ADMINISTRATIVOS ELECTRÓNICOS

Al margen de las prescripciones legales hasta ahora examinadas cuya incidencia sobre el régimen jurídico de la gestión documental es sólo indirecta, la LAE ha incorporado asimismo una regulación que tiene por objeto específico el documento administrativo electrónico, fundamentalmente en los artículos 29 y 30: el primero de dichos preceptos contiene una definición auténtica del mismo, que habrá de partir de la más genérica sobre documento electrónico que el legislador ha relegado hasta el Anexo; mientras que el segundo establece una disciplina de carácter básico en relación con la eficacia de las copias en función del soporte en que consten ellas mismas y los originales[156].

Por lo que se refiere al concepto de *documento electrónico*, el apartado j) del Anexo lo considera como «información de cualquier naturaleza en forma electrónica, archivada en un soporte electrónico según un formato determinado y susceptible de identificación y tratamiento diferenciado»[157]. Resulta evidente en primer lugar que en la concepción legal la relevancia se centra en la información, esto es, en el contenido más que en el continente, si bien es cierto que para su consideración como documento dicha información ha de encontrarse archivada en tales condiciones que resulte identificable y pueda ser tratada de forma específica. De esta manera se confirma el carácter amplio con que inicialmente fue concebido el *documento* por el artículo 49 LPH, planteamiento que se refuerza con la opción legal por el modelo de expediente administrativo electrónico que ha realizado el artículo 32 LAE, precepto que será examinado posteriormente.

---

[156] En todo caso, debe advertirse que, como recuerda E. GAMERO CASADO («Objeto, ámbito de aplicación...», ob. cit., p. 153), «una cosa es el acto administrativo, otra el documento y otra el soporte», de manera que los requisitos y, en definitiva, el régimen jurídico aplicable a cada uno de ellos no es necesariamente coincidente: podemos encontrarnos con un acto válidamente dictado, reflejado según las normas de expedición documentales y, sin embargo, que no cumpla las exigencias del soporte electrónico. O, al contrario, que siendo conforme a los requisitos legales para el soporte, el acto que contiene el documento sea inválido a pesar de que la copia haya sido emitida por el órgano competente.

[157] Definición, por lo demás, coincidente con la que se prevé en el artículo 3.5 LFE tras la reforma operada por la Ley 56/2007, de 28 de diciembre, de Medidas de Impulso de la Sociedad de la Información.

Partiendo, pues, de la amplitud conceptual del documento electrónico, el artículo 30 LAE ha establecido ciertos requisitos adicionales específicos para la validez y eficacia de los documentos administrativos[158]: que incorporen una o varias firmas electrónicas y que, «cuando la naturaleza del documento así lo requiera», incluyan una referencia temporal que se garantizará a través de medios electrónicos. Sin duda, la firma electrónica es el principal requisito de carácter técnico que permite asegurar la integridad y autenticidad de los documentos, de ahí que nos hayamos ocupado de su análisis en el capítulo anterior y, por tanto, no proceda ahora más que una simple remisión al mismo. Nos centraremos, por tanto, en las exigencias relativas al sellado de tiempo ya que el documento administrativo también ha de incluir una referencia temporal garantizada por medios electrónicos «cuando la naturaleza del documento así lo requiera». Parece evidente que, al margen de otros supuestos en que tendría carácter meramente facultativo, la falta de incorporación de esta garantía al documento podría afectar a su eficacia cuando la fecha de su generación tuviera carácter esencial y fuese discutida por el destinatario del acto administrativo. Esto sucedería, por ejemplo, con aquellas actuaciones relevantes para el cómputo de plazos relativos a la caducidad y el silencio administrativo o, sin ánimo exhaustivo, con la práctica de las notificaciones o la acreditación de la presentación documental realizada en un registro electrónico[159]. Dado que

---

[158] En relación con el alcance de las previsiones legales, cfr. F. J. SANZ LARRUGA, «Documentos y archivos electrónicos», ob. cit., pp. 710 y ss., así como P. VALCÁRCEL FERNÁNDEZ, «Documentos y archivos...», ob. cit., pp. 569 a 577.

[159] Por lo que respecta a las implicaciones temporales de este singular documento administrativo en el régimen de la LAE, cfr. M. D. REGO BLANCO,

el sello temporal únicamente acredita el momento en que el documento fue firmado, su ausencia no puede ser considerada un vicio de validez sino que, como se ha indicado, afectaría a su eficacia cuando no pudiera demostrarse el momento en que fue generado y tal circunstancia temporal tuviera carácter esencial para que el contenido del documento surtiera sus efectos plenamente.

En definitiva, como señala Sanz Larruga, las mayores posibilidades de modificación, transformación o manipulación a que se encuentran sometidos los documentos electrónicos justifican que sea necesario extremar las garantías de titularidad, originalidad y autenticidad, de ahí que la referencia temporal se encuentre plenamente justificada en estos casos[160]; a pesar de que, podríamos añadir, dicha garantía no se dé en el caso de los documentos en soporte papel, respecto de los cuales la práctica administrativa nos ofrecería suficientes ejemplos de alteraciones temporales en cuanto a la fecha de los documentos y registros administrativos. En este sentido, la tecnología proporciona de nuevo una mayor garantía, siempre que se adopten las oportunas medidas tanto a nivel de control de las aplicaciones y programas como, simplemente, desde la perspectiva organizativa. Más aún, la tecnología incluso puede convertirse en una garantía para reconducir y, en su caso, ajustar a las previsiones normati-

---

«Registros, comunicaciones y notificaciones electrónicas», en E. GAMERO CASADO y J. VALERO TORRIJOS (coords.), *La Ley de Administración electrónica. Comentario sistemático a la Ley 11/2007, de 22 de junio, de Acceso Electrónico de los Ciudadanos a los Servicios Públicos*, 3ª ed., Thomson-Aranzadi, Madrid, 2010, pp. 555 a 560, así como J. VALERO TORRIJOS, *El régimen jurídico...*, ob. cit., pp. 119 a 123.

[160] F. J. SANZ LARRUGA, «Documentos y archivos electrónicos», ob. cit., p. 704

vas ciertas actuaciones irregulares afianzadas en la práctica administrativa diaria que, sin embargo, obedecen a la necesidad de flexibilizar algunas exigencias formales. Caso, por ejemplo, de la fecha de un documento firmado después de haber expirado un plazo para la realización de la actuación de que se trate: en estos supuestos, siempre que no hubieran derechos o intereses de terceros que debieran protegerse, dado que ya no sería posible una alteración de la fecha del documento sin que se advierta el cambio, cabría plantearse la eficacia retroactiva de los actos administrativos a que se refiere el artículo 57.3 LRJAP en lugar de seguir alterando indebidamente el contenido del documento en relación con su referencia temporal.

c) El régimen de las copias y la incidencia del cambio de soporte

Teniendo en cuenta el reconocimiento del carácter voluntario del uso de medios electrónicos por parte de los ciudadanos y, más aún, que la práctica administrativa dista mucho de discurrir íntegramente en soporte digital, resulta imprescindible articular las garantías técnicas y organizativas que aseguren la identidad de la información, así como unos elementales criterios jurídicos de carácter básico en los que apoyar la gestión documental, tanto a nivel interno como por lo que se refiere a la eficacia de los documentos electrónicos en otras Administraciones Públicas o en las relaciones con los particulares. A este respecto, el artículo 30 LAE ha fijado una serie de reglas cuyo estricto cumplimiento por parte de la Administración autora del acto determinaría la imposibilidad de negarles eficacia en cuanto al soporte en que conste la información, a menos que pudiera demostrarse que no concurren alguna de las siguientes exigencias:

- Cuando el original y la copia se encuentren en soporte electrónico la equiparación entre la segunda y el primero sólo tendría sentido en el caso de que el formato, aun siendo electrónico, no fuera idéntico[161] ya que, de lo contrario, ambos serían equivalentes y por tanto difícilmente cabría hablar de copias[162]. Pues bien, en dichos supuestos, las copias tendrían la misma consideración que los originales cuando estos últimos se encuentren en poder de la Administración y pueda comprobar su coincidencia siempre que «la información de firma electrónica y, en su caso, de sellado de tiempo permitan comprobar la coincidencia con dicho documento»; expresión que debe interpretarse de conformidad con las exigencias técnicas y jurídicas examinadas anteriormente y, en concreto, con la gratuidad del acceso a los sistemas de verificación del estado de los certificados a que se refiere el artículo 21 LAE, problemática examinada detenidamente en el capítulo anterior.

---

[161] En relación con esta matización, cfr. J. OCHOA MONZÓ y R. MARTÍNEZ GUTIÉRREZ, «La permeabilidad de la actividad administrativa al uso de las tecnologías de la información y la comunicación: hacia la Administración electrónica y el procedimiento administrativo electrónico», en M. Fabra Valls y J. L. Blasco Díaz (eds.), *La Administración electrónica en España: experiencias y perspectivas de futuro*, Universitat Jaume I, Castellón, 2007, p. 108.

[162] Cfr. J. PUNZÓN MORALEDA, «El documento...», ob. cit., pp. 63 y 64.

- Si el original constase en soporte papel y la copia fuera electrónica, el régimen aplicable sería el que prevé con carácter general el artículo 46 LRJAP, admitiéndose expresamente que los documentos en papel se destruyan y, por tanto, se conserve únicamente la copia electrónica.

- Finalmente, cuando se trate de copias generadas en papel a partir de originales en soporte electrónico, tendrán carácter auténtico siempre que «incluyan la impresión de un código generado electrónicamente u otros sistemas de verificación que permitan contrastar su autenticidad mediante el acceso a los archivos electrónicos de la Administración Pública, órgano o entidad emisora».

d) El expediente administrativo electrónico

Como hemos advertido anteriormente, hasta la aprobación de la LAE ha existido una cierta despreocupación a nivel normativo y doctrinal por la regulación del expediente administrativo, de manera que sólo al advertirse las dificultades tecnológicas para alterar las pautas tradicionales de ordenación, integridad y autenticidad de los documentos que lo integran y, en definitiva, de la serie ordenada de los mismos que componen el expediente, ha surgido el interés legal por abordar su disciplina. La regulación básica sobre Administración electrónica ha optado por un modelo articulado en parámetros ciertamente distintos a los que, hasta entonces, habían basado la práctica administrativa, caracterizada por la centralización en la gestión[163] y el carácter secuencial de los documentos, lo que nos podría llevar a pensar en la consagración de un nuevo modelo de expediente administrativo más que directamente en su desaparición[164], cuya trascendencia a los efectos de la innovación en la gestión documental resulta ciertamente elevada. En efecto, a diferencia de lo que sucede con los expedientes tramitados en soporte papel, el expediente electrónico permite implementar un sistema de gestión documental a partir de la dispersión de la información, que puede encontrarse en múltiples bases de datos cuyo control ya no depende en exclusiva del órgano o unidad administrativa bajo cuyo control y supervisión se tramita el procedimiento administrativo del que trae causa el expediente sino que, por el contrario, la responsabilidad también se dispersa y, en consecuencia, la garantía de los parámetros formales en los que se basa el expediente se hace descansar en gran medida en la tecnología.

En este sentido, el artículo 32 LAE ha establecido un concepto legal que lo considera como «el conjunto de documentos electrónicos correspondientes a un procedimiento administrativo, cualquiera que sea el tipo de información que contengan», reconociendo expresamente la posibilidad de que un mismo documento forme parte al mismo tiempo de varios expedientes. En definitiva, el legislador ha optado

---

[163] En el modelo de gestión documental propio del expediente electrónico, la responsabilidad en su generación y gestión ya no pertenece centralizadamente a un órgano o unidad administrativos (F. J. Sanz Larruga, «Documentos y archivos electrónicos», ob. cit., p. 748).

[164] En opinión de R. Rivero Ortega (*El expediente...*, ob. cit., p. 52), antes bien, la exigencia del expediente debe ser mantenida con las adecuadas adaptaciones «por cuanto se trata de una herramienta básica del principio de legalidad, en tanto forma esencial de expresión de la voluntad administrativa».

por un modelo deslocalizado de gestión de la información y, por tanto, también de su manifestación documental que, por otra parte, ha perdido gran parte de su sentido tradicional en tanto que soporte de la información administrativa ya que, en definitiva, lo importante ya no es tanto la constancia documental de la misma sino, más bien, su integridad y autenticidad[165]. Como consecuencia inexorable, las garantías que tradicionalmente se habían articulado para el expediente administrativo han tenido que adaptarse a esta nueva realidad, desplazándose el núcleo de la regulación a este respecto en un doble sentido: de una parte, la responsabilidad en su generación y gestión ya no pertenece centralizadamente a un órgano o unidad administrativos y, de otra, las garantías en gran medida son de carácter tecnológico y no tanto de tipo organizativo.

Desde esta doble perspectiva se comprenden mejor algunas de las previsiones legales que contiene el artículo 32 LAE que, por otra parte, pueden resultar un tanto sorprendentes en la medida que las expresiones utilizadas rememoran claramente un sistema de gestión de la información basado en el papel. En efecto, precisamente como consecuencia de tales características, el citado precepto exige que el expediente sea foliado utilizando al efecto un índice electrónico, cuya funcionalidad principal consistirá en asegurar la integridad del expediente y permitir su recuperación siempre que sea necesario. No obstante, las expresiones empleadas evidencian que, en última instancia, la finalidad principal de esta

[165] A este respecto, cfr. J. Valero Torrijos, *El régimen...*, ob. cit., pp. 36 y 37 y, de otra parte, J. Bonet Company, «El documento electrónico en el procedimiento administrativo español», *Informática y Derecho*, núms. 30 a 32, 1999, p. 198.

previsión entronca directamente con la disciplina *tradicional* del expediente administrativo en sede judicial, puesto que el artículo 48.4 LJCA establece que sea remitido «foliado y, en su caso, autentificado, acompañado de un índice, asimismo autentificado, de los documentos que contenga». Ciertamente, hubiera sido preferible que la regulación procesal se adaptase a la nueva realidad tecnológica del expediente que asume la LAE, modificando el precepto transcrito en el sentido de exigir no ya el foliado a través de un índice sino, clara y abiertamente, la integridad y autenticidad de la información que integre el expediente y, asimismo, de la serie ordenada de todos y cada uno de los documentos.

Por otra parte, el artículo 32 LAE permite expresamente que la remisión física del expediente sea sustituida por la simple puesta a disposición por medios electrónicos, medida que podría ser de gran utilidad para poner fin a una práctica administrativa, ciertamente rechazable, que consiste en retrasar deliberadamente la remisión del expediente al órgano judicial o cumplir sólo parcialmente con dicha obligación legal, generando nuevos retrasos a la dinámica del proceso contencioso-administrativo por cuanto impide al recurrente formalizar su demanda teniendo en cuenta todos los elementos de juicio necesarios para la defensa de sus derechos e intereses legítimos. En este sentido, la puesta a disposición a que se refiere el artículo 32.3 LAE no sólo debe ser interpretada en el sentido de que su único destinatario es el órgano judicial sino que también cabría admitir que el ofrecimiento de acceso al expediente se otorgara directamente al recurrente o simultáneamente a ambos, quienes previa acreditación de su identidad podrían acceder a la totalidad de la información que lo integra. Más aún, a fin de evitar el referido problema y, sin perjuicio de las previsiones específicas de la LUTICAJ, la puesta a disposición del recurrente por medios electrónicos del expediente administrativo debería haberse configurado como una obligación para la Administración Pública, en particular cuando su tramitación haya tenido lugar en soporte digital.

Ahora bien, aun cuando las posibilidades de accesibilidad por parte de terceros distintos de la Administración que tramite el expediente serían mayores, no es menos cierto que esta nueva modalidad de gestión documental ofrece al mismo tiempo relevantes inconvenientes. De una parte, la generación del expediente *a posteriori* impide al ciudadano llevar a cabo un cierto control acerca de si la información que se ha incorporado es íntegra o, por el contrario, faltan algunos documentos, que podrían generarse tras la solicitud de acceso sin las garantías adecuadas en cuanto a la firma por quien en principio debería ser su autor. O incluso, en cuanto a la dificultad –que podría llegar a convertirse en imposibilidad, al menos inicialmente y dejando a un lado la interposición de reclamaciones formales– de comprobar que se ha guardado la oportuna secuencia temporal en la adopción de las decisiones administrativas que se incorporan a los documentos administrativos. Se difuminan, en consecuencia, las garantías tradicionales del orden cronológico a que se refiere la doctrina como consustancial al concepto de expediente en tanto conjunto ordenado de documentos[166]. De otra parte, a diferencia de lo que ha venido sucediendo hasta ahora, cuando el interesado pretenda acceder al expe-

[166] R. Rivero Ortega, *El expediente...*, ob. cit., p. 116 y F. J. Sanz Larruga, «Documentos y archivos electrónicos», ob. cit., p. 746.

diente al amparo del derecho que le asiste según el artículo 35.a) LRJAP puede encontrarse con que el mismo no pueda satisfacerse mientras no se *genere* el expediente, que hasta ese momento ha carecido de existencia autónoma, separada de la información individualmente considerada que consta en los documentos que lo integran. En estos casos adquiere una especial trascendencia la garantía relativa a la referencia temporal de los documentos o, en su defecto, la necesidad de un control efectivo sobre el funcionamiento de las aplicaciones que se utilicen para generar el expediente, en particular por lo que respecta a la imposibilidad de alterar el contenido de la información que se incorpora al mismo.

4. LA SIMPLIFICACIÓN DEL PROCEDIMIENTO ADMINISTRATIVO Y SU INCIDENCIA EN LA GESTIÓN DOCUMENTAL

a) UNA NUEVA OPORTUNIDAD, ¿PARA SEGUIR HACIENDO LO MISMO?

Más allá del uso de medios electrónicos en la actividad administrativa, la simplificación de la carga documental del ciudadano ha de constituir una de las prioridades de cualquier Administración Pública que pretenda cumplir con mayor eficacia sus funciones[167]. Se trata de una exigencia

---

[167] Por lo que se refiere a la valoración de la aplicación práctica del artículo 35.f) LRJAP, claro antecedente del ambicioso artículo 6.2.b) LAE, véase C. CIERCO SEIRA, «La reducción de la carga de presentación de documentos ante la Administración Pública (Reflexiones a propósito de la experiencia italiana)», *Administración de Andalucía. Revista Andaluza de Administración Pública*, núm. 48, 2002, pp. 394 y 395. Más centrada en las implicaciones del uso de

especialmente acuciante si tenemos en cuenta el carácter descentralizado de nuestra organización administrativa, que viene a determinar la necesidad de que en muchas ocasiones la Administración competente para tomar una decisión precise de documentos y, en general, de información que se encuentran en poder de otra o, simplemente, cuya autora es una entidad pública distinta. Nos encontramos ante una complicación que los ciudadanos sufren de forma resignada con demasiada frecuencia, hasta el punto de que habitualmente prefieren aportar ellos mismos los documentos o la información requerida y, de este modo, agilizar la actividad administrativa[168].

A este respecto, la tecnología abre un nuevo abanico de posibilidades a la hora de simplificar la gestión documental, especialmente en el seno del procedimiento administrativo[169], al permitir que ciertos trámites documentales puedan realizarse de forma automatizada entre las Administraciones Públicas sin intervención alguna por parte del ciudadano, ofreciendo por tanto una mayor agilidad siempre que existan unas premisas tecnológicas y organizativas basadas en la interoperabilidad. Pero, muchas veces, la clave del éxito de la simplificación no se encuentra en la tecnología en sí misma considerada sino, antes bien, en aprovechar las sinergias y

---

medios electrónicos en relación con ambos preceptos, cfr. L. COTINO HUESO, «El derecho a relacionarse...», ob. cit., pp. 280 y 281.

[168] Sobre estas ideas, cfr. A. SÁNCHEZ BLANCO, «Administración local...», ob. cit., pp. 53 y 54.

[169] En relación con el alcance general de la simplificación en el procedimiento administrativo, C. CIERCO SEIRA, «Algunas reflexiones sobre la simplificación de los procedimientos administrativos a la luz de los avances de la Administración electrónica», *Revista General de Derecho Administrativo*, núm. 19, 2009, pp. 3 a 7.

posibilidades del proceso de modernización tecnológica para hacer un replanteamiento de la gestión documental basado en la innovación del modelo que, hasta ahora, se ha venido manteniendo para tramitar y resolver los procedimientos[170]. El principal desafío consiste, por tanto, en llevar a cabo un análisis de los mismos con ocasión de un nuevo horizonte que permita suprimir o, en su caso, adaptar trámites que quizás en su momento tuvieron sentido pero que, en la actualidad, han devenido manifiestamente innecesarios tal y como están concebidos; que posibilite una gestión centralizada de la información en poder de la Administración Pública, tanto por lo que respecta a la accesibilidad como a la seguridad, no ya desde el punto de vista interno sino, además y sobre todo, para aquellos supuestos en que la misma deba ser cedida a terceros; o, sin ánimo exhaustivo, que permita dar efectiva satisfacción a ciertos derechos que, aun reconocidos formalmente en normas vigentes, no han sido respetados en la práctica con el rigor necesario, tal y como sucede singularmente con la no presentación de documentos y la accesibilidad de la información.

Se trata, en definitiva, de que a pesar de realizar un importante esfuerzo a nivel presupuestario, organizativo, de formación y, por lo que ahora interesa, normativo, la gestión administrativa no siga respondiendo en el fondo a los mismos parámetros y criterios, sin aprovechar realmente las posibilidades de la tecnología, simplemente adaptando a un entorno tecnológico hábitos, planteamientos y normas que fueron concebidos para un entorno de gestión basado en el papel y la relación presencial, en particular con el ciudada-

---

[170] Cfr. J. L. Blasco y M. Fabra Valls, «Current Trends…», ob. cit., p. 12.

no[171]. En este sentido, el legislador ha dado un importante paso en la dirección indicada al exigir –artículo 34 LAE– que la aplicación de medios electrónicos a la gestión de los procedimientos vaya siempre precedida de un rediseño funcional y una simplificación en los que habrá de considerarse especialmente, entre otros aspectos, la supresión o reducción de la documentación requerida a los ciudadanos, así como de los plazos y tiempos de respuesta; planteamiento que, como destaca Palomar, «parece no sólo un principio de prudencia sino, adicionalmente, una obligación propia de la racionalidad»[172]. Si bien la apuesta del legislador pudiera haber sido más contundente por cuanto, a tenor de lo previsto en la disposición final primera, esta previsión carece de eficacia básica; lo que supone, en definitiva, que si las comunidades autónomas o las entidades locales decidieran poner en marcha un sistema de gestión electrónica de sus procedimientos administrativos no tendrían que llevar a cabo dicho análisis necesariamente y, en consecuencia, la omisión de esta exigencia carecería de eficacia invalidante alguna. ¿Realmente se hubiese vulnerado el ámbito competencial propio de estas entidades de haberles obligado a introducir un elemental requisito de racionalidad como el referido?

Al margen de esta limitada previsión en cuanto a su ámbito de aplicación subjetiva, veamos cómo ha asumido este desafío la LAE desde la perspectiva de la gestión documen-

---

[171] Como advierte J. Barnes («Sobre el procedimiento...», ob. cit., p. 307, nota 71), en muchas ocasiones los avances normativos en sede tecnológica se limitan a una mera transposición del procedimiento de papel a su versión electrónica o, en sus propias palabras, «una simplista incorporación de nuevas tecnologías al trabajo administrativo».

[172] A. Palomar Olmeda, «Gestión electrónica...», ob. cit., p. 613.

tal. Más allá de retóricas declaraciones como la que contiene el artículo 4.j) LAE al proclamar un principio de simplificación administrativa de corte tecnológico «por el cual se reduzcan de manera sustancial los tiempos y plazos de los procedimientos administrativos», sin tener en cuenta que, aun cuando los medios electrónicos puedan efectivamente agilizar la tramitación, el arraigado silencio administrativo no siempre depende de este tipo de razones objetivas sino que, por el contrario, obedece a explicaciones mucho más complejas.

b) El derecho a no presentar datos y documentos que ya obren en poder de las Administraciones Públicas

La primera y principal de las medidas adoptadas legalmente –artículo 6.2.b) LAE– ha consistido en el reconocimiento al ciudadano de un derecho a no tener que presentar aquellos datos y documentos que ya se encuentren en poder de las Administraciones Públicas, estableciendo el mandato correlativo a estas últimas de utilizar medios electrónicos para recabar dicha información, así como un deber –artículo 9 LAE– de «facilitar el acceso de las restantes Administraciones Públicas a los datos relativos a los interesados que obren en su poder y se encuentren en soporte electrónico, especificando las condiciones, protocolos y criterios funcionales o técnicos necesarios para acceder a dichos datos con las máximas garantías de seguridad, integridad y disponibilidad».

Se trata, sin duda, de una medida ciertamente relevante para la práctica diaria de las Administraciones Públicas y, en particular, para el ciudadano que, de cumplirse efectivamente dichas previsiones, vería sustancialmente reducida la carga documental que ha de soportar actualmente. Lamentablemente, el incumplimiento que en la práctica ha venido erosionando el derecho a no presentar documentos que ya obren en poder de la Administración actuante –artículo 35.f) LRJAP– nos invita a ser suspicaces en cuanto a la efectividad práctica de este derecho que, además, en su configuración legal plantea serias dificultades adicionales. En primer lugar, aun cuando su ámbito de aplicación subjetiva supera los reducidos límites de la entidad jurídico-administrativa con que se esté relacionando el ciudadano, dicha característica determina que se hace depender la satisfacción del derecho de otra Administración Pública distinta de aquélla con la que se relaciona directamente, lo cual no deja de resultar problemático si tenemos en cuenta que las entidades locales y autonómicas pueden esgrimir la falta de disponibilidades presupuestarias para no satisfacer el derecho en cuestión. Más aún si tenemos en cuenta que, como advierte Blasco y más allá de infundadas justificaciones presupuestarias, la principal dificultad para la puesta en práctica de este derecho vendrá determinada por un problema esencialmente organizativo vinculado a la falta de coordinación interadministrativa, de ahí la trascendencia del principio de cooperación que ha consagrado el artículo 4.e) LAE[173].

A este respecto, debe destacarse que este precepto establece como exigencia inexcusable el «reconocimiento mutuo de los documentos electrónicos [...] que se ajusten a lo dispuesto en la presente Ley»; previsión que en definitiva impide que una Administración Pública niegue la validez

_____

[173] J. L. Blasco Díaz, «Los derechos...», ob. cit., pp. 816 y 817.

y/o eficacia de aquellos documentos electrónicos generados por otra siempre que se respeten las exigencias legales analizadas a lo largo del presente estudio. Ahora bien, más allá de este inexcusable presupuesto fundamentalmente de corte tecnológico, desde el punto de vista de la simplificación documental, quizás hubiera sido preferible seguir el modelo de la Directiva 2006/123/CE del Parlamento Europeo y del Consejo, de 12 de diciembre, relativa a los servicios del mercado interior, cuyo artículo 5 prevé la posibilidad de elaborar formularios documentales de acreditación, junto con la obligatoria aceptación de aquellos documentos que, sin ser idénticos a los exigidos por la Administración Pública que los requiera, tengan una función equivalente o demuestren que está cumplido el requisito a que se refiere el acto de constancia. Sin duda un acertado ejemplo de interoperabilidad jurídica cuya potencialidad como modelo a seguir no debe pasar desapercibido.

Por otra parte, desde la perspectiva de las implicaciones documentales que presenta el derecho reconocido en el artículo 6.2.b) LAE han de destacarse varias cuestiones. En primer lugar, es preciso resaltar debidamente que, al tratarse del reconocimiento de una posición jurídica activa a favor del ciudadano, éste podría renunciar a la misma y, en consecuencia, apoyándose en la voluntariedad de la utilización de medios electrónicos en sus relaciones con las Administraciones Públicas, usar el soporte papel para aportar los documentos o datos que les sean requeridos. Así pues, nos podríamos encontrar con la dificultad añadida de que cuando se trate de un procedimiento tramitado completamente en soporte digital sea necesario convertir el documento en papel, a cuyos efectos será preciso aplicar lo previsto en el artículo 30 LAE. En segundo lugar, el reconocimiento legal del derecho que nos ocupa –y, en general, de todos los previstos en el artículo 6.2 LAE– se delimita objetivamente en relación «con la utilización de los medios electrónicos en la actividad administrativa», lo que nos llevaría a la dificultad adicional de interpretar el alcance de la citada expresión legal y, consiguientemente, del propio derecho analizado.

A este respecto, una interpretación sistemática con el artículo 9 LAE nos llevaría a concluir que sólo se ostenta la titularidad del derecho analizado cuando la información se encuentre en soporte electrónico, de manera que si no se diera tal circunstancia pesaría sobre el ciudadano la carga o la obligación –según los casos– de presentar los correspondientes documentos acreditativos. Teniendo en cuenta el derecho a la elección del canal a utilizar en las relaciones con las Administraciones Públicas, de nuevo surge la posibilidad de que el ciudadano opte por presentarlo en soporte papel, si bien es cierto que, como veremos más adelante, otra de las medidas de simplificación introducidas por el legislador –artículo 35.2 LAE– le permitiría, al menos inicialmente, aportar una copia en soporte electrónico. Antes bien, habría sido preferible imponer a las Administraciones Públicas la obligación estricta de articular sus relaciones de colaboración documental a través del uso de medios electrónicos, sin dejar capacidad de decisión al ciudadano que conlleve la necesidad de gestionar múltiples soportes. Más aún teniendo en cuenta la tibieza de los términos empleados por el artículo 27.7 LAE al establecer una mera preferencia por la utilización de medios electrónicos en las comunicaciones que entablen entre sí las Administraciones Públicas, reconociéndose implícitamente la posibilidad de acudir a las vías tradicionales –soporte papel y correo postal– aunque fuera posible el empleo de otras más modernas tecnológicamente.

c) Una puerta abierta a la simplificación en manos del interesado al inicio del procedimiento

Tras las anteriores reflexiones es posible constatar que estamos asistiendo a la consolidación de un nuevo paradigma en la gestión documental como consecuencia de la plena inmersión de la actividad de las Administraciones Públicas y sus relaciones con los ciudadanos en los planteamientos, herramientas y métodos que ofrece la tecnología. Como en su momento advirtiera Barnes, se trata en gran medida de que toda la filosofía y los valores tradicionales del acto y el procedimiento administrativo, fundamentalmente basados hasta ahora en el papel como soporte de la información, se transplanten al mundo incorpóreo de la acción administrativa electrónica[174]. Más allá de un cambio de modelo que difícilmente se dará con el actual marco normativo –tal y como tratamos de justificar en este trabajo–, lo cierto es que el proceso de modernización tecnológica de la gestión documental en que se encuentran inmersas las Administraciones Públicas pasa en gran medida por la consolidación de una nueva forma de relaciones administrativas en las que el ciudadano ya no lleva a cabo una función de mero intermediario, esto es, de portador de documentos emitidos por una de ellas con destino a otra[175]; sino que, por el contrario, la petición y obtención de los datos necesarios para el ejercicio de las competencias administrativas debería tener

---

[174] J. Barnes, «Una reflexión…», ob. cit., p. 32.
[175] L. Cotino Hueso, «El derecho a relacionarse…», ob. cit., p. 284.

lugar necesariamente –y, de hecho, tiene ya lugar en muchos casos– mediante los accesos y las interconexiones automatizadas de bases de datos, sin intervención directa del personal al servicio de las Administraciones Públicas[176]. Así pues, uno de los pilares en los que se sustenta la simplificación documental desde la perspectiva del ciudadano se refiere a las posibilidades no ya de dejar de presentar documentos o aportar datos sino, por el contrario, de llevar a cabo funciones de autocompulsa o, incluso, de corregir directamente la información que le ofrecen los formularios que ponen a su disposición los registros electrónicos[177].

Por lo que se refiere al primero de los supuestos, más allá de las reflexiones realizadas anteriormente en relación con la protección de los diversos intereses en juego[178], el artículo 35.2 LAE permite a los interesados aportar copias digitalizadas, adveradas con su propia firma electrónica, de los documentos que debieran presentar, de manera que sólo cuando la Administración Pública no pueda llevar a cabo el cotejo del archivo donde consten los originales estaría habilitada para requerir la exhibición del correspondiente documento

---

[176] Aun cuando se ha destacado la trascendencia práctica para el ciudadano de la interconexión de los registros administrativos en tanto que exigencia ineludible de eficacia en el contexto de nuestra organización pública descentralizada (A. Sánchez Blanco, «Administración local...», ob. cit., p. 57), a la hora de su articulación no pueden obviarse las atribuciones competenciales a favor de órganos concretos que se pudieran haber fijado normativamente [J. Valero Torrijos, «Acceso a los servicios...», ob. cit., p. 398].

[177] En relación con la relevancia del intercambio automatizado de información –que no de documentos en un sentido estricto– a los efectos de las medidas de simplificación ahora examinadas, véase J. Valero Torrijos, «Acceso a los servicios...», ob. cit., pp. 398 a 400.

[178] Nos remitimos al análisis realizado en el epígrafe I.2.a de este mismo capítulo en relación con la referida perspectiva.

o información. Se trata de una medida específica para el supuesto en que se utilicen registros electrónicos, de manera que en principio, según la rúbrica del precepto analizado, no cabría admitirse más que a la iniciación del procedimiento; si bien una interpretación sistemática junto con el resto de los preceptos que, con carácter general, permiten realizar alegaciones y aportar documentos en cualquier momento de su tramitación –artículo 79 LRJAP– así como con el amplio reconocimiento de los derechos en el artículo 6 LAE, nos debe llevar a admitir su aplicabilidad también a los casos en que no se haya iniciado el procedimiento por medios electrónicos o, incluso, en un momento posterior al de la iniciación procedimental en sentido estricto, siempre que se utilice un registro electrónico en los términos a que se refieren los artículos 24 y 25 LAE. En consecuencia, la Administración Pública estaría obligada a llevar a cabo las actuaciones que, desde el punto de vista de la gestión documental, sean precisas para comprobar la autenticidad de la información así proporcionada; teniendo en cuenta, eso sí, que el requerimiento de los originales sólo podría admitirse con carácter excepcional y que si se trata de datos o información que obren en poder de otra persona jurídico-administrativa debería aplicarse el régimen analizado en el epígrafe anterior[179]. En consecuencia, para la Administración Pública que tramite el procedimien-

---

[179] Cfr., en sentido contrario, A. Palomar Olmeda, «Gestión electrónica...», ob. cit., p. 620, quien mantiene que esta posibilidad está más bien pensada para los documentos públicos que para los privados. No obstante, de admitirse esta interpretación, se estaría privando de contenido al derecho a no presentar documentos que ya obren en poder de las Administraciones Públicas, al menos en los supuestos que se encuentren dentro del ámbito de aplicación del artículo 6.2.b) LAE.

to no sería preciso tanto disponer de los documentos originales cuyas copias aportó el interesado sino, por el contrario,
confirmar con plenas garantías técnicas la veracidad de la
información a que aquéllas se refieran.

Por otra parte, el artículo 35.3 LAE contempla una novedad a nivel normativo que ya venía siendo utilizada en la
práctica con cierta frecuencia: que los sistemas normalizados
de solicitud accesibles a través de los registros electrónicos
ofrezcan previamente rellenados parte de sus apartados, de
manera que sea el propio ciudadano quien confirme y, en
su caso, modifique o complete los datos proporcionados. La
principal novedad radica en que el citado precepto expresamente permite que dichas operaciones se refieran no sólo a
la información que conste almacenada en los propios sistemas de la Administración Pública titular del registro sino,
incluso, a la que proporcionen otras mediante una conexión
automatizada a sus propias bases de datos. Aunque deba reconocerse que se trata de un decisiva apuesta por la simplificación documental, más allá de las implicaciones referidas
a la protección de los datos de carácter personal[180], lo cierto
es que el legislador debería haber sido más preciso en el establecimiento de ciertas garantías adicionales en particular
para los supuestos en que la información rectificada sea la
proporcionada por otra entidad. En definitiva, se estaría
permitiendo al ciudadano corregir y/o completar unilateralmente datos que obran en poder de un tercero e, incluso, que
pueden constar en un documento público administrativo,

---

[180] Por lo que se refiere a las singularidades que plantea esta posibilidad
desde la perspectiva del citado derecho fundamental, cfr. J. Valero Torrijos,
«Acceso a los servicios...», ob. cit., p. 399.

cuya modificación sólo sería admisible por quien tenga atribuida la competencia al efecto y siguiendo el procedimiento legalmente previsto a fin de evitar revisiones encubiertas de los actos administrativos. En consecuencia, deberíamos concluir que cuando la información afectada fuera determinante para el otorgamiento de la petición formulada la Administración Pública que tramite el expediente, en tanto responsable de la decisión final, se encontraría obligada a llevar a cabo las comprobaciones oportunas en la instrucción del procedimiento, ya que al fin y al cabo puede suceder que la competencia para la acreditación documental de ciertos extremos corresponda a otra persona jurídico-administrativa y, en consecuencia, será a ella a quien deba requerirse que acredite los extremos sobre los que verse la actuación del interesado realizada directamente en el registro electrónico.

III. UNA VISIÓN INNOVADORA DE LA GESTIÓN DOCUMENTAL BASADA EN EL USO DE MEDIOS ELECTRÓNICOS

1. DE LA GESTIÓN POR PROCEDIMIENTOS Y TRÁMITES A LA GESTIÓN PARA LOS USUARIOS

La gestión documental que se ha venido realizando en el ámbito de las Administraciones Públicas se ha centrado casi de forma exclusiva en los distintos trámites que integran cada procedimiento, de manera que su progresiva cumplimentación ha permitido con carácter general la impulsión de los sucesivos. Así, por ejemplo, las actuaciones de instrucción no se conciben para su realización más que una vez iniciado y ya avanzado el procedimiento; la subsanación precisa de un acto de comunicación a través del cual se otorga un plazo al interesado, que sólo comenzará a computarse una vez se le notifique el oportuno requerimiento; el ejercicio del derecho de acceso por parte de los interesados requiere de la oportuna formulación de una solicitud y la correspondiente decisión administrativa que lo autorice, que también ha de ser notificada; o, entre otros ejemplos que pueden apuntarse, los informes y dictámenes sólo se incorporarán al expediente una vez evacuados y recibidos por el órgano o la unidad encargados de la tramitación del procedimiento.

Ciertamente, la correcta ordenación del procedimiento y la realización de los trámites en el momento temporal asignado constituyen garantías esenciales para asegurar la legalidad y oportunidad de las decisiones administrativas. Sin embargo, en gran medida han sido diseñadas a partir de un modelo de gestión superado por la realidad tecnológica actual, ya que el soporte papel no permite llevar a cabo las actuaciones de manera automatizada, ni contempla las comunicaciones inmediatas o las interconexiones instantáneas de bases de datos, sistemas de información y, en general, de los distintos sujetos que participan en los diversos trámites y actuaciones. Resulta por tanto imprescindible adaptar las garantías tradicionales a las posibilidades que permite el uso de medios electrónicos, de manera que sin merma de la posición jurídica de los interesados y sin afectación a los intereses públicos que, en cada caso, puedan verse perjudicados, sea posible aprovechar al máximo las nuevas opciones de gestión avanzada que facilita la tecnología.

Para ello una de las principales exigencias consiste en adaptar la gestión documental en función de los distintos usuarios de los sistemas de información y las aplicaciones y no tanto de los trámites en sí mismos considerados que, no obstante y como advertíamos anteriormente, han de conservar y, en su caso, reconfigurar las garantías en función de los cuales fueron originariamente diseñados. Así, por una parte, hay que tener en cuenta a los propios interesados en el procedimiento como uno de los sujetos protagonistas de la gestión documental por cuanto, como enfatiza Barnes, la perspectiva más innovadora en la concepción del procedimiento administrativo lo contempla como «secuencias organizadas de obtención y tratamiento de la información; un sistema para estructurar los múltiples contactos y relaciones que se producen entre el ciudadano y la Administración o entre Administraciones diferentes»[181]. Desde esta perspectiva podría plantearse que los requerimientos de subsanación se comunicasen simultáneamente a la presentación realizada cuando el registro detecte que falte algún documento por entregar o cierta información por proporcionar, en lugar de la práctica que consiste en impedir directamente la presentación telemática; tal y como viene sucediendo con demasiada frecuencia, menoscabando por tanto de manera injustificada el alcance de este derecho.

De la misma manera, el derecho de acceso de los interesados debería ser inmediato como regla general una vez que se identifiquen, sin necesidad de formular una solicitud a menos que existan intereses públicos enfrentados que justi-

[181] J. BARNES, «Sobre el procedimiento administrativo...», ob. cit., pp. 308 y 309.

fiquen la limitación o, en su caso, exclusión del conocimiento de la información. Pero por otra parte y sin perjuicio de las excepciones que procedan para la adecuada protección de los intereses públicos en juego, la referida matización debería ampliarse a cualquier tratamiento de información que les afecte con independencia de que se haya iniciado o no en sentido estricto un procedimiento y, por tanto, se puedan considerar formalmente y en sentido estricto interesados; posibilidad que además se vería reforzada en la medida que la tecnología permite el acceso parcial sólo a una parte de la información que integra el documento o, en su caso, el expediente. Incluso, debería aprovecharse la inmediatez de las comunicaciones para que los propios interesados lleven a cabo actuaciones antes incluso del plazo inicialmente previsto si no se perjudican derechos o intereses de terceros –públicos o privados–, ya que en muchas ocasiones poco sentido tiene esperar únicamente a que transcurra un cierto lapso temporal; y ello con independencia de que la tramitación del procedimiento no hubiese llegado al momento en el que originariamente se había concebido la posibilidad de realizar dicha actuación y se cursase la correspondiente notificación formal. Si se configura el sistema para permitir el ejercicio inmediato del derecho de acceso a un expediente, ¿qué sentido tiene obligar al interesado a recibir una comunicación para llevar a cabo una actuación que podría hacer sin mayor demora?

Más aún, dadas las posibilidades tecnológicas en orden a una gestión avanzada del ciclo de vida de los documentos, el derecho de acceso a los mismos debe tener en cuenta que como consecuencia de ciertas actuaciones o procedimientos posteriores, la versión inicial puede haber sido modificada, tal y como sucedería con la estimación de un recurso administrativo o judicial, la revisión de oficio que se haya producido en base a la nulidad del acto o la rectificación de errores materiales, entre otros supuestos. En estos casos los sistemas de gestión documental deberían adaptarse para que el objeto del derecho de acceso no se limite a la versión inicial del acto sino que, además, incorpore las decisiones posteriores que se hubiesen podido adoptar en relación con el mismo. Incluso, siempre que se respeten las exigencias en cuanto a la protección de otros bienes e intereses jurídicos de terceros, cabría plantearse que el acceso no sólo tenga lugar respecto de ese acto sino, asimismo, de aquellas informaciones complementarias que puedan encontrarse en poder de la misma Administración ante la que se ejerce el derecho o, siempre que se den las premisas técnicas y organizativas necesarias para facilitar la interconexión, en los archivos y registros de otras entidades públicas. Aunque, como antes se advertía, esta última posibilidad debe estar siempre condicionada a que el sujeto activo del derecho de acceso se encuentre en una posición jurídica que le habilite para conocer también dicha información relacionada.

Otro tipo de usuarios a cuyas necesidades habría que ajustar la gestión documental en soporte electrónico son las autoridades y personal, así como los sistemas de información de la misma Administración tramitadora o, en su caso, de otras entidades públicas. Al igual que se destacaba con los propios interesados, no tiene mucho sentido que si la información que se va a requerir en la fase de instrucción se puede obtener previamente de forma inmediata utilizando conexiones automatizadas deba esperarse a esa fase procedimental cuando la misma podría incorporarse ya al expediente desde el inicio del procedimiento o, incluso, con anterioridad, puesto que cabría incluso plantearse que, a la vista de dicha información, no tuviera ya sentido siquiera dar comienzo a aquél. Del mismo modo, cuando se trate de recabar informes que sean el resultado de un tratamiento automatizado –ya completa ya parcialmente– de información también podrían requerirse desde el inicio del procedimiento, sin necesidad de esperar a la fase de instrucción, de manera que del resultado de los mismos puede derivarse la innecesariedad de continuar con el expediente. En consecuencia, se podría evitar tanto el acto de requerimiento, la comunicación dirigida al órgano o entidad que ha de evacuarlo y, por último, la correspondiente remisión formal, con el retraso que conllevan tales actuaciones de trámite; si bien debe insistirse en la exigencia de que, como consecuencia de la mayor celeridad que permite la tecnología, en modo alguno cabe admitir una minoración de las garantías jurídicas a cuya satisfacción se encuentra configurado el trámite en concreto o el procedimiento en general, en particular por lo que respecta a los interesados y a las posibilidades de defender sus derechos e intereses legítimos.

Ahora bien, la adaptación de la gestión documental desde la perspectiva de la innovación tecnológica en la tramitación de los procedimientos y las actuaciones administrativos requiere una mayor centralización, ya que de lo contrario difícilmente se podría adaptar a las necesidades específicas de cada uno de los usuarios. Por otra parte, también se han de fortalecer las exigencias de seguridad con la flexibilidad suficiente para que cada usuario acceda a la información que necesita para el ejercicio de sus funciones o, en el caso de los sujetos privados, para la defensa de sus derechos e intereses; siempre, claro está, con pleno respeto a las garantías jurídicas de terceros y, asimismo, de los intereses públicos en juego.

Y, sobre todo, se ha de asegurar la interoperabilidad de las aplicaciones y los sistemas de información, tanto a nivel interno de cada entidad como, sobre todo, por lo que respecta a las comunicaciones interadministrativas; de lo contrario no será posible aprovechar las ventajas que proporciona la inmediatez de las comunicaciones y, en particular, será inviable articularlas de manera automatizada y, de este modo, reducir el retraso que conlleva la necesidad de intervención directa de las personas físicas al servicio de las Administraciones Públicas. Se trataría, por tanto, de redefinir el paradigma de la gestión documental, pasando de un modelo en el que se ha de solicitar la información a la que se tiene derecho o se precisa para el ejercicio de las funciones y competencias a otro en el que se accede sin intermediación para obtenerla directamente, planteamiento que sin duda requiere un previo y ajustado diseño de los permisos de seguridad como inexcusable sistema de control a *priori* que, asimismo, permita constatar los accesos indebidos a fin de adoptar las medidas correctoras y sancionadoras que procedan.

Desde el punto de vista de la interoperabilidad en la gestión documental, una de las principales dificultades se refiere no tanto la perspectiva tecnológica u organizativa sino, antes bien, a la necesidad de proceder a una previa normalización de los documentos necesarios para la tramitación de procedimientos idénticos. En efecto, se trata de un problema que tiene especialmente trascendencia en los ámbitos administrativos de nivel territorial inferior, especialmente en el local, en aquellos supuestos en que se precise obtener información que se encuentre en poder de otras Administraciones. En estos casos, las interconexiones requieren haber establecido previamente con precisión qué documentos se necesitan y de quién se han de obtener, de manera que si no se ha procedido a normalizar estos extremos podríamos encontrarnos con que diferentes entidades exigieran documentos diversos o, en su caso, con un contenido dispar, a la Administración que los ha de proporcionar. No tiene, pues, sentido que esta última deba adaptarse a las particularidades que aquéllas le planteen caso por caso sino, por el contrario, se debiera proceder al rediseño coordinado de sus procedimientos y actuaciones, en particular por lo que respecta a la documentación que necesitan tener en cuenta para adoptar sus decisiones. Incluso, en última instancia, se trata de una exigencia inexcusable de eficiencia, ya que de lo contrario ni siquiera podrían compartir –reutilizando– aplicaciones y sistemas de gestión documental

2. EL ALCANCE DE LA NECESARIA RECONSIDERACIÓN CONCEPTUAL Y REGULATORIA

El modelo de gestión documental innovadora a partir del uso intensivo de los medios electrónicos obliga a reformular conceptos y previsiones normativas en gran medida concebidos para una realidad basada en el uso del papel como soporte de las actuaciones administrativas. ¿Cuáles son los nuevos paradigmas a los que nos aboca la Administración electrónica desde la perspectiva documental?

En primer lugar, el efectivo aprovechamiento de las ventajas que conlleva este modelo de organización para la gestión documental sólo es posible en gran medida si se abandona el concepto tradicional de documento administrativo, cuyas exigencias formales han de dejar paso a una mayor relevancia de la información –o si se prefiere, de los datos– y no del documento formalizado, respecto de la cual será preciso articular las máximas garantías técnicas y jurídicas con la necesaria flexibilidad que permita para adaptarlos a las singularidades del soporte empleado. De lo contrario existe un riesgo cierto de que los parámetros y criterios tradicionales, pensados para el soporte papel y las relaciones presenciales, terminen por consolidarse en una nueva versión, en este caso *electrónica*, que también enquistará los problemas y las críticas que tradicionalmente se han venido haciendo de una actividad administrativa excesivamente burocratizada. Se trata, en última instancia, de centrar la atención en el contenido de los documentos y no tanto en el continente, esto es, en la forma concreta en que se presenta la información, de manera que se pueda llevar a cabo una gestión de la misma que permita su desvinculación del formato en que se encuentre originariamente. Y, desde esta perspectiva, las exigencias de interoperabilidad adquieren una importancia reduplicada.

En segundo lugar, el uso medios electrónicos de manera avanzada e innovadora obliga a reconsiderar categorías clásicas en las que se ha basado tradicionalmente la gestión documental en el ámbito de las Administraciones Públicas. En efecto, según la regulación legal –artículo 46.4 LRJAP– el documento administrativo y sus copias han de ser emitidos por los órganos de las Administraciones Públicas, exigencia que puede suponer una dificultad relevante desde la perspectiva de la automatización de su generación. Si bien podría argumentarse que existen previsiones normativas adecuadas a la singularidad de la expedición automatizada de tales documentos, lo cierto es que como hemos analizado anteriormente tales disposiciones se han limitado en gran medida a establecer exigencias estrictamente formales basadas en una ficción que no siempre se cumplirá en cuanto a su fundamento material o sustantivo. En efecto, por lo que respecta a la automatización de las actuaciones administrativas, su régimen jurídico –artículo 39 LAE– no resulta de aplicación directa más que en el ámbito estatal y, desde el punto de vista de su contenido, ni siquiera contempla que el órgano competente para llevar a cabo la actuación de que se trate participe en la configuración de las garantías que aseguren su corrección en términos jurídicos y materiales. Tampoco el denominado sello de órgano sirve para llevar a cabo una vinculación más que puramente formal al órgano que tiene atribuida la competencia para la emisión del documento o la copia, por lo que no tiene mucho sentido negar la posibilidad de que se utilicen sellos de entidad u otros sistemas de identificación y autenticación al margen de los órganos ya que, en última instancia, se trata de conseguir una conexión institucional que permita vincular la autoría no tanto a un órgano en concreto sino a la respectiva entidad. Con mayor claridad, si cabe, en aquellos supuestos en que ni siquiera se utiliza este instrumento dotado de cierta complejidad técnica y, por tanto, mayor garantía jurídica sino que, simplemente, se acude a incorporar firmas manuscritas digitalizadas en simples fotocopias como mecanismo para imputar la autoría del acto a la persona física titular del órgano administrativo competente. ¿Dónde quedan aquí las garantías legales de integridad y autenticidad?

En otras palabras, si en las actuaciones automatizadas las personas físicas no tienen participación directa, ¿no sería más razonable hacer hincapié en la efectividad de las exigencias técnicas que en la apariencia de una garantía formal sin fundamento material que la sustente? La trascendencia práctica de este planteamiento viene determinada, en gran medida, por las consecuencias que puede sufrir la validez de los documentos y las copias generados de manera automatizada ya que, al menos tal y como se deriva de la regulación legal antes referida, la actuación ha de ser llevada a cabo necesariamente por un órgano y no por un sistema informático. Salvo, claro está, que nos conformemos con la insuficiente garantía formal de la ficción legal en que se basa el insuficiente régimen jurídico de las actuaciones automatizadas. Resulta, pues, evidente la necesidad de proceder a la oportuna adaptación del régimen general de los documentos administrativos a las particularidades que implica la tecnología, para lo cual una vez más debe insistirse en la ineludible tarea de refundir las previsiones legales en un solo cuerpo normativo.

Desde otro punto de vista, la sustitución de los mecanismos tradicionales de requerimiento y puesta a disposición de la información por los accesos directos, si fuera posible automatizados, obliga a tener en cuenta una eventualidad que podría darse con cierta frecuencia durante la fase de instrucción de los procedimientos administrativos: que la información necesaria no estuviese disponible a través de dicha modalidad. Se trata de supuestos que, hasta la fecha, no se encuentran regulados con carácter básico, quebrantándose de esta manera el tratamiento común de los ciudadanos exigido por la garantía constitucional del artículo 149.18ª del Texto Fundamental. En efecto, si aquéllos tienen reconocido el derecho a no presentar documentos que ya obren en poder de las Administraciones Públicas y éstas han de proceder a intercambiar la información correspondiente, la indisponibilidad de la misma en los términos antes referidos bien por un problema ocasional o, simplemente, por la inexistencia de los medios técnicos necesarios podría determinar la necesidad de requerirle la subsanación o, en su caso, tratar de obtener los datos a través de medios convencionales. No se trata sólo de evitar los problemas derivados de un retraso excesivo en la tramitación y, por tanto, resolución del procedimiento o, incluso, las disfuncionalidades que se pueden producir en expedientes donde existan varios interesados y la información relativa a cada uno de ellos se deba obtener de entidades distintas –unas preparadas para ofrecer la información conforme al mecanismo referido, otras no–; antes al contrario, y sobre todo, se trata de afrontar una nueva necesidad regulatoria planteada como consecuencia de la modernización tecnológica de la gestión documental.

Finalmente, otra categoría basilar de la gestión documental ha de ser revisada: el expediente entendido como el conjunto de los documentos referidos a un procedimiento administrativo. En efecto, aun cuando el régimen legal del expediente electrónico –artículo 32 LAE– se encuentre aparentemente adaptado a las exigencias de la modernización tecnológica, resulta paradójico que todavía se utilicen expresiones como *foliado*, *índice* y *remisión*, propios de la gestión en soporte papel ya que, si constatamos la relevancia de la información frente al documento formalizado y estructurado en los términos antes referidos, la página como elemento de referencia para evitar alteraciones ha dejado ya de tener sentido. Una vez más se demuestra la falta de coordinación a la hora de emprender las reformas legales en este ámbito, ya que la dicción literal de tales garantías sólo se comprende a la vista de la regulación legal del expediente administrativo en sede judicial –artículo 40 LJCA–, cuyas previsiones deberían ser adaptadas a la singularidad que conlleva el uso de medios electrónicos más allá del establecimiento de reglas de equivalencia conceptual que, en última instancia, pueden dificultar la innovación en la propia gestión documental.

Éste sería el caso, por ejemplo, de la equiparación entre la remisión del expediente y la puesta a disposición. Aunque el artículo 32.4 LAE haya sentado la equivalencia entre ambos términos, un planteamiento de gestión documental avanzada conllevaría transformar los criterios a partir de los cuales se opera en el ámbito procesal contencioso-administrativo, de manera que cuando el órgano judicial reciba el recurso o demanda indique directamente a la Administración que permita el acceso al expediente de manera inmediata no sólo a él mismo sino, además y sobre todo, al recurrente; actuación que se podría llevar a cabo de manera instantánea en el caso de que previamente hubieran mantenido comunicaciones por medios electrónicos que hubiesen requerido la identificación del interesado.

Asimismo, la puesta a disposición segmentada a partir de la información relevante y no de los documentos –entendidos como conjuntos estructurados dotados de unidad que no se pueden fragmentar– permite, en su caso, limitar el acceso a la información a fin de lograr la protección efectiva de derechos e intereses públicos o privados que deban respetarse, tal y como sucede con la intimidad, la seguridad pública o, incluso, los datos de carácter personal que, aun sin ser íntimos, no esté justificada su revelación. Más aún, siempre que se adopten las oportunas garantías que aseguren la identidad de la información, cuando estuviese justificado podría admitirse que el acceso tuviera lugar al resultado de un tratamiento informático y no directamente a los documentos originales. Aunque se trata de una posibilidad que hay que contemplar con carácter excepcional ante la eventualidad de que se impida o dificulte el correcto ejercicio de los derechos e intereses legítimos en juego y, sobre todo, se altere la información original; teniendo en cuenta, además, que también deberían conocerse los criterios utilizados para llevar a cabo el tratamiento a cuyo resultado se accede, exigencia inexcusable para evitar manipulaciones u orientaciones ilegítimas –debido a la opacidad de que parten– que podrían desvirtuar el contenido esencial del derecho de acceso.

Dicha fragmentación permitiría que cuando otra Administración realice un requerimiento documental necesario para el ejercicio de sus funciones no sea necesario remitir la totalidad del documento incluso si la cesión estuviese justificada en tales términos sino que, por el contrario, se podría limitar a aquella información que resulte estrictamente imprescindible, excluyendo los demás datos que, en principio, fueran irrelevantes. ¿No se garantizaría así en mayor medida la protección de los diferentes derechos informativos afectados, en particular los datos personales de los ciudadanos? O, por qué no, sería posible reemplazar la entrega de la información en sus términos originales por el resultado de un tratamiento de la misma que permita satisfacer en igual medida la función pública que justifica la puesta a disposición de los datos.

3. LA GESTIÓN DOCUMENTAL AVANZADA, UNA HERRAMIENTA ESENCIAL PARA LA INNOVACIÓN BASADA EN EL USO DE MEDIOS ELECTRÓNICOS

La gestión documental en el ámbito de las Administraciones Públicas se ha concebido hasta la fecha como una exigencia ineludible de constancia de las actuaciones que aquéllas realizaban, es decir, en tanto que premisa para dotar de seguridad jurídica a los efectos que de las mismas se pudiesen derivar. Por tanto, la utilización de los documentos generados se ha limitado en gran medida al ejercicio de las mismas competencias y la realización de idénticas o similares funciones a las que originariamente habían determinado la necesidad documental o, al menos, en relación con el mismo ámbito material. Más aún, salvo excepciones, en la gestión documental tampoco se han tenido en cuenta las necesidades propias de otras Administraciones o entidades distintas de las que realizaban la actuación material vinculada –incluso y de forma habitual, ni siquiera de otros departamentos pertenecientes a la misma entidad–, de manera que se contemplaban en gran medida las propias exigencias de constancia y archivo; perspectiva sin duda comprensible por lo que se refiere a las relaciones con otras entidades por cuanto bastaba con remitirles una copia del documento requerido en el mismo soporte y formato en que se había generado o, en su caso, se conservaba.

Sin embargo, el desarrollo de la tecnología en general y la informática en particular han evidenciado la posibilidad de llevar a cabo tratamientos avanzados de la información en poder de las Administraciones Públicas, bien por ellas mismas para la satisfacción de sus propias finalidades bien para la puesta a disposición a terceros o, incluso, directamente por estos últimos sin que exista una acto formal otorgando el acceso. Ahora bien, la reutilización posterior de la información administrativa, así como su eventual transformación para ofrecer un valor añadido a partir de la aplicación de procesos informáticos avanzados, requiere una premisa inexcusable si se quiere que tales aplicaciones se realicen con eficiencia: que los sistemas de información se encuentren preparados para permitirlos, facilitarlos o, al menos, no impedirlos por el coste excesivo que conlleva la conversión de los documentos y expedientes.

En definitiva, estos planteamientos de gestión avanzada han de superar una difícil barrera, la realidad actual en las Administraciones Públicas parte en gran medida de un modelo de gestión documental diseñado fundamentalmente para el ámbito de cada entidad; limitación que ha de considerarse superada, en particular si tenemos en cuenta las mayores necesidades suscitadas a la hora de compartir información como consecuencia de las posibilidades que ofrece la tecnología y, asimismo, la complejidad organizativa propia de un modelo político-administrativo descentralizado. Así pues, la información ha de generarse o, en su caso, incorporarse a los archivos administrativos en un determinado formato que permita su posterior tratamiento automatizado a partir del sometimiento a estándares de interoperabilidad generalizados, tal y como se está evidenciando en materia de reutilización comercial y *open data*[182]. Al mismo tiempo, debe evitarse anticipadamente que las

---

[182] J. Valero Torrijos, «El acceso y la reutilización de la información...», ob. cit.

garantías jurídicas se conviertan injustificadamente en un obstáculo que impida la reutilización o, en su caso, el acceso por terceros, tal y como puede suceder singularmente con los datos de carácter personal; problemática cuya solución implica necesariamente que la información pueda ser tratada fuera de su contexto original o, al menos, fragmentadamente, es decir, sin que sea posible reconfigurar su sentido inicial como parte de un documento formalizado o en conexión con otros datos adicionales cuando, debido a las restricciones impuestas por el régimen jurídico que regule el acceso a la misma, no se tenga reconocido el derecho a conocerla en su formato y/o soporte original.

En última instancia, al margen de tales posibilidades dirigidas al aprovechamiento por terceros del valor que tiene la información administrativa, ya en sí misma considerada ya como consecuencia del tratamiento de la misma, son las propias entidades públicas las que han de diseñar sus sistemas de gestión documental teniendo en cuenta las posibilidades de generar conocimiento avanzado susceptible de ser aprovechado, incluso a nivel interno por la entidad, para la satisfacción de las necesidades propias. A modo de ejemplo, el tratamiento estadístico de las decisiones administrativas, de los niveles de participación de los ciudadanos en función de variables múltiples –tipo de procedimientos, ámbitos materiales...–, del porcentaje de recursos administrativos o judiciales estimados o, sin ánimo exhaustivo, de las solicitudes planteadas en materia de responsabilidad patrimonial permitiría obtener conclusiones muy valiosas a la hora de llevar a cabo políticas activas dirigidas a la mejor prestación de los servicios públicos o la optimización de las exiguas disponibilidades presupuestarias. Ahora bien, si la información ya se encuentra desestructurada desde el momento en que se genera o se incorpora a los archivos, tales finalidades devienen de imposible o, al menos, difícil consecución, ya que los costes asociados serían muchas veces desproporcionados en atención al valor añadido que se pretende generar. Sin embargo, los retos que debe afrontar una Administración Pública moderna en el actual contexto social, económico y tecnológico implican necesariamente afrontar el relevante desafío de la explotación de la información en su poder no sólo desde la perspectiva económica sino, también y sobre todo, desde la exigencia de la eficaz y eficiente adopción de decisiones político-administrativas.

CAPÍTULO CUARTO

LA DIMENSIÓN JURÍDICA
DE LA INNOVACIÓN TECNOLÓGICA
EN LA ADMINISTRACIÓN PÚBLICA

ÍNDICE

I. Los presupuestos para la innovación tecnológica en las Administraciones Públicas: caracterización general 312

   1. Entre formalismo y flexibilización, ¿una ecuación posible? 312

   2. La personalización de las relaciones con la Administración y el protagonismo del ciudadano 317

   3. Hacia una colaboración más intensa y flexible con el sector privado 320

II. Implicaciones jurídicas de la innovación tecnológica desde la perspectiva del Derecho Administrativo español 323

   1. Simplificar el acceso a los servicios 324

   2. Fomentar la participación: una oportunidad para intensificar el carácter democrático de la Administración 327

   2.3. Facilitar el acceso y la difusión personalizada de información administrativa 330

   4. Flexibilizar el funcionamiento de los órganos colegiados 334

III. El uso de redes sociales en Internet por las Administraciones Públicas 338

   1. Las singularidades de las redes sociales en el ámbito administrativo: caracterización y tipología 338

     a) Las redes sociales y la web 2.0, un nuevo reto para las Administraciones Públicas 338

     a) Criterios para la clasificación de las redes sociales en el ámbito administrativo 342

   2. El régimen jurídico aplicable a las redes sociales de las Administraciones Públicas en Internet 346

     a) La problemática aplicación de las normas sobre régimen jurídico de las Administraciones Públicas 346

   b) Breve referencia a otros grupos normativos aplicables: protección de datos personales, propiedad intelectual y estatuto de los empleados públicos 351

  3. Criterios para la determinación de la responsabilidad en relación con las actividades y contenidos ilícitos 354

IV. La Administración en la *nube*: hacia un replanteamiento de la colaboración en la Administración electrónica 359

  1. ¿En qué consiste la computación en la *nube*? Aproximación conceptual 359

  2. Tipología de los servicios en la *nube* y su proyección sobre la Administración electrónica. El problema de la responsabilidad 363

  3. La necesaria redefinición de las garantías jurídicas para la prestación de servicios en la *nube* por las Administraciones Públicas 371

    a) Alcance de las garantías en materia de protección de los datos personales 371

    b) Implicaciones desde la normativa sobre Administración electrónica 372

  4. Valoración final: ¿se puede confiar en la *nube* para la prestación de servicios administrativos? 376

V. El *open data*, un modelo avanzado de acceso a la información administrativa basado en la innovación tecnológica 383

  1. Del acceso y la reutilización comercial al *open data* . 385

  2. La aparición de un nuevo intermediario: el denominado agente reutilizador 387

  3. Una elemental exigencia técnica: la interoperabilidad 390

  4. El diseño de las aplicaciones y la gestión preventiva de la información: una exigencia para la protección de los datos personales 392

E L análisis que se ha llevado a cabo en las páginas anteriores se ha circunscrito sustancialmente a ofrecer una
perspectiva general acerca de las posibilidades que ofrece la
tecnología para modernizar la actividad de las Administraciones Públicas y sus relaciones con los ciudadanos, si bien el
enfoque adoptado se ha limitado en gran medida a partir de
los parámetros en que, tradicionalmente, se ha organizado el
funcionamiento de la Administración Pública a fin de destacar las tensiones que provoca el uso de la tecnología y, de este
modo, evidenciar las dificultades para la innovación[183]. Aun
cuando se han hecho algunas alusiones a las posibilidades que
permite la tecnología desde esta perspectiva, procede en este
último capítulo analizar hasta qué punto el uso de medios
electrónicos puede aportar herramientas que harían posible
alternativas realmente innovadoras que tendrían un impacto

---

[183] Se trata, en gran medida, de una consecuencia de la falta de perspectiva
en cuanto a las posibilidades innovadoras de las tecnologías tal y como se han
utilizado en el ámbito de la Administración electrónica, que con excesiva frecuencia se ha percibido por las autoridades públicas como una auténtica *moda*
[I. CRIADO GRANDE. y M. C. RAMILO ARAUJO, «e-Administración: ¿Un reto
o una nueva moda? Problemas y perspectivas de futuro en torno a Internet y
las tecnologías de la información y la comunicación en las Administraciones
públicas del siglo XXI», *Revista Vasca de Administración Pública*, núm. (61) I,
2001].

sustancial y cualitativamente muy relevante a fin de superar el modelo burocrático en el que, a pesar de los retoques cosméticos de la modernización tecnológica recientemente emprendida, siguen en general ancladas la mayor parte de nuestras Administraciones Públicas[184].

Ciertamente hay numerosas iniciativas concretas basadas en utilizar la tecnología para fomentar la innovación en el ámbito de las Administraciones Públicas, algunas de ellas con un planteamiento de conjunto que sin duda debe ser resaltado oportunamente[185]; destacando asimismo el impulso decidido de numerosas iniciativas en el ámbito local en tanto que la proximidad al ciudadano es necesariamente más intensa y, por tanto, exige un mayor dinamismo como el que ofrecen las tecnologías de la información y las comunicaciones[186].

---

[184] Más aún, la referida insuficiencia de la Administración electrónica debe ser valorada no sólo desde la dimensión aludida en tanto que instrumento que no ha facilitado sustancialmente la innovación sino, además y sobre todo, desde la falta de eficiencia en la consecución de los objetivos pretendidos (P.G. NIXON, «Ctrl, Alt, Delete: Re-Booting the European Union Via e-Government», en P. G. Nixon y V. N. Koutrakou (eds.), *E-government in Europe. Re-Booting the State*, Routledge, Abingdon, 2010, p. 29); incluso aun cuando tales objetivos no hayan sido, salvo relevantes excepciones, un ejemplo de transformación sustancial de la gestión pública y las comunicaciones con los ciudadanos.

[185] Por el alcance y apoyo institucional al conjunto del proyecto debe destacarse el Plan de Innovación Pública vasco, accesible en http://pip.blog.euskadi.net.

[186] En este ámbito debe destacarse el documento *Open Government. 10 ideas para hacer tu Ayuntamiento abierto*, elaborado por el Observatorio Regional de Sociedad de la Información de Castilla y León, que se encuentra accesible a través de su web http://www.orsi.jcyl.es/, en concreto a través de la sección Publicaciones (última visita: 15/10/2012).

¿Qué criterios deberían tenerse en cuenta a la hora de afrontar este desafío y, sobre todo, qué medidas concretas convendría impulsar? Para realizar nuestro análisis nos referiremos en primer lugar a la caracterización general del modelo sobre el que se podría impulsar la innovación tecnológica para hacerla realmente eficaz en su funcionalidad como instrumento para la transformación tanto de la gestión administrativa como de las relaciones con los ciudadanos. A continuación examinaremos concretas medidas a impulsar desde la perspectiva de las normas aplicables, detectando aquellas previsiones vigentes que dificultan la implantación de un nuevo modelo basado en la innovación tecnológica. Finalmente, nos centraremos en algunas de las manifestaciones concretas más relevantes[187] a través de las cuales se concretan actualmente con mayor claridad las posibilidades de realizar una gestión innovadora mediante de los parámetros antes apuntados, examinando sus principales implicaciones desde la perspectiva jurídico-administrativa.

---

[187] Aunque por evidentes razones de espacio y objeto de este trabajo no podemos llevar a cabo un análisis exhaustivo de las numerosas y diversas posibilidades de innovación en el ámbito de la Administración electrónica, no podemos sin embargo dejar de destacar la trascendencia que puede adquirir en los próximos años la denominada web semántica. A este respecto, véase P. DUNLEAVY Y OTROS, *Digital Era Governance...*, ob. cit., pp. 253 y 254.

I. LOS PRESUPUESTOS PARA LA INNOVACIÓN TECNOLÓGICA EN LAS ADMINISTRACIONES PÚBLICAS: CARACTERIZACIÓN GENERAL

1. ENTRE FORMALISMO Y FLEXIBILIZACIÓN, ¿UNA ECUACIÓN POSIBLE?

Una de las principales características de la cultura jurídico-administrativa existente en España es sin duda la exacerbación del formalismo, hasta el punto de que con cierta frecuencia adquiere relevancia más allá del estricto sentido que corresponde a las exigencias formales. Sin pretender negar ni mucho menos la importancia que tienen las formas para garantizar jurídicamente los diversos intereses públicos y privados afectados por la actuación de las Administraciones Públicas, lo cierto es que la tecnología reclama una adaptación de las garantías jurídicas tradicionales a las singularidades que plantea, tal y como se ha destacado en el segundo capítulo. Es decir, numerosas actuaciones administrativas y comunicaciones con los ciudadanos podrían llevarse a cabo con plenas garantías jurídicas adaptando las exigencias normativas a los riesgos tecnológicos y la naturaleza de aquéllas, de manera que en última instancia se apliquen las que correspondan en función del principio de proporcionalidad. En consecuencia, no siempre será necesario el uso de la firma electrónica reconocida, del sellado de tiempo, la estricta observancia del trámite fijado en la normativa reguladora del procedimiento administrativo de que se trate o, sin ánimo exhaustivo, la utilización preceptiva de la sede electrónica para difundir cierta información o acceder a determinados servicios.

Por ejemplo, más allá del actual modelo de instrucción del procedimiento administrativo basado en la intervención directa del personal al servicio de la Administración, si se dispusiera del oportuno acceso a las bases de datos donde constase la información necesaria, aquellas actuaciones solicitadas por los interesados que consistan simplemente en la comprobación de la veracidad de la misma podrían obtener una respuesta inmediata con plenas garantías jurídicas, incluso sin necesidad de iniciar un procedimiento administrativo en sentido estricto. Del mismo modo, la Administración podría plantearse que cuando un ciudadano reúna los requisitos para obtener una determinada prestación o, simplemente, el reconocimiento de un concreto derecho o, incluso, la cumplimentación de una obligación, fuera aquélla la que sin necesidad de llevar a cabo una actuación formalizada en un registro por parte del ciudadano, pero siempre previa su correspondiente autorización, iniciara de oficio una actuación que se pondría de manifiesto a aquél para que manifestara su conformidad, momento en el que se entendería reconocido el derecho o satisfecha la obligación. Todo ello a partir de la actuación automatizada, con los oportunos sellos de órgano o entidad, y según una concepción basada en la personalización de los servicios –cuestión que se abordará en el siguiente epígrafe–, que parte de la necesaria reconfiguración del procedimiento administrativo tal y como tradicionalmente se ha entendido y regulado.

O, incluso, específicamente por lo que se refiere a la contratación administrativa, cabría plantear la posibilidad de implantar sistemas dinámicos de contratación –categoría contemplada en la vigente normativa en la materia– para cierto tipo de bienes fácilmente identificables por sus características y en supuestos donde la opción exclusiva en función del precio esté plenamente justificada. Se trataría, en definitiva, de implantar herramientas inspiradas en los populares sistemas de subastas, fomentando la competencia entre los proveedores basada en la flexibilidad de las contraofertas y el uso de las redes sociales, de manera que todos ellos pudieran conocer las condiciones ofrecidas por un competidor y realizar una propuesta alternativa que les comprometiese jurídicamente. Mientras que, por lo que respecta a los órganos de contratación, fuera posible acceder a las opiniones del resto de usuarios en relación con el grado de satisfacción con el servicio ofrecido por los potenciales contratistas, generándose así perfiles de los mismos a partir de la evaluación realizada por los anteriores clientes en el ámbito de la misma u otras entidades públicas.

Pero no es menos cierto que, precisamente gracias a la utilización de la tecnología, las Administraciones Públicas pueden plantearse utilizar herramientas, llevar a cabo actuaciones y ofrecer prestaciones que por medios tradicionales resultaría imposible siquiera de imaginar, salvo con un alto coste en términos personales y materiales. El desafío a tales efectos consiste, por tanto, con la adopción de las oportunas garantías jurídicas que eviten perjuicios inadmisibles en particular para los intereses públicos, en reforzar y complementar las modalidades formalizadas de decisión y comunicación que, como no podría ser de otra manera, seguirán siendo las que comprometan en términos jurídicos la voluntad de las respectivas Administraciones Públicas cuando se requiera del ejercicio de las competencias en un sentido estricto.

Desde esta perspectiva, cabría plantearse la posibilidad de poner en marcha servicios que ofrecerían un indiscutible valor añadido tanto para los ciudadanos como para las entidades públicas. Sin ánimo exhaustivo se podría:

- fomentar el uso de las redes sociales para actos de comunicación que no requieran la formalidad estricta de las notificaciones, de manera que se pueda informar a los ciudadanos con carácter inmediato acerca de noticias, novedades o, en general, información relacionada con un determinado ámbito material competencia de la respectiva Administración que le pueda resultar de interés;

- implantar una política activa y sistemática de transparencia más allá del limitado ámbito del ejercicio formalizado del derecho de acceso a los archivos y registros, salvo que se trate de un procedimiento administrativo que requiera ostentar la condición de interesado;

- sustituir la rigidez y los inconvenientes de las numerosas e interminables sesiones de órganos colegiados por la mayor flexibilidad que ofrece la creación de grupos de trabajo –en su caso abiertos a la participación general de ciertos colectivos, como el personal al servicio de la propia entidad promotora, de otras o, incluso, de los ciudadanos a través de redes sociales– basados en el uso de medios telemáticos y herramientas colaborativas, sin perjuicio de que el resultado que se obtenga de los mismos deba luego ser sometido a la consideración del órgano competente;

- impulsar la participación en trámites de información pública más allá de la presentación de alegaciones a través del correspondiente registro, sin necesidad de utilizar la firma electrónica para la identificación del ciudadano y la garantía de integridad y autenticidad de la información, al menos cuando tales exigencias resulten innecesarias; pudiéndose crear, incluso, foros de discusión asociados a dicho trámite o herramientas colaborativas para la formulación de propuestas y borradores de alegaciones;

- o, en fin, reconocer formalmente el derecho de los ciudadanos a plantear dudas o requerimientos de información relacionados con el ámbito competencial de la respectiva Administración Pública mediante sistemas alternativos al registro de entrada, garantizándose la correspondiente respuesta, que bien podría consistir en la indicación de un enlace donde obtener la información o, en su caso, en la utilización de un sistema automatizado e intuitivo de atención que, por otra parte, podría articularse para facilitar la participación colaborativa del resto de usuarios –incluso otros ciudadanos– a través del propio servicio de información de la entidad.

2. LA PERSONALIZACIÓN DE LAS RELACIONES CON LA ADMINISTRACIÓN Y EL PROTAGONISMO DEL CIUDADANO

Teniendo en cuentas las reflexiones que se han realizado a lo largo de este trabajo, podemos afirmar que el efectivo impulso de la modernización tecnológica en el ámbito de la Administración Pública no pasa únicamente por la puesta en marcha de los servicios electrónicos, sino que exige un paso más que requiere un replanteamiento de la gestión pública para orientarla a las necesidades y preferencias de los ciudadanos[188], de manera que no se limiten a una mera posición pasiva restringida al ejercicio reactivo de sus derechos frente a eventuales incumplimientos por parte de aquélla. Al margen de las propuestas examinadas en el apartado anterior y como complemento de las que requieren un mayor nivel de formalización, podría fomentarse la puesta en marcha de iniciativas relacionadas con la creación de *perfiles avanzados de gestión* –en algunos casos denominados carpetas ciudadanas, aunque con funcionalidades más limitadas– a través de las cuales, con las oportunas exigencias en cuanto al uso de firma electrónica para la identificación,

---

[188] En opinión de Benyekhlef, el uso de medios electrónicos aboca a un nuevo *contrato social* que implica una reforma de las instituciones administrativas tradicionales para acercarlas a las necesidades de los ciudadanos, las empresas y, en general, la sociedad civil (K. BENYEKHLEF, «L'Administration Publique en ligne au Canada: précisions terminologiques et état de la réflexion», *Revue Française d'Administration Publique*, núm. 110, 2004, p. 269). Más aún, deberían ser ellos mismos quienes juzgasen hasta qué punto la tecnología está sirviendo para optimizar los recursos públicos y mejorar los servicios prestados [K. V. ANDERSEN, «Reengineering Public Sector Organisations Using Information Technology», en R. Heeks (ed.), *Reinventing Government in the Information Age*, Routlade, Nueva York, 2001, p. 325].

transmitir a la Administración Pública las preferencias del ciudadano en cuanto a las actuaciones administrativas que le afecten, de manera que se pudiera elegir el canal de sus relaciones, aportar los documentos que sean precisos para un trámite a partir de un repositorio personal ubicado en dicha carpeta, actualizar sus propios datos personales a fin de que cualquier Administración pueda disponer de la versión más reciente o, incluso, recibir la notificación de actos administrativos.

Pero más allá de la dimensión formal, un eventual derecho a la personalización de los servicios electrónicos que ofrecen las Administraciones Públicas podría incluir, entre otras prestaciones:

- la suscripción de servicios de alerta y novedades en los ámbitos materiales y en relación con los tipos de actuaciones –iniciativas de elaboración de normas, apertura de trámites de información pública...– en los que el ciudadano haya manifestado su preferencia;

- la valoración y puntuación de los contenidos y servicios ofrecidos por la Administración, de manera que el resto de los ciudadanos pueda, a su vez, hacer una utilización más eficaz de los recursos que ofrece la Administración Pública, detectando aquéllos que le pueden resultar de mayor interés y utilidad;

- la posibilidad de iniciar temas de discusión y debate que, bajo la coordinación del personal de la Administración, puedan servir a esta última para orientar sus líneas prioritarias de actuación, en lo que se ha denominado una actitud de *escucha activa*[189];

- o, entre otros, servicios de atención personalizada que, ante un determinado trámite o actuación, no sólo le expliquen al ciudadano los pasos a seguir sino que, asimismo, les dirijan para su efectiva realización, llegado el caso incluso utilizando los mecanismos e instrumentos formales –firma, registro, sede electrónicos...– que aseguren los plenos efectos jurídicos de aquéllos.

Quizás el mayor peligro que plantea la personalización de los servicios se refiere a la necesidad de intensificar los tratamientos automatizados de la información personal de los usuarios, no sólo por lo que se refiere estrictamente a la posibilidad de obtener más información de los mismos sino, además y sobre todo, en relación a la creación de grupos de ciudadanos a partir de sus perfiles de uso de los servicios electrónicos, con el consiguiente riesgo para el principio de igualdad[190]. En definitiva, esta circunstancia evidencia la necesidad de fortalecer el estricto cumplimiento de las garantías formales en materia de protección de datos personales; en particular promoviendo el uso de información disociada, así como reforzando las limitaciones del uso de la información sin consentimiento justificadas en la prestación de servicios de valor añadido, de manera que los contornos

---

[189] A modo de ejemplo, véase http://escucha.navarra.es/ (última visita: 15/10/2012).
[190] Cfr. M. LIPS, «E-Government Under Construction...», ob. cit., pp. 42 y 44.

difusos del principio de finalidad –en su manifestación de prohibición de los usos incompatibles– queden fijados con mayor nitidez.

3. HACIA UNA COLABORACIÓN MÁS INTENSA Y FLEXIBLE CON EL SECTOR PRIVADO

También son notables las posibilidades de colaboración con los ciudadanos, las empresas, asociaciones y otras entidades que permiten las tecnologías de la información y la comunicación, tanto a través de sistemas formalizados como, sobre todo, más flexibles y desprovistos de la necesidad de suscribir un documento en sentido estricto en el que se deje constancia del contenido y objeto de la relación jurídica[191]. Ahora bien, la innovación apoyada en la tecnología también se está proyectando en la contratación del sector público, especialmente en busca de una mayor eficiencia, tal y como se demuestra con la externalización de ciertos servicios a través de la denominada *computación en la nube*, de la que nos ocuparemos más adelante. Otro ejemplo, con un nivel menor de formalización, sería la reutilización comercial de la información administrativa que se articule a través de la concesión de las oportunas licencias, una de cuyas modalidades

---

[191] Se trata de un signo característico de la actividad administrativa actual, de manera que las Administraciones Públicas son cada vez más dependientes no sólo de las comunicaciones con otras entidades públicas sino, de forma creciente, con los sujetos privados, evidenciándose así la necesidad de proceder a una adaptación de categorías clásicas como el procedimiento (J. BARNES, «El procedimiento administrativo y el gobierno electrónico», *Cuadernos de Derecho Local*, núm. 22, pp. 90 y 91).

–la licencia-tipo– no requiere un acto expreso de concesión sino, simplemente, la aceptación tácita de su contenido. Se trata de una manifestación más avanzada del derecho de acceso que, a pesar de que ya dispone de un marco legislativo en España desde hace varios años, no ha terminado de consolidarse debido, entre otras, razones, a las dificultades para obtener la información en las condiciones técnicas que faciliten su tratamiento para la posterior oferta de servicios y prestaciones de valor añadido que puedan ser viables desde el punto de vista comercial.

Sin embargo, la mayor potencialidad de la colaboración aludida se daría a través de mecanismos informales que, no obstante, también presentan relevantes dificultades desde la perspectiva jurídica que no pueden dejar de tenerse en cuenta. A este respecto podríamos sistematizar estas iniciativas en tres categorías en función de los sujetos a los que se implicaría:

- los ciudadanos y las asociaciones, en relación con los cuales las posibilidades de colaboración podrían tener como objeto desde la comunicación de incidencias cuya resolución corresponda a la Administración –con garantía de al menos una respuesta acusando recibo y, posteriormente informando sobre el estado de resolución– utilizando dispositivos móviles que ofrezcan parámetros de geolocalizacion y la aportación de contenidos audiovisuales que faciliten la gestión a realizar, por lo que se refiere a los primeros; hasta la canalización de la participación y la remisión formal de alegaciones y propuestas que podrían hacer las segundas en relación con trámites e iniciativas puestas en marcha por la Administración Pública, a cuya disposición pondrían bien directamente las intervenciones individuales de los ciudadanos realizadas en el proceso de participación que hubiesen promovido o, en su caso, el resultado elaborado de las mismas a fin de dotarles de mayor sistematización o precisar su alcance, sin perjuicio de que la entidad pública pudiera en cualquier momento disponer de las intervenciones originales;

- las empresas y otros prestadores de servicios profesionales, que podrían colaborar en el desarrollo de aplicaciones y servicios electrónicos que, previa su oportuna evaluación, se podrían poner al servicio de los ciudadanos por parte de aquéllos, incluso con carácter comercial; y, claro está, la posibilidad, siempre que no exista una contraprestación que determine la aplicación de la normativa sobre contratación pública, de que las propias Administraciones Públicas utilicen los recursos que ofrecen terceros para la mejor prestación de sus propios servicios de manera más avanzada;

- el personal al servicio de la Administración Pública, que podría ver satisfechas sus legítimas expectativas –sobre todo como profesionales, pero también en su condición de simples ciudadanos– de mejorar la prestación de los servicios mediante sus aportaciones a través de procedimientos flexibles que, más allá del estricto cumplimiento de sus funciones formales, permitan ofrecer valor añadido a sus tareas participando en grupos de discusión y trabajo, incluso interadministrativos, de manera que el conocimiento y la experiencia sobre la misma materia puedan ser compartidos; elaborando documentos de forma colaborativa con otros profesionales y también con los ciudadanos; o, sin ánimo exhaustivo, a través de debates en redes sociales profesionales que, con las oportunas comprobaciones incluso pudieran servir como criterios a tener en cuenta a efectos de demostrar la adquisición de competencias que, en última instancia y dependiendo de las concretas circunstancias en que se produzca, tengan efectos desde el punto de vista de su reconocimiento como actividades de formación profesional.

II. IMPLICACIONES JURÍDICAS DE LA INNOVACIÓN TECNOLÓGICA DESDE LA PERSPECTIVA DEL DERECHO ADMINISTRATIVO ESPAÑOL

Al margen de las deficiencias en el modelo y la regulación de la LAE, el efectivo aprovechamiento de las posibilidades que la tecnología presenta para fomentar la innovación en el ámbito de la Administración Pública requiere de un replanteamiento del papel que ha de jugar el Derecho como motor para el cambio, más que como obstáculo que impide la modernización en base a interpretaciones injustificadamente rigoristas, inadecuadas o, simplemente, que desconocen la realidad tecnológica en la que han de ser aplicadas las normas. Este desafío no pasa en muchos casos por modificar las normas vigentes sino, antes al contrario, por llevar a cabo una interpretación mejor adaptada que, no obstante, permita garantizar la seguridad jurídica frente a los problemas y dificultades que pudiera plantear la tecnología. Incluso, en algunos supuestos, cuando la naturaleza de la actuación a realizar o de la comunicación que se pretende llevar a cabo así lo permita y en la medida que las ventajas que supondría lo justifiquen, cabría admitir una flexibilización de las exigencias formales previstas con carácter general o, al menos, el establecimiento de criterios jurídicos al margen de las limitaciones antes referidas de las normas jurídico-positivas.

Veamos algunos ejemplos a partir de los principales desafíos que plantea la innovación tecnológica al régimen jurídico en vigor de las Administraciones Públicas.

1. SIMPLIFICAR EL ACCESO A LOS SERVICIOS

Si bien en muchos casos la utilización de los registros electrónicos es el único cauce admisible –en particular, cuando resulte necesario tramitar un procedimiento administrativo que finalizará con la correspondiente resolución dictada por el órgano competente para ello–, no es menos cierto que en una buena parte de las actuaciones que realizan los ciudadanos con las Administraciones Públicas tal rigorismo formal resulta innecesario. Desde esta perspectiva hay que interpretar el alcance del artículo 35.1 LAE, ejemplo sin duda paradigmático de hasta qué punto la contundencia de los términos empleados por el legislador no sólo carece de justificación sino que, incluso, podría llevar a negar la validez de actuaciones perfectamente justificadas: ¿o es que no se puede iniciar un procedimiento a solicitud del interesado por medios electrónicos sin utilizar un modelo normalizado de solicitud? Aun cuando el citado precepto afirme tajantemente que «la iniciación de un procedimiento administrativo a solicitud de interesado por medios electrónicos requerirá la puesta a disposición de los interesados de los correspondientes modelos o sistemas electrónicos de solicitud en la sede electrónica», no puede sin embargo negarse al ciudadano la posibilidad de utilizar modelos que no se encuentren normalizados, pues de lo contrario se dejaría sin sentido la previsión del artículo 24.2.b) LAE y, asimismo, se vulneraría el derecho reconocido en el artículo 70.4 LRJAP.

Insistiendo en la flexibilidad, cabría imaginar que el ciudadano hubiera prestado su consentimiento previamente para que, en ciertos supuestos, sea la propia Administración quien le comunique que reúne los requisitos exigidos al efecto e, incluso, le ofrezca la confirmación de cierta información que, sin llegar a ser una solicitud estructurada en los términos del artículo 70 LRJAP, pueda convertirse en resolución que comprometa a la Administración simplemente con la aceptación del interesado; al menos con carácter provisional cuando fuesen precisas ulteriores comprobaciones. No se trata, por tanto, de que el procedimiento se haya tramitado de oficio o a solicitud de aquél: es que ni siquiera habrá existido en un sentido estricto. Ciertamente, esta modalidad de tramitación proactiva –muy extendida en el ámbito tributario, del que es claro ejemplo la declaración de la renta– no será susceptible de generalizarse para todas las decisiones administrativas, pero podría tener una mayor aplicación práctica de la que ha venido gozando hasta la fecha, sin que se resientan por ello las garantías jurídicas, en particular si tenemos en cuenta el impulso que en los últimos años están recibiendo técnicas como la declaración responsable y la comunicación previa.

Por otra parte, la exigencia legal de accesibilidad también requiere no sólo de una mayor simplicidad en el funcionamiento de las aplicaciones y los sistemas de información sino, además, de una concepción –y, por tanto, un diseño– en la que prime la utilidad de los servicios ofrecidos al ciudadano no ya únicamente en sí mismos considerados sino, sobre todo, en razón de la forma en la que son prestados. Resultaría por tanto de gran importancia crear un portal único de acceso a los servicios de todas las Administraciones Públicas en función de las prestaciones que requiera cada colectivo –personas físicas, empresas, asociaciones...– con independencia de a cuál de ellas corresponda la competencia para cada trámite; cuestión esta última que, sin duda, resulta irrelevante para el usuario, al menos en un primer momento, y que se puede solventar mediante un redireccionamiento a la sede electrónica que corresponda. No parece que la limitada concepción que mantiene el artículo 8.2.b) LAE en relación con esta posibilidad, al limitarla al ámbito estatal, pueda considerarse un obstáculo para poner en marcha un proyecto innovador que, partiendo de iniciativas ya impulsadas, permita superar las barreras y problemas que supone para el ciudadano la fragmentación competencial característico de nuestro sistema político-administrativo. Sin duda el *Portal 060*[192] constituye un avance considerable en esta línea, si bien es preciso advertir que, por una parte, existen importantes ausencias en los servicios ofrecidos –sobre todo locales, aunque también muchos autonómicos– y, por otra, bajo la apariencia de ofrecer servicios integrales y trámites que se pueden cumplimentar, con demasiada frecuencia se

---

[192] http://www.060.es/ (última visita: 15/10/2012).

esconden enlaces que no dirigen más que a un aviso de error o indisponibilidad del sistema de información. En última instancia, las deficiencias expuestas en capítulos precedentes por lo que se refiere a la exigibilidad de los derechos en los ámbitos local y autonómico constituyen una rémora demasiado pesada para afrontar un desafío como el propuesto.

Más aún, teniendo en cuenta que el artículo 4.c) LAE ha establecido como principio general la accesibilidad a la información y a los servicios por medios electrónicos, aunque matice su alcance al supeditarlo a «los términos establecidos por la normativa vigente en esta materia, a través de sistemas que permitan obtenerlos de manera segura y comprensible», debería facilitarse la comunicación permitiendo, por ejemplo, la utilización del correo electrónico o de formularios específicos para plantear dudas o recabar información –artículo 35.g) LRJAP– con plenas garantías jurídicas. Asimismo, la accesibilidad también podría fomentarse mediante sistemas telemáticos de atención inmediata, ya sean automatizados ya a través del personal adscrito a los respectivos servicios de atención, aprovechando para ello mecanismos informales como las videoconferencias y los chats.

2. FOMENTAR LA PARTICIPACIÓN: UNA OPORTUNIDAD PARA INTENSIFICAR EL CARÁCTER DEMOCRÁTICO DE LA ADMINISTRACIÓN

Una de las principales posibilidades que ofrece la tecnología es el fortalecimiento del carácter democrático de la Administración Pública al facilitar la participación de los ciudadanos o, en términos más tecnológicos, la interactividad[193], sin duda una dimensión de la innovación que no puede ser minusvalorada por cuanto, en última instancia, son ellos los destinatarios de los servicios públicos. A este respecto, tal y como se expuso con anterioridad, la exigencia de identificación fidedigna a través de la firma digital –ya sea avanzada, ya reconocida– constituye un requerimiento excesivo en aquellos casos en que la acreditación de una determinada posición jurídico-subjetiva resulte prescindible para conseguir el objetivo principal pretendido con el trámite o la actuación administrativa, tal y como sucedería singularmente con la información pública en los procedimientos administrativos y, en particular, en los de elaboración de disposiciones de carácter general.

En efecto, ya que la formulación de alegaciones en dichos trámites no supone necesariamente la condición de interesado a quien las realice, resulta superflua la identificación del autor en aquellos supuestos en que la participación no requiera ostentar tal condición, de manera que si lo que se pretende es conocer el punto de vista de los ciudadanos en relación con una determinada iniciativa de la Administración no tiene sentido imponer un requisito desproporcionado como la identificación fidedigna[194]; a salvo, claro está,

---

[193] Éste es, precisamente, uno de los grandes desafíos a la hora de aprovechar el potencial innovador del uso de medios electrónicos en el ámbito de las relaciones entre los ciudadanos y las Administraciones Públicas, de manera que se ofrezcan más que meros servicios electrónicos [V. Pina, L. Torres y S. Royo, «Are ICTs Improving Transparency and Accountability in the EU Regional and Local Governments. An Empirical Study», *Public Administration*, vol. 85 (2), 2007, p. 467].

[194] Más aún, dadas las posibilidades de las herramientas colaborativas, cabe plantear con carácter general la posibilidad de que fuera deseable la participación colectiva e informal frente a la estrictamente individual o, en su caso, a través de medios formalizados, es decir, mediante un escrito o solicitud

de que se pretenda adquirir dicha condición a fin ejercer los derechos que corresponden a quien sí la tenga reconocida, en particular por lo que respecta a las comunicaciones que se realicen en relación con dicho trámite o, más en general, con el procedimiento al que se refiera. En consecuencia, cabría pensar que la identificación con firma digital fuera facultativa, de manera que quien optara por un sistema menos exigente –caso, por ejemplo, de la utilización de una contraseña o, incluso, el anonimato– asumiría la carga de no poder ejercer los derechos que se reconocen a los interesados; sin perjuicio, claro está, de que en cualquier momento pudiera hacerlo a través de la vía oportuna y con estricto cumplimiento de las exigencias jurídicas y tecnológicas que procedan.

Por idénticas razones, el fomento de las redes sociales impulsadas desde la Administración debe ser otro elemento a tener en cuenta ya que constituyen en la actualidad uno de los principales instrumentos para dinamizar la participación. Ahora bien, antes de facilitar estas vías de comunicación a los ciudadanos, debe tenerse en cuenta que su flexible configuración y su funcionamiento informal plantean nuevos riesgos jurídicos que, en todo caso, deben valorarse a fin de evitar incurrir en responsabilidad patrimonial o, incluso, de otra naturaleza; ya que, al menos dada la modalidad que ahora nos interesa, en última instancia constituyen una he-

---

firmado por concretas personas físicas o jurídicas. A este respecto, más allá del mayor respeto en relación con las garantías de la protección de los datos personales de los ciudadanos, se ha destacado el potencial de los grupos en la medida que permiten integrar el conocimiento y la especialización de varias personas de forma simultánea a través de instrumentos colaborativos (B. S. Noveck, *Wiki Government. How Technology Can Make Government Better, Democracy Stronger, and Citizens More Powerful*, Brookings, Washington, 2009, pp. 108 y 110).

rramienta cuya titularidad ha de corresponder a la propia entidad pública, puesto que nada impide que existan otras iniciativas promovidas por particulares. En este sentido, más allá de pretensiones regulatorias a través de normas jurídicas en sentido estricto –posibilidad que consideramos excesiva e innecesaria– la seguridad jurídica que requiere su funcionamiento podría conseguirse a través de recomendaciones o guías de uso[195]. En todo caso, al igual que en el supuesto anterior, el compromiso de la Administración no ha de ser tanto dar una respuesta expresa a cualquier intervención que tenga lugar por estos medios sino, más bien, facilitar la participación y adoptar una actitud receptiva que la favorezca, aun cuando posteriormente las decisiones que se adopten no se ajusten al sentido de las intervenciones de los ciudadanos.

3. FACILITAR EL ACCESO Y LA DIFUSIÓN PERSONALIZADA DE INFORMACIÓN ADMINISTRATIVA

Aunque deba recordarse que el acceso a la información por medios electrónicos constituye una premisa inexcusable para la prestación del resto de servicios administrativos, más allá de esta obviedad lo cierto es que las condiciones en las que el mismo se produzca resultan determinantes para facilitar la innovación en este ámbito. En efecto, superando una concepción reactiva en el ejercicio de este derecho

---

[195] A este respecto, véase http://www.gencat.cat/web/meugencat/documents/guia_usos_xarxa_es.pdf para la Comunidad Autónoma de Cataluña y, para la del País Vasco, http://www.irekia.euskadi.net/assets/a_documents/1218/Gui%CC%81a_de_usos_y_estilo_en_las_Redes_Sociales_del_Gobierno_Vasco.pdf (última visita en ambos casos: 10/09/2012).

en la que es el ciudadano quien ha de exigir su efectividad, la gran posibilidad que permite la tecnología es que sea la Administración Pública quien ofrezca la información de manera activa, esto es, sin necesidad de petición alguna por los interesados[196]. Más allá de difusiones generales de información que, sin duda, constituyen una inexcusable exigencia de transparencia en una Administración democrática, el gran desafío es la personalización del acceso automatizado, modalidad que ya se encuentra disponible sin mayores problemas en muchos servicios privados. Cada usuario podría de esta manera decidir qué tipo de información desea recibir sin tener que formular una solicitud formalizada y, lo más importante, sin que el personal al servicio de la Administración deba realizar actuación alguna, despareciendo por tanto una de las principales razones en que se había basado la tradicional concepción tan restrictiva del derecho de acceso que, a pesar de las posibilidades que ofrece la tecnología, caracteriza todavía el marco legal vigente.

Aunque sería de gran utilidad que para el acceso a la información general −es decir, que no se vincule a una de-

---

[196] En este sentido, se ha llegado a proponer la configuración como servicio público de esta actividad cuyo contenido desde la perspectiva de los derechos del ciudadano y las obligaciones de la Administración son, sin embargo, difíciles de precisar de manera concreta. A este respecto, cfr. A. CERRILLO I MARTÍNEZ, «The Regulation of Diffusion of Public Sector Information...», ob. cit., p. 197; E. MALARET I GARCÍA, «Els serveis públics informacionals: l'emergència de nous serveis públics en la societat de la informació i del coneixement», *Revista catalana de Derecho Público*, núm. 35, 2007, pp. 170 a 174; C. ALONSO ESPINOSA, «La información en la Red y el principio de neutralidad tecnológica: la libertad de expresión y la difusión de información administrativa», *Revista Vasca de Administración Pública*, núm. 81, 2008, pp. 45 a 59; así como R. MARTÍNEZ GUTIÉRREZ, *Administración Pública electrónica*, Thomson-Civitas, Madrid, 2011, p. 466.

terminada posición jurídica– se reconociera legalmente un derecho en los términos antes planteados, es decir, personalizable y automatizado, sin necesidad de una solicitud formal, lo cierto es que no resulta imprescindible adoptar reforma normativa alguna, ya que bastaría una voluntad efectiva por parte de la Administración Pública al respecto, tal y como demuestran los diversos servicios de novedades que, previa la oportuna suscripción por medios electrónicos, ya funcionan con cierto éxito[197].

Pero al margen de la anterior modalidad, la innovación tecnológica permitiría superar algunas de las rigideces y dificultades que afectan al modelo formalizado que se aplicaría cuando el acceso requiera una determinada posición jurídica como interesado, fortaleciendo de este modo el cumplimiento de ciertas obligaciones informativas que, en la práctica, se ignoran con relativa frecuencia dada la ausencia de consecuencias invalidantes. En efecto, más allá de que se requiera el uso de la firma electrónica para probar la identidad de quien pretenda el acceso –que podría ser incluso automatizado, según se indicó anteriormente–, se podrían utilizar herramientas más flexibles como el correo electrónico o la mensajería *sms* para, de forma automatizada, avisar a los interesados de cualquier novedad relativa a un expediente, tal y como podría suceder con la obligación que contempla el artículo 42.4 LRJAP en orden a informarles acerca del «plazo máximo normativamente establecido para la resolución y notificación de los procedimientos, así como de los efectos

---

[197] Así, por ejemplo, listas de correo electrónico específicas o, con funcionalidades más dinámicas, canales RSS o Atom que permiten recibir las novedades previamente suscritas.

que pueda producir el silencio administrativo»; o, en general, de los sucesivos trámites y novedades que se vayan produciendo en la tramitación del procedimiento.

Incluso, la proactividad y personalización en la remisión de información por dichas vías más informales podría aplicarse en los supuestos del artículo 34 LRJAP, de manera que, siempre que se cuente con el oportuno consentimiento de los interesados, si durante la tramitación de un procedimiento «se advierte la existencia de personas que sean titulares de derechos o intereses legítimos y directos cuya identificación resulte del expediente y que puedan resultar afectados por la resolución que se dicte» se les podría llevar a cabo la comunicación por esta vía. En todo caso, dadas las implicaciones que desde la perspectiva de la protección de los datos personales puede tener esta alternativa y en concreto en aplicación del principio de calidad[198] –artículo 4 LODP–, en modo alguno cabría utilizarla para procedimientos de los que se pudieran derivar actos desfavorables o de gravamen para los interesados, a menos que exista consentimiento por su parte; sin perjuicio, claro está, de utilizar aquella vía que proceda, ya electrónica ya presencial, que permita satisfacer las exigencias legales y técnicas que han de respetar las comunicaciones oficiales que deban remitirse en función de la naturaleza de la actuación administrativa y la norma aplicable.

---

[198] Precisamente, la intensificación de los tratamientos informativos que supone el uso de medios electrónicos obliga a reforzar el control acerca del efectivo cumplimiento de las exigencias derivadas de este principio (J. VALERO TORRIJOS, «Acceso a los servicios...», ob. cit., p. 409).

4. FLEXIBILIZAR EL FUNCIONAMIENTO DE LOS ÓRGANOS COLEGIADOS

Una última posibilidad a destacar, en este caso de carácter interno, consistiría en aplicar la innovación en el funcionamiento de ciertas estructuras de la Administración, en concreto para tratar de conseguir una mayor eficiencia en la gestión del tiempo y, en general, de las actividades que requieren la puesta en común de trabajos, proyectos, iniciativas o, en su caso, decisiones. En concreto, se trataría de utilizar las tecnologías de la información y la comunicación para flexibilizar la excesiva formalidad que, con demasiada frecuencia, caracteriza las reuniones de grupos de trabajo y, en particular, de los órganos administrativos colegiados, si bien mientras que en el primer caso no habría mayores dificultades jurídicas en relación con estos últimos deberían hacerse algunas matizaciones adicionales[199].

En efecto, la disposición adicional primera LAE admite que los órganos colegiados puedan constituirse y adoptar acuerdos utilizando medios electrónicos, siempre que se respeten los trámites esenciales establecidos en los artículos 26 y 27.1 LRJAP. Si bien cabría realizar una interpretación restrictiva de esta autorización, lo cierto es que también es admisible llevar a cabo un planteamiento más ajustado a las potencialidades que brinda la tecnología, aunque para ello resulta imprescindible adaptar las garantías jurídicas que dichos preceptos consagran, al menos por vía interpretativa

---

[199] Con carácter general, aunque con anterioridad al régimen legal analizado, cfr. A. CERRILLO I MARTÍNEZ, *Órganos colegiados electrónicos. El uso de las TIC en el funcionamiento de los órganos colegiados de la Administración*, Thomson-Aranzadi, 2006, pp. 105 y ss.

mientras no se produzca alguna reforma que precise normativamente su alcance. De lo contrario, existe un riesgo cierto de que se consideren incumplidas las reglas esenciales para la formación de la voluntad colegiada que, en consecuencia, conllevaría la invalidez de las decisiones que pudieran adoptarse.

En primer lugar, no habría mayores inconvenientes a la hora de admitir que la remisión de las convocatorias se realice por medios electrónicos con las oportunas garantías en cuanto al uso de firma electrónica a fin de asegurar su integridad y autenticidad. A este respecto, debe tenerse en cuenta que la antelación de al menos cuarenta y ocho horas con que ha de recibirse la convocatoria por parte de los miembros del órgano podría entenderse contraria al régimen de notificación que, en relación con el uso de medios electrónicos, prevé el artículo 28 LAE en la medida que concede un plazo de diez días naturales al destinatario antes de que, en caso de no haber accedido efectivamente, produzca sus efectos el acto objeto de la comunicación. Sin embargo, como puede comprenderse, la aplicación de este régimen dejaría sin sentido el plazo específico establecido para los órganos colegiados, ya que obligaría a realizar la convocatoria con al menos doce días naturales de antelación, exigencia que supondría una grave distorsión en el funcionamiento de estos órganos[200].

Por lo que se refiere a la válida constitución del órgano, el artículo 26.1 LRJAP requiere la *presencia* de un cierto número de miembros, de manera que cabría pensar que en principio sólo se han de admitir aquellas posibilidades que

---

[200] J. VALERO TORRIJOS, *El régimen...*, ob. cit., p. 170.

permitan la simultaneidad en dicha presencia, tal y como sucedería con la videoconferencia, sistemas de audio similares o, incluso, los que funcionan a través del intercambio de texto. Ahora bien, se trata de una interpretación excesivamente rigorista ya que el referido precepto legal está concebido –año 1992– para un contexto donde el desarrollo tecnológico no permitía otra posibilidad que la reunión presencial y, por tanto, la simultaneidad de la presencia resultaba inexcusable. Sin embargo, atendiendo al espíritu de la norma y la anterior habilitación legal, podría afirmarse que la razón de ser de dicha exigencia es que exista la posibilidad de que se produzca una deliberación, de manera que los integrantes del órgano tengan la oportunidad de exponer su punto de vista y contrastarlo con los del resto, teniendo lugar finalmente una votación en tanto que mecanismo que va a permitir imputar una decisión al órgano más allá del criterio individual de cada uno de sus miembros.

Desde esta perspectiva las circunstancias de lugar y tiempo en que ha de verificarse la presencia de los miembros no han de interpretarse como una exigencia de simultaneidad, ya que los medios electrónicos disponibles permitirían diversas alternativas. Por lo que se refiere a las primeras, no es imprescindible la existencia de un entorno virtual específico sino que bastaría la utilización del correo electrónico siempre que los destinatarios de las comunicaciones relativas a las intervenciones y comentarios realizados fueran la totalidad de los miembros del órgano, así como quien ocupe la presidencia y la secretaría. Aunque también cabría imaginar un entorno donde fuera posible seguir las intervenciones del resto y aportar las propias, de manera que pudiera entablarse una deliberación sobre los puntos incluidos en el orden del día; lo que, a diferencia del supuesto anterior, requeriría de un sistema de identificación electrónico –no necesariamente firma avanzada o reconocida– de los participantes para dejar constancia de la autoría en las intervenciones. En relación con la fecha y hora de la sesión, bastaría con que la convocatoria especificara el término máximo hasta el que podrán realizarse las intervenciones que, una vez expirado, permitiría organizar las correspondientes votaciones.

La votación constituye el medio a través del cual cada miembro manifiesta su decisión en relación con los asuntos previamente deliberados y, de este modo, contribuye a la formación de la voluntad colegiada. Por ello resulta imprescindible que por parte de quien ocupe la presidencia se fijen claramente los términos de las mismas, esto es, su objeto, si es que previamente no se hubieren establecido. A diferencia de las intervenciones, resulta esencial la utilización de firma electrónica avanzada o reconocida a tal efecto, ya que a través de la votación se está conformando la voluntad del órgano administrativo y, asimismo, el sentido del voto puede determinar la concurrencia de responsabilidad a cada miembro en los términos del artículo 27.4 LRJAP, de ahí que deban adoptarse las medidas que vinculen inequívocamente al emisor del voto con el sentido de su decisión. De la misma manera, tales exigencias son aplicables a la firma del acta por el secretario y al visto bueno presidencial; si bien, en relación con su contenido, podría consistir tanto en un documento escrito como, en su caso, en la grabación visual o sonora de las intervenciones de los miembros del órgano.

III. EL USO DE REDES SOCIALES EN INTERNET POR LAS ADMINISTRACIONES PÚBLICAS

1. LAS SINGULARIDADES DE LAS REDES SOCIALES EN EL ÁMBITO ADMINISTRATIVO: CARACTERIZACIÓN Y TIPOLOGÍA

a) LAS REDES SOCIALES Y LA *WEB 2.0*, UN NUEVO RETO PARA LAS ADMINISTRACIONES PÚBLICAS

Una de las principales características que definen el actual desarrollo de la tecnología vinculada a las comunicaciones es la complejidad de los medios utilizados, lo que conlleva una notable dificultad para cualquier pretensión de acercamiento conceptual y/o de ordenación tipológica. Más aún, las iniciativas a este respecto se han multiplicado notablemente en un intento de comprender una realidad que está transformando las relaciones interpersonales y, por lo que ahora nos interesa, entre las Administraciones Públicas y los ciudadanos. Uno de los paradigmas que mayor éxito ha tenido en los últimos años es la denominada *web 2.0*[201], expresión con la que se ha pretendido hacer referencia a la plataforma que ofrece Internet para, desde la interoperabilidad, compartir información y participar de forma colaborativa en el desarrollo de nuevos servicios centrados en el usuario o, en su caso, rediseñar los ya existentes para hacer frente a este desafío[202]. Se trata de un entorno altamente

---

[201] Para una visión general sobre este fenómeno, véase T. O'REILLY, «What is *Web 2.0*», *O'Reilly Media*, 2005, accesible a través de Internet en http://oreilly.com/web2/archive/what-is-web-20.html (última visita: 28/10/2012).

[202] Como señala MILLARD, uno de los principales desafíos que conlleva la *web 2.0* en el ámbito del sector público es que requiere la acción coordinada

dinámico[203] donde el cambio y la innovación son elementos consustanciales[204], lo que supone un desafío indudable para las notas de permanencia y formalismo que caracterizan a las normas jurídicas y, en particular, al modelo de regulación en que se asienta la Administración *burocrática*.

Al margen de las alternativas de futuro que plantea esta modalidad de comunicación para las relaciones entre los poderes públicos y los ciudadanos[205], entre las herramientas que más éxito han demostrado en esta nueva plataforma que ofrece la tecnología se encuentran las denominadas *redes sociales*, categoría de contornos asimismo difusos[206] que, con carácter general, se caracteriza por la creación de una comunidad de usuarios en un determinado entorno –normalmente controlado por un tercero, que hace función de

---

con los diversos actores de la sociedad civil, de manera que aun cuando los poderes públicos sigan siendo actores principales en este desafío no lo pueden afrontar aisladamente (J. MILLARD, «Government 1.5...», ob. cit., p. 47).

[203] En consecuencia, cualquier valoración que podamos hacer al respecto habrá de estar necesariamente impregnada de prudencia debido a la falta de certeza sobre la evolución de estas herramientas (J. I. CRIADO Y OTROS, «Experiences Using Social Networks in Spanish Public Administrations», en *WIMS '11 Proceedings of the International Conference on Web Intelligence, Mining and Semantics*, AMC, Nueva York, 2011, p. 5).

[204] J. MORRISON, «Gov 2.0...», ob. cit., p. 559.

[205] Sin duda uno de los principales desafíos se refiere a la participación de los ciudadanos en los procesos de elaboración de normas, ámbito en el que tradicionalmente se han esgrimido importantes limitaciones ante la imposibilidad de hacer frente a una potencial participación que supere las posibilidades de gestión de las aportaciones recibidas. En relación con el uso de la *web 2.0* en este ámbito, véase C. R. FARINA Y OTROS, «Rulemaking 2.0», *University of Miami Law Review*, núm. 65, 2011, pp. 395 y ss., donde se ofrece una sugerente aportación basada en la implementación de un proyecto en este ámbito.

[206] Bajo este rótulo podemos encontrar aplicaciones tan distintas como las que se articula a través de Facebook, Linkedin, Youtube, Slideshare, Twitter o, incluso, ciertas modalidades de *blogs*.

intermediario– conectados entre sí, que comparten información y pueden interactuar para el intercambio de opiniones y el desarrollo de contenidos de forma colaborativa. En el ámbito de las Administraciones Públicas las redes sociales gozan de una creciente popularidad, hasta el punto de que han permitido superar las limitaciones propias de una actividad de difusión y comunicación unilateral[207], en la que el ciudadano se limitaba a una posición meramente pasiva, dando paso a un nuevo modelo en el que este último adquiere un notable protagonismo al asumir un papel activo basado en la participación y la colaboración, es decir, en la interacción con la propia Administración y el resto de los usuarios. Como destaca Cerrillo, la *web 2.0* no sólo ha consolidado que los ciudadanos puedan acceder a la información que proporcionan las Administraciones Públicas, sino que los convierte en significados actores del proceso de difusión[208].

En consecuencia, una de las principales características de las redes sociales consiste en que los usuarios adquieren un protagonismo destacado, aportando ideas y comentarios, generando contenidos y, en general, participando activamente. Esta colaboración constituye quizás uno de los elementos cuyas implicaciones jurídicas resulta más difícil concretar, en particular cuando son las Administraciones Públicas las que ponen en marcha dichas herramientas. En todo caso,

---

[207] I. Criado y otros, «Experiences...», ob. cit., pp. 1 y 2.

[208] A. Cerrillo i Martínez: «Web 2.0 y la participación ciudadana en la transparencia administrativa en la sociedad de la información», en L. Cotino Hueso (coord.), *Libertades de expresión e información en Internet y las redes sociales: ejercicio, amenazas y garantías*, Universidad de Valencia, 2011, pp. 139 y 140.

según destaca Trudel[209], es precisamente el dinamismo de la *web 2.0* lo que determina que tales instrumentos puedan, en cierta medida, encontrarse más allá del alcance de las regulaciones tradicionales aprobadas por los poderes públicos.

En el caso de las Administraciones Públicas, tal y como se ha señalado, las redes sociales permiten superar las restricciones propias del modelo tradicional de relaciones con los ciudadanos, en gran medida caracterizado por la formalización de las actuaciones –solicitudes, registros, notificaciones...–, su limitada participación en las decisiones administrativas por cuanto normalmente se adoptan unilateralmente y, sobre todo, la falta de interacción entre los propios ciudadanos en aras a facilitar la colaboración informal, ya individual ya colectiva, con la actividad de aquéllas. Así pues, al menos con carácter general, las redes sociales se resisten por su propia dinámica a la formalización de las relaciones que se entablan a través de ellas tal y como se conciben desde la perspectiva jurídico-administrativa, de manera que las garantías en cuanto a la identificación de los usuarios o la integridad y autenticidad de la documentación quedan en gran medida desplazadas o en un segundo plano.

Por otra parte, dado el mayor dinamismo que caracteriza la intervención de los usuarios, los parámetros que han inspirado tradicionalmente el control y la ordenación de la participación y la colaboración de los ciudadanos en la actividad administrativa deben ser adaptados a las singularidades de las redes sociales. En efecto, la inmediatez de sus intervenciones y la facilidad para replicar instantáneamente resulta

---

[209] P. TRUDEL: «*Web 2.0* Regulation: A Risk Management Process», *Canadian Journal of Law and Tehcnology*, núm. 7 (2), 2010, pp. 243 y 244.

incompatible con la realización de trámites formalizados a través de medios más rígidos –incluso tecnológicos, tal y como sucedería con los registros o el correo electrónico– que permitan supervisar y, en su caso, aceptar las propuestas, sugerencias, comentarios o, incluso, las quejas que aquéllos planteen. En consecuencia, los controles y precauciones han de establecerse no sólo desde la reacción sino, además y sobre todo, preventivamente ya que, de lo contrario, en muchas ocasiones las consecuencias ilícitas o, al menos, indeseadas pueden llegar a ser irreversibles.

Desde la perspectiva jurídica, el análisis de las implicaciones que las redes sociales suponen para la Administración Pública nos obliga a partir de una elemental premisa: dada la flexibilidad y versatilidad que les caracteriza resulta imprescindible llevar a cabo, al menos, una mínima actividad de ordenación y clasificación, de manera que las consecuencias jurídicas que se deriven de nuestro análisis tengan en cuenta las singularidades propias de cada una de las modalidades existentes.

b) CRITERIOS PARA LA CLASIFICACIÓN DE LAS REDES SOCIALES EN EL ÁMBITO ADMINISTRATIVO

Si bien cualquier intento de ordenación de la realidad a través de una clasificación siempre adolecerá de un cierto relativismo, esta dificultad se acrecienta al referirnos a las manifestaciones de la *web 2.0* ya que la versatilidad es una de las principales características de las numerosas aplicaciones que han surgido bajo este paraguas conceptual. Teniendo en cuenta esta singularidad, a los solos efectos que nos ocupan y sin pretensión alguna de exhaustividad, podemos clasificar las redes sociales en función de al menos tres criterios: la titularidad de la plataforma utilizada, la de la propia red social y el objeto de esta última.

i) Según la titularidad de la plataforma utilizada

Al margen de la red social en sí misma considerada, son numerosas las herramientas y sitios web a través de los cuales se pueden articular: Facebook, Google+, Linkedin, Twitter, Youtube... La principal característica de estos servicios, normalmente gratuitos, es que son prestados por un tercero cuya función consiste en dar soporte y alojar numerosas redes sociales, de manera que los integrantes de las mismas previamente deben darse de alta en sus servicios para, en un segundo paso, suscribirse a las concretas redes sociales que les resulten de interés[210]. De este modo, las Administraciones Públicas pueden ser usuarios de tales proveedores de servicios y crear una red social que, según los casos, tendrá una denominación diversa –perfil, página, grupo...–, debiendo aceptar en consecuencia las condiciones fijadas unilateralmente por aquéllos que, no obstante, suelen ofrecer diversas alternativas a la hora de configurar el funcionamiento y la gestión de la red social. En consecuencia, tales prestadores se limitarán a llevar a cabo una función de intermediación entre el responsable de cada una de las redes sociales y los usuarios que las integran, si bien en muchos casos también ejercerán una actividad económica adicional a la simple in-

---

[210] Quizás un ejemplo sirva para aclarar esta dualidad. A través del sitio web de Linkedin puedo darme de alta como usuario de sus servicios, de manera que mediante las credenciales obtenidas sería posible acceder a la plataforma y suscribirme a cada uno de los grupos existentes –por ejemplo, el denominado *Innovación, tecnología y Administración electrónica*–, que serían por tanto las redes sociales en sentido estricto.

termediación, en particular relacionada con la gestión publicitaria o el comercio electrónico.

Ahora bien, a pesar de que el auge de las redes sociales se ha basado en la utilización de los servicios gratuitos ofrecidos por tales prestadores intermediarios, lo cierto es que también cabría que las propias Administraciones Públicas dispusieran de herramientas propias en las que crear redes sociales, lo que permitiría una mayor capacidad de control en la configuración y funcionamiento de las mismas[211]. Ciertamente, al menos en el momento actual, esta posibilidad plantea como principal inconveniente la mayor popularidad de los servicios antes referidos si bien, por el contrario, puede disminuir los riesgos jurídicos que los mismos conllevan al facilitar la supervisión directa sobre los diversos aspectos técnicos y organizativos.

ii) Según la titularidad de la red social

Al margen del criterio anterior, las redes sociales pueden haber sido promovidas por diversos sujetos, iniciativa que también presenta relevantes consecuencias desde la perspectiva jurídica. A este respecto, las Administraciones Públicas están creando numerosas redes sociales relacionadas con el ámbito de sus competencias, de manera que constituyen herramientas institucionales para el ejercicio de sus funciones que no se encuentran vinculadas, al menos expresamente, con persona física alguna. En todo caso, como resulta obvio, se requerirá que bien el personal de la propia Administración bien una empresa o personal externo se encargue de su ad-

---

[211] Éste sería, por ejemplo, el caso de *Globonet*, la red social impulsada por la Federación Española de Municipios y Provincias (http://www.globlonet.es).

ministración y dinamización, circunstancia que, sin embargo, resulta irrelevante a estos efectos al menos inicialmente.

Por el contrario, puede suceder que sea el propio personal al servicio de las Administraciones Públicas o las autoridades administrativas quienes decidan poner en marcha una red social para llevar cabo el ejercicio de sus funciones. A diferencia del supuesto anterior, no es la institución la que, a través del órgano competente, decide activar la red social sino que se trata de una actuación personal de quien la promueve, con la singularidad de que el objeto de la misma se encuentra vinculado al cumplimiento de sus obligaciones profesionales.

iii) Según el objeto de la red social

Finalmente, en tercer lugar cabría distinguir aquellas redes sociales personales –por tanto, no las institucionales– que tienen por objeto desarrollar una actividad directamente vinculada al ejercicio de las funciones o, en su caso, competencias del promotor de aquellas otras que, por el contrario, se ponen en marcha como una iniciativa individual, aun cuando exista una relación indirecta con la dimensión profesional del promotor.

Sucede, sin embargo, que en algunos casos resulta ciertamente complicado identificar este matiz, ya que aunque la herramienta se utilice para llevar a cabo una función relacionada con la Administración a la que pertenece el titular, también puede considerarse que la misma se emplea más allá de esta estricta finalidad. Así sucede, singularmente, en el caso de ciertas autoridades respecto de las cuales, debido a su perfil político, la red social se utiliza tanto en una como en otra condición.

Incluso, existen numerosos ejemplos en que el personal al servicio de la Administración pone en marcha una red social con la finalidad de proyectar sus inquietudes particulares, ya sea en relación con el ejercicio de sus funciones administrativas o, más ampliamente, como instrumento para el ejercicio de sus derechos y libertades informativas; perspectiva esta última que presenta una singular relevancia a la hora de determinar si por parte de la correspondiente entidad existe alguna posibilidad de incidir en su control y supervisión, ya que en última instancia podría estar en juego el ejercicio de libertades informativas garantizadas constitucionalmente.

2. EL RÉGIMEN JURÍDICO APLICABLE A LAS REDES SOCIALES DE LAS ADMINISTRACIONES PÚBLICAS EN INTERNET

a) LA PROBLEMÁTICA APLICACIÓN DE LAS NORMAS SOBRE RÉGIMEN JURÍDICO DE LAS ADMINISTRACIONES PÚBLICAS

Ciertamente, la presencia de las Administraciones Públicas en las redes sociales implica la utilización de medios electrónicos para el ejercicio de sus competencias y, en particular, para las relaciones con los ciudadanos. En consecuencia, su actividad ha de estar necesariamente sometida a la normativa que contiene el régimen jurídico de las Administraciones Públicas y, en particular, a las previsiones de la LRJAP y, sobre todo, de la LAE. Precisamente, el artículo 1 de esta última señala que constituye su objeto regular «los aspectos básicos de la utilización de las tecnologías de la información en la actividad administrativa, en las relaciones entre las Administraciones Públicas, así como en las relaciones de los ciudadanos con las mismas con la finalidad de garantizar sus derechos, un tratamiento común ante ellas y la validez y eficacia de la actividad administrativa en condiciones de seguridad jurídica». La consecuencia, por tanto, no puede ser más evidente: las redes sociales en Internet, en tanto que instrumentos a través de los cuales se realicen tales funciones, se encuentran sometidas a las exigencias impuestas por esta normativa.

Sin embargo, como hemos advertido anteriormente, las redes sociales no se adaptan por su propia naturaleza a la concepción tradicional de la actuación administrativa y las relaciones con los ciudadanos, por lo que difícilmente les pueden resultar aplicables algunas de las previsiones que contempla dicha normativa. No obstante, más allá de una aparente antinomia, a través de las redes sociales las Administraciones no realizan normalmente aquellas actuaciones ni comunicaciones que, caracterizadas por las garantías formales en que sustentan, se regulan en las citadas normas. ¿En qué medida, por tanto, han de considerarse sujetas a tales previsiones?

Con carácter general, la utilización de las redes sociales ha de respetar el principio de competencia –artículo 12 LRJAP–; exigencia que, por una parte, obliga a que la creación de las mismas sea autorizada por el órgano competente en el supuesto de que tal atribución exista y, por otra, impide que a través de las mismas se lleven a cabo actuaciones que, en sentido estricto, impliquen en el ejercicio de competencias que requieran el dictado o la notificación –y, en su caso, publicación– de actos administrativos con plenos efectos jurídicos. En relación con esta segunda limitación, las redes sociales no están concebidas como un instrumento que garantice de manera fidedigna las exigencias de seguridad, identificación, autenticación y constancia que precisan las referidas actuaciones y comunicaciones, de manera que no se cumplirían las exigencias jurídicas fijadas a tal efecto.

En este sentido, no cabe considerar que una red social al uso se pueda equiparar a la sede electrónica de la correspondiente Administración Pública, aun cuando podría considerarse que encaja en la definición del artículo 10 LAE en un sentido amplio; si bien, por el contrario, no se ajustaría a las exigencias de calidad, seguridad, disponibilidad, accesibilidad, neutralidad que han de caracterizar a las referidas sedes por exigencia legal. En consecuencia, a través de la red social no podrán presentarse escritos y solicitudes –para lo cual será necesario utilizar el correspondiente registro– ni recibirse notificaciones, ya que tampoco se respetarían las garantías previstas en la LAE para estas comunicaciones. Por tanto, aunque puedan considerarse una herramienta adecuada para conocer la opinión, las sugerencias y las quejas de los ciudadanos, su formulación a través de una red social no dará derecho a que la Administración responda a través del órgano competente, consecuencia que únicamente se podría exigir mediando la utilización de un registro electrónico.

Más aún, la red social suele tener establecido un mecanismo de identificación débil que ni siquiera tendría la consideración de firma electrónica avanzada puesto que, según el artículo 3.2 LFE, no está vinculada al firmante de manera única ni ha sido creada por medios que el mismo pueda mantener bajo su exclusivo control; sin que, por tanto, cumpla con la exigencia mínima que contempla el artículo 15 LAE. Ahora bien, incluso si los referidos sistemas de identificación en la mayor parte de las plataformas de redes sociales no reúnen las garantías necesarias para llevar a cabo actuaciones por medios telemáticos ante las Administraciones Públicas, no por ello debe rechazarse su eficacia –limitada, eso sí, sobre todo en función de las medidas de seguridad– en cuanto a la identificación de su titular al amparo del artículo 3.9 LFE; posibilidad que, sin embargo, podría resultar de gran trascendencia a la hora de determinar la responsabilidad por las actuaciones realizadas en la red social.

Por lo que se refiere al acceso y la difusión de información administrativa, así como a la participación de los ciudadanos, debe recordarse que la LAE consagra un modelo caracterizado por el escaso impulso de los medios electrónicos, salvo a través de aquellos formalizados de naturaleza reactiva que, en última instancia, requieren la presentación de una solicitud ante una sede electrónica o, en su caso, acceder al expediente o registro. En cambio, no se plantea el legislador básico la posibilidad de que la Administración Pública utilice los medios electrónicos para impulsar políticas activas de difusión informativa, ni siquiera de carácter general, circunscribiéndose únicamente a la publicación de actos administrativos –artículos 59 y 60 LRJAP–, a la realización de trámites en el seno de un procedimiento administrativo en sentido estricto –artículo 86 LRJAP, en relación con la información pública– o, específicamente en relación con el uso de medios electrónicos, a la utilización de la sede en los términos del artículo 12 LAE.

Por el contrario, las redes sociales pueden convertirse en una importante herramienta en la política de comunicación de las Administraciones Públicas dado el potencial que ofrece su configuración y sus funcionalidades, pero en principio habrán de limitarse a los supuestos en que no se requiera proporcionar la información a través de medios formalizados como los referidos. De ser preciso cumplir con tales exigencias, su utilización tendría carácter meramente complementario, si bien a través de los oportunos enlaces podrían redirigir al usuario al lugar donde se hubiere realizado la publicación originariamente y con las oportunas exigencias jurídico-formales. En última instancia, las redes sociales podrían considerarse simplemente puntos de acceso[212] en los términos de la definición del apartado q) del Anexo LAE, esto es, para «ofrecer al usuario, de forma fácil e integrada, el acceso a una serie de recursos y de servicios dirigidos a resolver necesidades específicas de un grupo de personas o el acceso a la información y servicios de una institución pública». En todo caso, esta limitación en modo alguno supone que la Administración titular de una red social se encuentre necesariamente exenta de responsabilidad en relación con la información y los contenidos que ofrezca a través de la misma, problemática que se analizará más adelante.

---

[212] También sería de gran utilidad vincular redes sociales institucionales con los portales de tramitación que permiten localizar los trámites a realizar como, por ejemplo, el que ofrece la Administración estatal en el portal 060 o la autonómica catalana http://www20.gencat.cat/portal/site/OVT?newLang=es_ES (última visita: 15/10/2012); de manera que, además de poder acceder a la correspondiente sede electrónica para realizar la oportuna gestión, también exista la posibilidad de que los ciudadanos valoren la utilidad del servicio trámite por trámite, compartan su experiencia al realizarlos o, incluso, ofrezcan ayuda de utilidad desde la perspectiva práctica del usuario.

b) Breve referencia a otros grupos normativos aplicables: protección de datos personales, propiedad
intelectual y estatuto de los empleados públicos

Junto con el grupo normativo que primariamente regula la actividad de las Administraciones Públicas en relación
con el uso de medios electrónicos, la utilización de las redes
sociales en Internet por parte de las Administraciones Públicas presenta asimismo importantes implicaciones desde
otras perspectivas. Aunque el examen pormenorizado de todas ellas no constituye el objeto de este trabajo, sí que resulta
interesante al menos dejar constancia de las más relevantes,
en particular por lo que respecta al objeto principal de la
actividad en las redes sociales: la información. Al margen de
un examen detallado del caso concreto, lo cierto es que, tal y
como hemos advertido en anteriores ocasiones, las cláusulas
generales y apriorísticas por las cuales la propia Administración titular del servicio se exonera a sí misma de cualquier
tipo de responsabilidad resultan manifiestamente contrarias
al artículo 106 CE, de manera que han de ser rechazadas
rotundamente[213].

En la medida que suponen la utilización de datos de carácter personal[214], el titular de la plataforma se convierte en
responsable de un fichero integrado por todos los usuarios
y, en consecuencia, no sólo habrá de solicitarles el oportuno
consentimiento informado sino que, además, deberá respetar los principios vigentes en la materia, en particular el re-

---

[213] J. Valero Torrijos, «Acceso a los servicios...», ob. cit., p. 368.

[214] Con carácter general, para un análisis en profundidad de las exigencias
que la normativa sobre protección de datos conlleva para las redes sociales,
véase A. Rallo Lombarte y R. Martínez Martínez, *Derecho y redes sociales*,
Thomson-Civitas, Madrid, 2010.

lativo a la calidad de los datos –artículo 4 LOPD– que, entre otras exigencias, impediría el uso de la información para finalidades incompatibles con las que justificaron su recogida o, entre otros tratamientos, la difusión excesiva de datos en los perfiles de usuario. Igualmente, el promotor de cada una de las redes sociales también ha de respetar tales exigencias además de las que le correspondan específicamente, entre las que podríamos destacar las relativas a la difusión de datos personales en la actividad de la red, a cuyos efectos se requerirá bien el consentimiento de los afectados bien habilitación legal.

En segundo lugar, la actividad de la red social ha de respetar aquellas previsiones normativas relacionadas con la confidencialidad de la información y, en su caso, los derechos de propiedad intelectual, de manera que ni la propia Administración ni los ciudadanos podrían difundir en la misma aquellos contenidos en relación con los cuales se careciese de los derechos oportunos. Esta exigencia plantea una problemática especial respecto de la propiedad intelectual, ya que resulta frecuente en este tipo de entornos manejar imágenes o documentos de terceros sin que se hubiere comprobado previamente la licitud de su difusión o, en su caso, de su transformación para incorporar contenidos propios y realizar una posterior publicación en la red social. De la misma manera, tanto la normativa general sobre acceso a los archivos y registros administrativos –artículo 37 LRJAP– como las numerosas disposiciones sectoriales aplicables pueden suponer un límite a la actividad de difusión que se realice a través de las redes sociales.

Finalmente, aun siendo conscientes de que podrían hacerse muchas matizaciones en función del tipo de red social, cuando la misma sea promovida por el personal al servicio de las Administraciones Públicas –o, en general, cuando dicho personal participe en uno de estos medios desde una perspectiva profesional– nos encontraríamos ante un supuesto de ejercicio de sus derechos y libertades informativas al amparo de lo dispuesto en el artículo 20 de la Constitución. Al margen de los límites genéricos que han de respetarse en todo caso –singularmente los derechos de terceros al honor, la intimidad y propia imagen–, su actuación se encontraría sometida a la normativa que regula su actividad profesional y, en particular, al Estatuto Básico del Empleado Público, entre cuyas previsiones destaca el artículo 14.k) que reconoce su derecho a «la libertad de expresión dentro de los límites del ordenamiento jurídico»; entre los que se encuentran sus deberes profesionales y, en particular, la objetividad, integridad, neutralidad, responsabilidad, imparcialidad, confidencialidad y transparencia, todos ellos recogidos en su artículo 52. En particular, tal y como establece el artículo 53.12 del citado Estatuto, su actividad en las redes sociales habrá de tener en cuenta el deber de guardar secreto sobre «las materias clasificadas u otras cuya difusión esté prohibida legalmente, y mantendrán la debida discreción sobre aquellos asuntos que conozcan por razón de su cargo, sin que puedan hacer uso de la información obtenida para beneficio propio o de terceros, o en perjuicio del interés público».

3. CRITERIOS PARA LA DETERMINACIÓN DE LA RESPONSABILIDAD EN RELACIÓN CON LAS ACTIVIDADES Y CONTENIDOS ILÍCITOS

A partir de las consideraciones realizadas en las páginas precedentes, teniendo en cuenta de manera especial la clasificación antes referida, resulta imprescindible concluir el análisis de las redes sociales de las Administraciones Públicas en Internet examinando los criterios a partir de los cuales afrontar aquellos supuestos en que, como consecuencia de la realización de actividades ilícitas, puedan generar responsabilidad. A tal efecto y, sin perjuicio de algunas apreciaciones desde la perspectiva disciplinaria, nos centraremos en la reparación patrimonial de los daños causados con ocasión de la presencia administrativa en las redes sociales.

Teniendo en cuenta los criterios relativos a la titularidad y objeto de la red podemos distinguir, en primer lugar, tres supuestos[215]: que se trate de redes institucionales, personales relacionadas con el ejercicio profesional del titular o que, simplemente, se utilicen para satisfacer intereses personales, aun cuando el objeto de la red o, al menos, ciertas actividades estén relacionadas con las tareas profesionales del titular. Cuando haya sido impulsada por una Administración Pública como herramienta para el cumplimiento de sus funciones será ella misma quien habrá de asumir, al menos inicialmente, las consecuencias de cualquier actividad ilícita que pueda tener lugar en su seno, incluso en el supuesto de que su

---

[215] J. HRDINOVÁ, N. HELBIG y C. S. PETERS, *Designing Social Media Policy for Government: Eight Essentials Elements*, Center for Technology in Government, University at Albany, 2010, p. 4.

puesta en marcha corresponda a la iniciativa individual de alguno de sus integrantes y no conste claramente el carácter personal de la red social. Por esta razón han de extremarse las cautelas en cuanto a su creación y al control de su funcionamiento, finalidad para la que resulta de gran trascendencia establecer con claridad las reglas que han de observarse a la hora de activar una red social y, en particular, administrar su funcionamiento, sobre todo por lo que se refiere a las intervenciones que en la misma puedan tener las autoridades y el personal al servicio de la Administración titular de la red. Ahora bien, la predeterminación de tales criterios no afectaría al carácter objetivo y directo de la responsabilidad patrimonial de la entidad, de manera que su contravención sólo tendría consecuencias en cuanto a una eventual acción de repetición frente al personal que cometió el daño en los supuestos de dolo o negligencia grave –artículo 145.2 LR-JAP–, así como, en su caso, la imposición de una sanción disciplinaria cuando concurran los requisitos a tal efecto.

En todo caso, al margen del establecimiento de tales pautas a nivel interno, resulta de gran trascendencia que se hagan públicas en la propia red social las condiciones de uso de la misma junto con una advertencia clara y fácilmente accesible a los usuarios, a través de la cual se les indique en qué supuestos la información proporcionada a través de la misma carece de valor oficial y, por tanto, no compromete a la Administración; además de si el sentido de la intervención del personal a su servicio en la red social supone o no, y en qué medida, el criterio oficial de la institución. Al fin y al cabo, cualquier manifestación de la actividad administrativa es susceptible de generar un perjuicio a los ciudadanos, sin que el hecho de que la red social no pueda equipararse a una sede electrónica resulte relevante a estos efectos. La referencia del artículo 10 LAE respecto a que el establecimiento de una sede electrónica conlleva la responsabilidad del titular respecto de la integridad, veracidad y actualización de la información que allí se ofrece no puede suponer en modo alguno, y siendo conscientes de las limitaciones de esta herramienta[216], una exención apriorística y general del principio constitucional de sometimiento al Derecho de cualquier modalidad de la actividad administrativa, en este caso de las redes sociales, ya que implicaría una vulneración del artículo 106 de la Norma Fundamental. Así pues, resulta de gran trascendencia que tales indicaciones se encuentren fácilmente accesibles a través de la red social para, de esta manera, dar cumplida respuesta a las exigencias del principio de la buena fe y la confianza legítima que han de inspirar las relaciones con los ciudadanos por exigencia del artículo 3.1 LRJAP, de manera que llegado el caso pueda argumentarse que el daño sufrido carece de los requisitos legales para ser indemnizable.

Por lo que se refiere a la intervención del personal en las propias u otras redes sociales en principio y con carácter general no puede considerarse manifestación de la actividad de la Administración Pública en todos los casos, a menos que haya recibido tal encargo o se encuentre ejecutando las tareas propias de su puesto de trabajo; de ahí la importancia de promover el uso de perfiles de usuario institucionales que, en última instancia, permitan un mejor control de la presencia de

---

[216] Como ha destacado A. CERRILLO, la difusión de información por esta vía puede no responder a las exigencias de calidad que han de inspirar la difusión de información administrativa («*Web 2.0* y la participación...», ob. cit., p. 142).

la entidad en las redes sociales. Ahora bien, al margen de esta posibilidad, como el resto de usuarios no tiene por qué conocer dicha circunstancia, resulta igualmente importante que la representación *ad extra* en las redes sociales se contemple en los criterios antes referidos, obligando en su caso al personal a que explicite que su actividad en la propia u otras redes sociales no vincula a la Administración a la que pertenece. A estos efectos, la práctica más recomendable sería vincular las intervenciones con enlaces al sitio *web* oficial o, en su caso, a la sede electrónica correspondiente donde se encuentre la información institucional, de manera que no pueda darse lugar a confusión por parte de los usuarios de la red social. En última instancia, como se ha advertido en páginas anteriores, los órganos administrativos no ejercen sus competencias por esta vía, que puede resultar de gran utilidad para facilitar la participación y la colaboración de los ciudadanos, pero no para adoptar decisiones relevantes jurídico-formales, cuyo cauce de manifestación es ciertamente muy distinto.

Sin embargo, como ya se ha destacado[217], una de las principales funcionalidades de las redes sociales consiste en que no sólo facilitan la comunicación entre el ciudadano y la Administración sino que, sobre todo, suponen un estímulo para la participación y, en particular, la colaboración entre los propios ciudadanos en relación con sus intereses comunes relacionados con la actividad de aquélla que les afecta. A este respecto, conviene que la utilización de las redes sociales institucionales –es decir, gestionadas por las Adminis-

---

[217] R. Rubio Núñez, «Las redes sociales en las Administraciones. ¿Periodo de pruebas?», en L. Cotino Hueso (coord.), *Libertades de expresión e información en Internet y las redes sociales: ejercicio, amenazas y garantías*, Universidad de Valencia, 2011, p. 157.

traciones Públicas– se sometan a condiciones de uso en las que se establezcan claramente las reglas a las que deberán someterse las intervenciones de los usuarios y el uso posterior de la información, sin perjuicio de fijar los instrumentos de moderación más adecuados en cada supuesto para evitar las comisión de actuaciones ilícitas. En última instancia, la puesta en marcha y gestión de una red social forma parte de la actividad que realiza la propia Administración para el cumplimiento de sus fines, de manera que no podría considerarse como una simple intermediación; de ahí la importancia de que la participación en las redes sociales institucionales se base en la previa moderación de las intervenciones de los usuarios.

Por el contrario, cuando la actividad administrativa se limita a la gestión de la plataforma donde se alojan las redes sociales nos encontraríamos con un servicio de alojamiento que sí tendría naturaleza de mera intermediación y, en consecuencia, resultaría de aplicación la limitación de responsabilidad prevista en el artículo 16 de la Ley 34/2002, de 11 de julio, de Servicios de la Sociedad de la Información. Salvo que, como sucede con frecuencia en el ámbito de las plataformas privadas, a través de la misma se realice una actividad onerosa directa o, en su caso, indirectamente a través de la explotación de servicios de publicidad basados en la información obtenida al gestionar el servicio; supuesto en el que, al llevarse a cabo un papel activo, no podría ya alegarse el desconocimiento de la ilicitud o el carácter lesivo para terceros de la actividad o la información[218].

---

[218] A este respecto, véase la sentencia del Tribunal de Justicia de la Unión Europea de 12 de julio de 2011, asunto C-324/09.

IV. LA ADMINISTRACIÓN EN LA *NUBE*: HACIA UN REPLANTEAMIENTO DE LA COLABORACIÓN EN LA ADMINISTRACIÓN ELECTRÓNICA

1. ¿EN QUÉ CONSISTE LA COMPUTACIÓN EN LA *NUBE*? APROXIMACIÓN CONCEPTUAL

Ciertamente, no es éste el lugar más adecuado para llevar a cabo un detallado análisis conceptual sobre la *computación en la nube* –o, en la expresión anglosajona que con cierto éxito se ha extendido, *cloud computing*–, tanto porque excede notablemente el objeto y el planteamiento de este capítulo como, sobre todo, porque existen numerosos trabajos donde ya se ha abordado esta problemática[219]. Sin embargo, sí que resulta imprescindible, al menos, explicar someramente en qué consiste esta modalidad de prestación de servicios por medios electrónicos, así como analizar las diferentes modalidades existentes, ya que tales presupuestos conceptuales presentan una indudable incidencia sobre el régimen jurídico aplicable.

A tal efecto, tomaremos prestado el concepto acuñado por el NIST[220] que se ha venido a considerar más extendido, incluso un estándar *de facto*[221]: «La computación en *nube* es un modelo para permitir el acceso conveniente por red bajo

---

[219] Para una visión general acerca de las implicaciones jurídicas de este fenómeno, véase R. MARTÍNEZ MARTÍNEZ (coord.), *Derecho y cloud computing*, Thomson-Civitas, Cizur Menor, 2011.

[220] P. MELL y T. GRANCE, «The NIST Definition of Cloud Computing», *NIST Special Publication*, 800-145, 2011, p. 2.

[221] R. LEENES, «¿Quién controla la nube?», *Revista de Internet, Derecho y Política*, núm. 11, p. 5.

demanda a un conjunto compartido de recursos informáticos configurables (por ejemplo, redes, servidores, almacenamiento, aplicaciones y servicios) que pueden proporcionarse y servirse rápidamente con un esfuerzo mínimo de gestión o interacción por parte del proveedor del servicio».

Ciertamente, la progresiva implantación de la Administración electrónica está evidenciando la necesidad de reconfigurar las categorías tradicionales en las que se había asentado el modelo organizativo y funcional clásico de las estructuras administrativas[222] y, sin duda, la intensificación de la colaboración público-privada es una de las características más destacadas. Precisamente, la *computación en la nube* constituye una manifestación sin duda cualificada y sutil de este proceso de modernización que, aunque inicialmente está impulsado por las posibilidades de la tecnología, no obedece en muchos casos a una previa decisión, racional y en el marco de un proyecto de conjunto, acerca del modelo organizativo al que ha de responder una Administración moderna[223]; más bien, por el contrario, del modelo al que se está viendo abocada una Administración notablemente endeudada que, además de la imprescindible reducción de los costes que ha de soportar, se encuentra en gran medida en manos de prestadores de servicios externos cuya alta cualificación tecnológica le resulta casi imprescindible y, por tanto, no siempre las decisiones adoptadas obedecen estrictamente a las más elementales exigencias de racionalidad, de ahí la

---

[222] J. BARNES, «La colaboración interadministrativa...», ob. cit., p. 254.
[223] J. BARNES, «El procedimiento administrativo y el gobierno electrónico», ob. cit., p. 84.

trascendencia del análisis jurídico de los riesgos y dificultades que conlleva.

¿Qué supone, por tanto, de novedoso que la Administración Pública se encuentre en la *nube*? La principal de las razones que se ofrecen para justificar el recurso a este modelo de gestión es la notable reducción de costes que, aunque no siempre está presente[224], permite obtener esta modalidad; si bien tampoco pueden desdeñarse las posibilidades de innovación en la prestación de los servicios públicos como consecuencia de sus características técnicas. Sin perjuicio de las afirmaciones y valoraciones que se realicen en otras partes de este libro, lo cierto es que una de las características que habría de destacarse en relación con este fenómeno en vías de consolidación en el ámbito de las Administraciones Públicas –pero ampliamente ya implantado en muchos sectores– es la relativa a la intervención de proveedores ajenos a la entidad responsable del servicio como, asimismo, a los usuarios finales del mismo, que asignan los recursos de manera flexible según la demanda en cada caso existente.

Se trata, por tanto, de una nueva modalidad de gestión basada en la externalización de los recursos y/o los servicios, ya a través de entes públicos ya de empresas privadas. Es decir, supone la aparición de nuevos intermediarios, característica en modo alguno desconocida en el ámbito de la Administración electrónica que, como no podía ser de otra manera, conlleva importantes consecuencias desde la perspectiva jurídica, en particular por lo que se refiere a la modulación de las reglas relativas a la responsabilidad ante

---

[224] R. Miralles, «*Cloud computing* y protección de datos», *Revista de Internet, Derecho y Política*, núm. 11, 2010, p. 17.

eventuales problemas o, simplemente, vulneraciones de las normas jurídicas. Ciertamente, la progresiva modernización tecnológica de la actividad administrativa está suponiendo un incremento notable del papel de los intermediarios en este ámbito, perspectiva que por lo que respecta a la *computación en la nube* incorpora como principal rasgo distintivo el de una mayor complejidad tecnológica como consecuencia, al menos en gran medida, de las posibilidades que supone esta modalidad de gestión a la hora de facilitar una mayor accesibilidad a los recursos asociada a la movilidad y, en general, a una gestión más flexible de los mismos. En definitiva, la empresa con la que contrata la Administración –o, en su caso, la entidad pública que presta el servicio a través de un convenio o instrumento jurídico análogo– ofrece sus propias aplicaciones, plataformas e infraestructuras para que, de forma remota a través de medios telemáticos, en ellas se lleve a cabo la actividad administrativa y, en su caso, para que los ciudadanos se relacionen con las entidades públicas a través de las mismas.

Nos encontramos en última instancia con un nuevo modelo de gestión avanzada de los servicios públicos electrónicos en el que, más allá de la entidad responsable de su prestación y de los ciudadanos destinatarios de los mismos, participan diversos sujetos ajenos a dicha relación. Pero, ¿cuál es la nota distintiva frente a otras modalidades de externalización que se han venido produciendo en el ámbito de la Administración electrónica? Sin perjuicio de un examen posterior más detallado de las diferentes modalidades en que puede materializarse la *computación en la nube* y sus consecuencias jurídicas en el ámbito que nos ocupa, debería destacarse como principal característica el hecho de que tanto la infraestructura como la plataforma a través de la cual se prestan los servicios, las aplicaciones informáticas utilizadas e, incluso, la información y los datos necesarios para su normal funcionamiento se encontrarán normalmente fuera de las dependencias administrativas, incluso en servidores ubicados físicamente en otro Estado; característica que puede tener importantes consecuencias desde el punto de vista de la normativa aplicable y la jurisdicción competente. Y, lo que sin duda resulta más preocupante, sin que la Administración titular del servicio pueda incluso determinar exactamente en qué concreto lugar, a menos que sea informada por el prestador del servicio o se hubieren implementado las garantías técnicas para facilitar el conocimiento de dichos extremos.

Más allá de esta genérica e introductoria caracterización, resulta esencial concretar las diferentes manifestaciones de este fenómeno en la medida que sólo a partir de la determinación de los distintos supuestos es posible acercarse a la problemática jurídica que plantea esta modalidad de prestación de servicios.

2. TIPOLOGÍA DE LOS SERVICIOS EN LA *NUBE* Y SU PROYECCIÓN SOBRE LA ADMINISTRACIÓN ELECTRÓNICA. EL PROBLEMA DE LA RESPONSABILIDAD

Como señala LEENES[225], en la *computación en la nube* concurren múltiples posiciones jurídicas en los sujetos que intervienen, de manera que las implicaciones para la actividad

___

[225] R. LEENES, «¿Quién controla...», ob. cit., p. 10.

que desarrollen pueden igualmente ser de naturaleza dispar. Al margen de otras consideraciones y teniendo en cuenta el relativo éxito que está teniendo en la prestación de servicios gratuitos en Internet, debe advertirse[226] que las consecuencias jurídicas de la *computación en la nube* son muy distintas en función de que se trate de simples usuarios a título individual o, por el contrario, nos encontremos con empresas o entidades públicas que han decidido ejercer sus funciones apoyándose en esta modalidad de gestión. En efecto, en dicho supuesto y por lo que respecta a este trabajo, las Administraciones Públicas asumirían la condición de suscriptoras del servicio en la *nube*, de manera que los usuarios del mismo serían tanto el personal a su servicio como, en su caso, las aplicaciones, los sistemas de información y los equipos que se utilicen para la llevar a cabo la actividad administrativa. Por el contrario, los ciudadanos ocuparían la posición de destinatarios finales del servicio en la *nube* y, por tanto, son quienes podrían ejercer sus derechos, cumplir con sus obligaciones o, simplemente, relacionarse con las Administraciones Públicas a través de los servicios, plataformas o infraestructuras objeto de la *computación en la nube*. En ese sentido se les podría también considerar usuarios en la medida que tuvieran un comportamiento activo –presentación de una solicitud a través de un registro, recepción de una notificación o, simplemente, obtención de información– o, en caso de no existir esa dimensión, serían meros sujetos cuya

---

[226] Y. POULLET Y OTROS, «Data Protection in the Clouds», en S. Gutwirth y otros (eds.), *Computers, Privacy and Data Protecion: an Element of Choice*, Springer, Dordrecht, 2011, pp. 377 y 378.

información está siendo utilizada con ocasión de la prestación de tales servicios.

Aunque el alcance de la *computación en la nube* resulta ciertamente complejo desde el punto de vista tecnológico, el análisis jurídico que pretendemos realizar requiere partir, al menos, de una elemental aproximación a las características principales de cada una de las actividades que encuentran refugio bajo este concepto. A tal efecto resulta necesario enfatizar que nos encontramos ante una modalidad de externalización en la prestación de servicios de naturaleza material, de manera que el ejercicio competencial y, por tanto, la adopción de las decisiones en términos jurídicos ha de corresponder necesariamente a la entidad titular de la actividad administrativa. Por ello, en el supuesto de que los servicios en la *nube* se presten por otra entidad pública, la figura jurídica más adecuada sería la encomienda de gestión; sin perjuicio de los problemas y dificultades que puedan plantearse por lo que respecta a la actuación automatizada y, sobre todo, los sistemas de identificación propios de esta modalidad que, en última instancia, habrían de ponerse bajo el control del prestador ya que, de lo contrario, se vería perturbada la normal prestación del servicio.

Ahora bien, la singularidad de esta modalidad de externalización se basa principalmente en determinadas opciones tecnológicas, de manera que entre las ventajas que se ofrecen destacan sobre todo las dos siguientes, al menos a los efectos que ahora interesan:

- las posibilidades de accesibilidad asociadas a la movilidad, de manera que no sólo los ciudadanos sino, también y sobre todo, los titulares de los órganos, el personal administrativo y los propios sistemas de información, aplicaciones y plataformas de las Administraciones Públicas podrán llevar a cabo sus tareas con mayor flexibilidad pero, en lugar de hacerlo directamente con sus propias herramientas y equipos, lo harán en los que ofrece el prestador de servicios en la *nube*;

- la puesta en manos del prestador de la *nube*, normalmente a cambio del pago de una cuota en función del uso –exigencia que no siempre se da, especialmente cuando el prestador es otra entidad pública–, de las tareas relativas a la adquisición de los derechos, configuración, mantenimiento y actualización del *software*; así como, en su caso, de las inversiones relacionadas con el *hardware* y las redes de comunicaciones, al menos parcialmente en algunos casos.

Partiendo de esta genérica caracterización, suelen distinguirse varias modalidades de servicios en la *nube* que podríamos clasificar conforme a los siguientes criterios:

i) Según el tipo de servicios en la nube que se presten, podemos referirnos a las siguientes modalidades[227]:

- Puesta a disposición de la Administración de las aplicaciones y programas (*software as a service* o *SaaS*) necesarios para la prestación del servicio. En este caso,

---

[227] INTECO-CERT, «Riesgos y amenazas en *cloud computing*», 2011, pp. 10 y 11.

la Administración sólo tiene acceso a la edición de las preferencias y a ciertos privilegios de gestión en relación con el funcionamiento de aquéllos, de manera que su intervención es muy limitada. En consecuencia, la gestión técnica de los servicios se dejaría en manos del prestador de la *nube*, así como el almacenamiento de la información tratada y, por tanto, la gestión documental relacionada.

- También puede optarse por un servicio en la *nube* cuyo objeto consista en ofrecer a la Administración la plataforma (*platform as a service* o *PaaS*) donde se desplegaría el entorno (*software* y *hardware*) necesario para el funcionamiento de la actividad administrativa o, en su caso, permitir las relaciones telemáticas con los ciudadanos. En estos casos aquélla tendría al menos el control sobre las aplicaciones y la configuración del entorno que se utilice, mientras que su instalación dependerá de la infraestructura que el proveedor del servicio haya desplegado. En dicho supuesto, la gestión de los aspectos técnicos estaría compartida entre este último y la Administración, de manera que aquel gestionaría la red, los servidores, los sistemas operativos y el almacenamiento.

- Finalmente, cabe pensar en que el proveedor se limite a ofrecer la infraestructura básica (*infraestructure as a service* o *IaaS*), de manera que tanto los servidores como el equipamiento de red son ajenos a la Administración; así esta última evita realizar la inversión necesaria en la adquisición de los recursos pero mantiene la capacidad de decisión del sistema operativo y del entorno que instala, por lo que la gestión de la seguridad y demás exigencias técnicas corren de su cuenta.

ii) En segundo lugar, teniendo en cuenta la configuración de las infraestructuras, podemos hablar[228] de sistemas:

- Públicos, en los que la infraestructura y los recursos lógicos que forman parte del entorno se encuentran disponibles para el público en general a través de Internet, de manera que la Administración –y, en su caso, los ciudadanos como consecuencia de las gestiones que aquélla realice– también podría hacer uso de los mismos, ya gratuitamente ya abonando una contraprestación.

- Privados, en los que los servicios se prestan con los recursos propios de la Administración, generalmente con la asistencia técnica de empresas especializadas, por lo que resulta especialmente interesante para entidades de cierta envergadura.

- Comunitarios, de manera que dos o más Administraciones comparten servicios y recursos comunes a fin de perseguir objetivos similares y, por tanto, el marco de seguridad y privacidad sería común.

---

[228] Ibídem, pp. 6 a 10.

Partiendo de estos criterios, las posibilidades de combinación de las diversas alternativas serían múltiples, de manera que en función de la configuración por la que se opte podrían, incluso, encontrarse rasgos de cada uno de los supuestos enumerados. A este respecto, resulta clarificadora la ejemplificación que se lleva a cabo específicamente para las Administraciones Públicas en el informe publicado por ENISA[229], donde se examinan alternativas que van desde la oferta de servicios en la *nube* privados o comunitarios a los municipios por entidades territoriales superiores –es decir, y en el caso español, diputaciones y comunidades autónomas–, hasta otras que pasan por la prestación de servicios a través de empresas privadas en las infraestructuras administrativas.

En consecuencia, estas diferentes modalidades de intervención de los diversos sujetos implicados en la prestación del servicio a los ciudadanos tienen una incidencia directa en el régimen de responsabilidad aplicable en aquellos supuestos en que, como consecuencia de problemas en el funcionamiento de aquéllos, se produzca algún daño[230]. Cuando los servicios en la *nube* sean prestados por una entidad privada mediante contraprestación resultarán de aplicación las reglas que contempla la normativa sobre contratación pública y, en

---

[229] D. D. CATTEDDU, *Seguridad y resistencia en las nubes de la Administración Pública. Informe para la toma de decisiones*, Agencia Europea para la Seguridad de las Redes y la Información (ENISA), 2011, pp. 108 a 116.

[230] Para un estudio en profundidad de esta cuestión, J. VALERO TORRIJOS, «La Administración Pública en la nube. Análisis de las implicaciones jurídicas desde la normativa sobre Administración electrónica», en R. Martínez Martínez (ed.), *Derecho y cloud computing*, Thomson-Civitas, Cizur Menor, 2012, p. 250, donde se mantiene la aplicación a la gestión de servicios en la *nube* de la normativa sobre servicios de la sociedad de la información y, en particular, las exenciones de responsabilidad para los prestadores intermediarios.

concreto, el artículo 214 TRLCSP. Según este precepto será «obligación del contratista indemnizar todos los daños y perjuicios que se causen a terceros como consecuencia de las operaciones que requiera la ejecución del contrato», salvo que los mismos «hayan sido ocasionados como consecuencia inmediata y directa de una orden de la Administración» o, en su caso, tengan su origen en «vicios del proyecto elaborado por ella misma en el contrato de obras o en el de suministro de fabricación». Por el contrario, si la Administración simplemente se ha limitado a utilizar los servicios ofrecidos de manera gratuita por el prestador de servicios en la *nube* será la propia Administración quien deberá asumir las consecuencias; aunque siempre podría dirigirse contra aquél si hubiere incumplido las condiciones que él mismo ofreciera para llevar a cabo la actividad.

Finalmente, para el supuesto de que la colaboración a través de la *nube* fuera realizada por otra entidad pública, en principio habría que distinguir varios supuestos. Si los servicios al ciudadano se ofrecen conjuntamente por varias Administraciones Públicas –sería el caso, por ejemplo de un registro electrónico conjunto–, a falta de previsión al respecto, se aplicaría el criterio de la solidaridad consagrado en el artículo 140 LRJAP. De lo contrario, sería la Administración titular del servicio principal, es decir, aquélla que requiere la colaboración del prestador en la *nube*, la que en principio debería hacer frente a las consecuencias del daño que se produzca, sin perjuicio de que posteriormente pueda dirigirse contra aquella otra entidad pública que, en última instancia, fuera responsable del mismo. A salvo, claro está, de que en las previsiones del correspondiente convenio o encomienda de gestión se establezcan otros criterios en relación con la

eventual producción de daños a terceros o, incluso, para regular las relaciones entre las propias entidades.

3. LA NECESARIA REDEFINICIÓN DE LAS GARANTÍAS JURÍDICAS PARA LA PRESTACIÓN DE SERVICIOS EN LA *NUBE* POR LAS ADMINISTRACIONES PÚBLICAS

Como ha quedado reflejado en las páginas anteriores, las
características de la prestación de servicios en la *nube* nos
sitúan ante una modalidad cuya singularidad requiere tener
en cuenta diversas normas jurídicas que regulan la actividad
de las Administraciones Públicas. Al margen de las implicaciones en materia de contratación administrativa, de las que
nos ocuparemos más adelante, dos son los grupos normativos implicados: por una parte, la protección de los datos personales a los que se refiera la actividad objeto del servicio en
la *nube* y, por otra, la aplicación de las garantías establecidas
por la normativa sobre Administración electrónica.

a) ALCANCE DE LAS GARANTÍAS EN MATERIA DE PROTEC-CIÓN DE LOS DATOS PERSONALES

En aquellos casos en que la concreta modalidad de servicios en la *nube* implique el tratamiento de datos personales
de los ciudadanos o, en su caso, del personal al servicio de las
Administraciones Públicas será necesario tener en cuenta las
previsiones de la LOPD y del RDLOPD. Así, aun cuando
no sea necesario el consentimiento de las personas físicas a
que se refiera la información por constituir un supuesto de
tratamiento por cuenta de tercero necesario para el ejercicio
de las funciones propias de la Administración Pública –artí-

culos 6 y 12 LOPD–, debe tenerse en cuenta que no por ello se excluye el deber de información a los afectados. En consecuencia, al menos en aquellos supuestos en que ejerzan el derecho de acceso garantizado por el artículo 15 LOPD, los interesados podrían requerir a la Administración para que les informe acerca de la identidad del prestador de servicios en la *nube* que está realizando un tratamiento de sus datos de carácter personal.

Ahora bien, entre las principales obligaciones de la Administración titular del servicio se encuentra la prevista en el artículo 20.2 RLOPD, de manera que habrá de constatar que quien lleva a cabo el servicio en la *nube* cumple con las garantías fijadas en este grupo normativo. En concreto, al margen de las importantes matizaciones que se realizarán en el epígrafe 4, los datos no podrán ubicarse físicamente en un Estado que no reúna los requisitos para considerar que dispone de un «nivel adecuado de protección» o, en caso contrario, habría de obtenerse la oportuna autorización del Director de la Agencia Española de Protección de Datos; y, en ambos supuestos, se debería proceder a la inscripción del tratamiento en el Registro General de Protección de Datos.

b) Implicaciones desde la normativa sobre Administración electrónica

Al margen de que la información que se ponga en manos del prestador de servicios en la *nube* se refiera a personas físicas, la utilización de medios electrónicos determina que también resulten de aplicación las previsiones de la LAE, de manera que es necesario proceder al análisis de las concretas implicaciones que conlleva la aplicación de dicha normativa[231].

Desde la perspectiva de los ciudadanos, esta modalidad no puede suponer un perjuicio en la prestación de los servicios administrativos, de manera que las exigencias de continuidad en el funcionamiento de los registros y, en su caso, la inmediatez de las interconexiones a las que se refiere el artículo 9 LAE en relación con el derecho a no presentar documentos que ya obren en poder de las Administraciones Públicas han de ser mantenidas. Más aún, precisamente, la utilización de la computación en la *nube* debería permitir la adopción de medidas complementarias para asegurar la efectividad de los derechos de los ciudadanos en los supuestos en que, debido a un problema técnico o a cualquier otra interrupción, la plataforma o los servicios principales no estuvieran disponibles.

Por lo que se refiere a la actividad administrativa, es necesario garantizar el ejercicio de la competencia por parte de los órganos administrativos que la tengan efectivamente atribuida, tal y como exige el artículo 33 LAE. En el caso de que la actuación a la que se refiera el servicio se vaya a desarrollar automatizadamente, habrán de adoptarse previamente las garantías que establece el artículo 39 LAE, de manera que se determine el órgano competente para la «definición de las especificaciones, programación, mantenimiento, supervisión y control de calidad y, en su caso, auditoría del sistema de información y de su código fuente».

---

[231] Un análisis más amplio de estas implicaciones, que ahora no procede reiterar, puede verse en J. VALERO TORRIJOS, «La Administración Pública en la nube...», ob. cit., pp. 231 y ss.

En relación con la gestión documental, las exigencias de integridad y autenticidad de los documentos contempladas en el artículo 45.5 LRJAP determinan que la Administración deba exigir al prestador que adopte las precauciones que eviten que la información sea modificada salvo conforme a los criterios previamente establecidos y, asimismo, que se pondrán en práctica las medidas necesarias para su conservación y accesibilidad. Asimismo, habrá de garantizarse la continuidad en la disponibilidad de la información y los documentos cuando otras entidades, en el legítimo ejercicio de sus funciones y previa adopción de las oportunas medidas de seguridad, los requieran en aplicación del artículo 9 LAE a fin de garantizar el derecho a no presentar documentos que ya obren en poder de las Administraciones Públicas. Del mismo modo, la entidad titular de la actividad que precise la obtención de datos e información en poder de terceros habrá de velar por que el prestador del servicio en la *nube* pueda acceder, bajo su control y supervisión, a los que sean necesarios para llevar a cabo su actividad[232].

---

[232] En particular por lo que se refiere a los disponibles a través de la *Red Sara*, que permite la interconexión de ministerios, comunidades autónomas, entes locales y otros organismos públicos de una manera fiable, segura, capaz y flexible. Además, con el enlace de la misma a la red transeuropea sTESTA, las Administraciones Públicas españolas se pueden interconectar con redes de instituciones europeas y de Administraciones de otros Estados miembros de la UE, para el despliegue y acceso a los servicios públicos europeos de Administración electrónica, asegurándose de este modo las inexcusables exigencias de interoperabilidad (R. MARTÍNEZ GUTIÉRREZ, «Cooperación y coordinación entre Administraciones Públicas para el impulso de la Administración electrónica. La interoperabilidad», en J. L. Piñar Mañas (coord.), *Administración electrónica y ciudadanos*, Thomson-Civitas, Cizur Menor, 2011, p. 705).

En última instancia, la simplificación de la carga documental que ha de soportar el ciudadano –en particular desde la perspectiva de su derecho a no presentar documentos que ya tengan en su poder las Administraciones Públicas– pasa necesariamente por la interoperabilidad de las aplicaciones que se utilicen, de manera que el prestador de servicios en la *nube* pueda tener acceso a la información necesaria para llevar a cabo las actuaciones precisas por cuenta de la Administración titular del servicio. Ahora bien, el correcto funcionamiento de los servicios electrónicos requiere que su normal desenvolvimiento no se vea perturbado como consecuencia de la referida intermediación; si bien, por el contrario, esta singularidad puede encontrarse con reticencias por parte de las entidades en cuyo poder se encuentre la información a la que el prestador de servicios en la *nube* pretende acceder por cuenta de la entidad pública a la que presta sus servicios que, en última instancia y previa adaptación de las oportunas medidas de seguridad, debería poner a su disposición los instrumentos que le permitan identificarse.

Más aún, teniendo en cuenta la intermediación del elemento tecnológico característico de esta modalidad de servicios, también habrá de exigirse al prestador el respeto a las condiciones establecidas tanto por el ENI como por el ENS, lo que en última instancia vendrá reforzado por las garantías que, a este respecto, contempla la normativa sobre protección de datos de carácter personal: en consecuencia, deberá garantizarse que sólo acceda a la información quien disponga de la oportuna autorización, así como adoptarse las medidas que, como antes se indicaba, garanticen su integridad y autenticidad. Desde esta perspectiva, también habrá de permitirse al prestador de servicios la comprobación de la vigencia de los certificados de firma electrónica y, en su caso, el acceso a los servicios de sellado de tiempo; actuaciones que, en ambos casos, se realizan en nombre de la Administración correspondiente, por lo que será ella quien tenga que autorizarle ante los terceros bajo cuya responsabilidad se encuentren dichos servicios.

4. VALORACIÓN FINAL: ¿SE PUEDE CONFIAR EN LA *NUBE* PARA LA PRESTACIÓN DE SERVICIOS ADMINISTRATIVOS?

Una vez analizadas las diversas implicaciones que, al menos desde la perspectiva de la protección de los datos de carácter personal de los ciudadanos y de la normativa sobre Administración electrónica, ofrece esta modalidad de prestación de servicios a las Administraciones Públicas, cabe concluir que, aunque no existen inconvenientes jurídicos insalvables para su puesta en práctica, lo cierto es que han de extremarse los mecanismos que garanticen el cumplimiento del marco normativo. Ante el riesgo de quedar cegados por las innovaciones tecnológicas –como es el caso de la computación en la *nube*–, no puede contemplarse esta modalidad de gestión como una opción por la que debe apostarse necesariamente en todo caso, sobre todo desde la preponderancia de decisiones políticas basadas exclusivamente en criterios de oportunidad, sin valorar adecuadamente las implicaciones jurídicas de las decisiones técnicas y organizativas que se adopten. A tal efecto, puede resultar de gran utilidad un concepto amplio de neutralidad tecnológica como el que mantiene Boix[233], de manera que la protección jurídica de la información administrativa, tanto por lo que se refiere a los intereses públicos en juego como a los derechos de los ciudadanos sobre los que verse, no resulte perjudicada por una opción tecnológica sin las suficientes garantías jurídicas.

Más allá de la previsión específica que contiene el artículo 20.2 RLOPD en materia de protección de datos por lo que respecta a la comprobación de que el prestador reúna las garantías para el cumplimiento de las previsiones del citado Real Decreto[234], con carácter general la Administración Pública que desee externalizar la gestión de sus servicios electrónicos a través de la computación en la *nube* debe asegurarse del efectivo cumplimiento del resto de exigencias normativas que resulten de aplicación y, en concreto, las que se han analizado en las páginas precedentes. En este sentido, para el supuesto en que se trate de entidades privadas convendría que los pliegos de cláusulas administrativas generales que se aprueben relacionados con esta materia por parte de los órganos de gobierno a que se refiere el artículo 114 TRLCSP se adapten a la singularidad de esta modalidad de servicios híbridos y, en consecuencia, recojan las oportunas previsiones, de manera que con carácter general puedan ofrecerse unas garantías mínimas que, en todo caso, deban respetarse; entre ellas resulta de gran importancia contemplar la reali-

---

[233] A. Boix Palop, «Previsiones en materia de neutralidad tecnológica y acceso a los servicios de la Administración», en L. Cotino y J. Valero (coords.), *La Ley 11/2007, de 22 de junio, de Acceso Electrónico de los Ciudadanos a los Servicios Públicos y los retos jurídicos del e-gobierno en España*, Tirant lo Blanch, Valencia, 2010, pp. 312 y ss.

[234] R. Miralles, «*Cloud computing...*», ob. cit., p. 21.

zación periódica de auditorías que permitan asegurar que, más allá de meras declaraciones formales, existe una efectiva adecuación a las previsiones jurídicas y a las exigencias técnicas. No obstante, estas prevenciones de carácter general también podrían incorporarse, debidamente adaptadas, a los pliegos de cláusulas administrativas particulares reguladas en el artículo 115 TRLCSP por parte de cada uno de los órganos de contratación, siendo el instrumento adecuado para una mayor concreción de los detalles de cada servicio en la *nube*, ya particularmente para cada caso o en general para una determinada tipología, los pliegos de prescripciones técnicas en los términos del artículo 116 TRLCSP.

Más aún, dada la singularidad y complejidad característica de este tipo de servicios, sería de gran utilidad que el Consejo Superior de Administración Electrónica publicara una guía con las principales recomendaciones a tener en cuenta a la hora de contratar estos servicios, facilitando así las decisiones a adoptar por parte de aquellas Administraciones Públicas que, por razones diversas, carezcan de los conocimientos técnicos, jurídicos y organizativos imprescindibles para valorar si la computación en la *nube* es la respuesta más adecuada a sus necesidades. Estas indicaciones podrían ser de gran relevancia en el ámbito local y, en particular, municipal, ya que como se ha destacado certeramente[235] la *computación en la nube* puede jugar un papel especialmente relevante en dicho ámbito y, en última instancia, llegar a convertirse en una herramienta de gran utilidad para contrarrestar el «riesgo de paralización en la

---

[235] D. D. CATTEDDU, *Seguridad y resistencia...*, ob. cit., pp. 108 y ss.

implantación de la Administración electrónica» que ha denunciado Martín Delgado[236].

Incluso, más allá del estricto cumplimiento de las normas jurídicas, cabría plantear asimismo una cuestión de estricta oportunidad relacionada con la protección del interés general a cuyo servicio, por mandato constitucional, debe estar orientada la actuación de las Administraciones Públicas. En concreto, existe un importante debate acerca de si la utilización de la computación en la *nube* debería prohibirse o, al menos, restringirse cuando se trate de servicios públicos a fin de evitar riesgos de confidencialidad y, en general, de seguridad de la información y la prestación de los servicios que afectasen negativamente a la soberanía de los Estados[237]. A este respecto debe enfatizarse, en primer lugar, que no existe una prohibición expresa o implícita por parte del ordenamiento jurídico español en relación con la utilización de la computación en la *nube* por las Administraciones Públicas; con la salvedad, por aplicación de la normativa sobre protección de datos, de la transferencia de información de los ciudadanos para su alojamiento en Estados que no dispongan de un nivel adecuado de garantía conforme a los criterios fijados por la misma.

Ahora bien, partiendo del inexcusable cumplimiento de esta exigencia jurídica y de las analizadas en las páginas anteriores, nos encontraríamos más bien ante una decisión de estricta oportunidad, salvo los matices que a continuación se

---

[236] I. MARTÍN DELGADO, «Del riesgo de paralización en la implantación de la Administración electrónica», *Actualidad Jurídica Aranzadi*, núm. 790, 2010.

[237] Y. POULLET Y OTROS, «Data Protection in the Clouds...», ob. cit., p. 384.

realizarán. A este respecto la pregunta que debería plantearse cualquier Administración Pública a la hora de contratar servicios en la *nube* es si los datos de los ciudadanos y, en general, la información y los documentos relacionados con el ejercicio de sus funciones pueden encontrarse alojados en otros Estados y, por tanto, sometidos a su normativa y, llegado el caso, a la posible intervención de sus autoridades administrativas y/o judiciales; de manera que podría darse el caso de que estas últimas tuvieran incluso reconocida la facultad de acceder legítimamente y de manera directa a los mismos, esto es, incluso con la oposición de la Administración titular del servicio.

Parece fuera de toda duda que en estos supuestos existiría una razón suficientemente justificada —la protección del interés público— para excluir del proceso de contratación a las empresas que no ofrezcan garantías suficientes de que el lugar donde se alojará *físicamente* la información y, en general, la documentación administrativa dispone de un marco normativo que impediría dicha posibilidad; con la salvedad, claro está, de que se tratase de perseguir una infracción de naturaleza penal relacionada con el servicio en la *nube*, es decir, una cuestión de orden público, y sólo en la medida que el conocimiento de la información resultase estrictamente necesario para dicho fin[238].

Este planteamiento nos llevaría a formular la siguiente cuestión: ¿incluso si ese otro Estado donde se van a alojar los servicios pertenece a la Unión Europea? Aun cuando se haya

---

[238] Para una valoración en profundidad desde la perspectiva del criterio de oportunidad y no tanto de la legalidad de estas prácticas, cfr. J. Valero Torrijos, «La Administración Pública en la nube...», ob. cit., pp. 251 a 253.

advertido que eventuales restricciones a las empresas pertenecientes a otro Estado distinto de aquél al que pertenece la Administración titular de la actividad podrían ser contrarias al Derecho de la Unión Europea[239], la protección del interés público anteriormente referido nos ha de llevar a admitir la licitud de dicha limitación. Ahora bien, no en función estrictamente de la nacionalidad de la empresa sino, más bien, en razón de las posibilidades de acceso a la información y la documentación que tendrían las autoridades de otros Estados según la normativa que resultase de aplicación a la entidad que preste los servicios en la *nube*, bien desde la perspectiva de su nacionalidad –o, incluso, su lugar de establecimiento– bien desde la relativa al lugar donde se vayan encontrar físicamente la información y los documentos.

No puede, por tanto, compartirse la afirmación de que «los órganos gubernamentales deben garantizar que los proveedores externos imponen medidas adecuadas de seguridad y que existe una serie de mecanismos y procedimientos que garantizan que, en respuesta a una demanda legítima de una autoridad judicial, sólo se entregará la información pertinente»[240]; salvo por lo que se refiere a la matización antes realizada respecto de un proceso penal. Debe ser, por tanto, la Administración responsable de la información quien valore si procede o no atender la petición de la autoridad de otro Estado y no la empresa prestadora de los servicios en la *nube*, cuyo papel ha de limitarse a una mera actividad de gestión en nombre de aquélla. En última instancia, la obtención de información por parte de entidades públicas de otros

---

[239] D. D. CATTEDDU, *Seguridad y resistencia...*, ob. cit., p. 114.
[240] Ibídem, p. 111.

Estados para el ejercicio de sus propias competencias debe reconducirse a los cauces y procedimientos habituales existentes en razón de la materia de que se trate, normalmente fijados a través de regulaciones internacionales, ya bilaterales ya generales.

Todas estas exigencias deberían valorarse muy seriamente por parte de las Administraciones Públicas cuando decidan gestionar a través de la *nube* la información y los documentos que utilicen para el cumplimiento de sus funciones, sobre todo ante el alumbramiento de derechos de nueva generación, como la carpeta ciudadana y la autoadministración[241], en relación con los cuales las soluciones basadas en la *computación en la nube* pueden ser muy tentadoras desde el punto de vista del reducido coste económico, incluso gratuitas, pero ciertamente peligrosas por lo que respecta a la protección de los intereses públicos –y también de los ciudadanos– en juego.

---

[241] Por lo que se refiere a la configuración emergente de estos derechos, véase L. Cotino Hueso, «Un futuro derecho a relacionarse informalmente con la Administración por medios electrónicos y la presente regulación del derecho a la carpeta ciudadana y la autoadministración», en L. Cotino y J. Valero (coords.), *La Ley 11/2007, de 22 de junio, de Acceso Electrónico de los Ciudadanos a los Servicios Públicos y los retos jurídicos del e-gobierno en España*, Tirant lo Blanch, Valencia, 2010, pp. 466 a 468.

V. EL *OPEN DATA*, UN MODELO AVANZADO DE ACCESO A LA INFORMACIÓN ADMINISTRATIVA BASADO EN LA INNOVACIÓN TECNOLÓGICA

Quizás una de las principales objeciones que podrían hacerse al sistema de gestión de la información más extendido en el ámbito de las Administraciones Públicas desde la perspectiva de la innovación tecnológica se refiere a la ausencia de un planteamiento avanzado del acceso a la información[242], de manera que las condiciones en que tenga lugar faciliten la posterior reutilización por terceros, incluso con fines comerciales. En concreto, el modelo basado en el *open data* nos ofrece pautas de gestión documental que, más allá de esta última dimensión, podrían servir para fortalecer el carácter democrático de las Administraciones Públicas desde la perspectiva de la transparencia administrativa. Ahora bien, al margen de otras consideraciones, el principal problema radica en que el modelo de gestión documental más extendido, y sobre todo por lo que respecta a la perspectiva jurídica, la configuración legal del derecho de acceso a la información en poder de las Administraciones Públicas[243] están concebi-

---

[242] En opinión de BATINI, con carácter general y más allá del caso español, la información y los datos normalmente se conciben como instrumentos subordinados a las aplicaciones vinculadas a los servicios de Administración electrónica, de manera que a los efectos de solucionar problemas concretos se centra la atención en el desarrollo de estas últimas sin tener demasiado en cuenta aquéllos (C. BATINI, «Data Governance», en G. Viscusi, C. Batini y M. Mecella, *Information Systems for eGovernment*, Springer-Verlag Berlin, Heidelberg, 2010, p. 21).

[243] Más aún, no se trata únicamente de la existencia de previsiones normativas adecuadas sino, además, en muchos casos el problema son los medios para hacer efectivo el cumplimiento de las disposiciones legales, dificultad que se percibe como un problema ciertamente generalizado (N. HUIJBOON y T. VAN

dos en gran medida para satisfacer las necesidades internas de la organización, sin que la funcionalidad de un potencial uso posterior por terceros y, en particular, sujetos privados haya sido contemplada hasta fechas muy recientes[244]. Resulta, por tanto, indispensable partir de la realidad actual a fin de valorar los cambios necesarios para avanzar hacia un modelo innovador de gestión documental que facilite el acceso y la reutilización de la información administrativa a partir de los parámetros del *open data*. Como enfatiza Osimo, la transparencia puede ser no sólo un catalizador para el Gobierno electrónico sino, además y sobre todo, un dinamizador de la transformación en el ámbito del sector público en su conjunto[245]; potencialidad que no puede ser menospreciada desde las exigencias del principio democrático que ha de inspirar la configuración institucional de las Administraciones Públicas.

¿Cuáles son las principales características de este modelo por contraposición al sistema clásico del derecho de acceso a los archivos y registros administrativos?

DEN BROEK, «Open Data: an International Comparison of Strategies», *European Journal of ePractice*, núm. 12, 2011, p. 7).

[244] S.S. DAWES y N. HELBIG, «Information Strategies for Open Government: Challenges and Prospects for Delivering Public Value from Government Transparency», en M. A. Wimmer, J. L. Chappelet, M. Janssen y H. J. School (eds.), *Proceedings of the 9th IFIP WG 8.5 International Conference on Electronic Government*, Springer-Verlag Berlin, Heidelberg, 2011, p. 58, donde se destaca el hecho de que esta dimensión de la información administrativa supone asumir nuevas funciones que requieren no sólo mayores inversiones sino, sobre todo, nuevas habilidades y conocimientos para el personal de la Administración, así como políticas innovadoras y cambios en los procesos y las prácticas administrativas.

[245] D. OSIMO, «Benchmarking eGovernment in the Web 2.0 era: what to measure and how», *European Journal of ePractice*, núm. 4, 2008, p. 10.

1. DEL ACCESO Y LA REUTILIZACIÓN COMERCIAL AL *OPEN DATA*

El impulso inicial al movimiento *open data* en Europa ha tenido lugar gracias, sobre todo, a la normativa sobre reutilización de la información administrativa y, en concreto, la Directiva 2003/98/CE, de 17 de noviembre de 2003. Sin embargo, esta regulación se encuentra en gran medida superada por las posibilidades de tratamiento que permite la tecnología y por el consiguiente avance que ha vivido el sector infomediario, tal y como demuestra el proceso de revisión que está teniendo lugar en relación con las disposiciones de la citada Directiva[246]. La misma pretendía impulsar la creación de un mercado de ámbito europeo a partir del acceso a la información del sector público, tratando de «superar las barreras de un mercado europeo fragmentado estableciendo unos criterios homogéneos, asentados en condiciones equitativas, proporcionadas y no discriminatorias para el tratamiento de la información susceptible de ser reutilizada por personas físicas o jurídicas»[247]. Sin embargo, en el actual contexto económico y político la demanda social de una Administración más transparente se ha superpuesto a la inicial pretensión de dinamizar un sector económico que, en última instancia, se ha convertido en una dimensión más que, sin duda, ha de ser atendida pero que, no obstante, no puede considerarse

---

[246] http://ec.europa.eu/information_society/policy/psi/revision_directive/index_en.htm (última visita: 17/09/2012).

[247] Preámbulo de la Ley española 37/2007, de 16 de noviembre, sobre reutilización de la información del sector público.

prioritaria sin más desde la perspectiva de las regulaciones nacionales.

En efecto, mientras que la competencia de la Unión Europea en la materia se limita en gran medida al impulso del citado mercado, en la perspectiva interna del Estado español las diversas autoridades legislativas y administrativas se están viendo abocadas a tener en cuenta sobre todo la dimensión política de la transparencia del sector público como una ineludible exigencia democrática[248]. Más aún, la accesibilidad de la información en poder de las Administraciones Públicas no sólo se convierte en una exigencia del derecho a saber sino que, incluso, se plantea como una oportunidad para ejercer un mejor control social a partir del desarrollo de aplicaciones informáticas que transforman los datos en poder de la Administración para prestar un servicio, ya sea de carácter social y gratuito ya sea oneroso y con una finalidad comercial. Desde la perspectiva del movimiento *open data* ambas consideraciones son igualmente lícitas y, más aún, no pueden ya contemplarse como excluyentes sino, más bien, como dos planteamientos llamados a reforzarse mutuamente.

Ahora bien, la consolidación de este modelo no sólo requiere que la información administrativa se encuentre accesible por medios electrónicos ya que, aun siendo una elemental exigencia, resulta manifiestamente insuficiente si se pretende llevar a cabo una gestión avanzada de la misma que permita incorporarle un valor añadido basado en la

---

[248] A este respecto resulta particularmente relevante la aprobación por el Consejo de Ministros el 27 de julio de 2012 de un proyecto de ley sobre transparencia y buen gobierno que actualmente se tramita en las Cortes Generales.

innovación de los servicios que se pretenden ofrecer[249]. Así pues, no basta con que se reconozca el derecho de acceso a la información por medios telemáticos y, en consecuencia, que los datos se encuentren en soporte electrónico sino que, además, han de estarlo en unas condiciones determinadas: que sean susceptibles de un tratamiento automatizado por parte del reutilizador, que no se impongan restricciones injustificadas por lo que respecta a los fines de los usos posteriores y, sobre todo, que la reutilización tenga lugar de manera gratuita o, en su caso, atendiendo al coste marginal que conlleva la difusión.

2. LA APARICIÓN DE UN NUEVO INTERMEDIARIO: EL DENOMINADO AGENTE REUTILIZADOR

Una de las principales notas distintivas de esta modalidad consiste en que el destinatario final no accede directamente a la información en poder de la Administración Pública que dispone de los datos sino que, por el contrario, lo hace a través de un intermediario –el agente reutilizador– que le presta un servicio, ya gratuito ya oneroso o, incluso, basado en la obtención indirecta de ingresos, como sucede en el supuesto de que se incorporen elementos publicitarios. Nos encontramos, en última instancia, ante una manifestación más del modelo al que conducen las herramientas de la *web 2.0*, de manera que más allá de ser meros observadores de la información del sector público, los ciudadanos la difunden y, además, pueden interaccionar tanto con las Administra-

---

[249] Cfr. B. S. NOVECK, *Wiki Government...*, ob. cit., p. 125.

ciones públicas como con otros ciudadanos[250]; funcionalidad en relación con la cual los grupos y colectivos ocupan una posición privilegiada en la medida que el trabajo colaborativo facilita convertir la mera información y los datos brutos en conocimiento de utilidad[251].

En consecuencia, el usuario final de la información ya no requiere formular una solicitud a la entidad pública utilizando los cauces formales de los registros administrativos ni tampoco se ha de tramitar un procedimiento a fin de responder a la demanda de acceso a la información, siendo preciso acudir a otras herramientas que permitan gestionar de forma más dinámica las autorizaciones de acceso y reutilización, tal y como sucede con las licencias previas. Más aún, en la medida que la información puede verse afectada de forma continua y que el servicio de valor añadido normalmente requerirá su actualización, la superación del modelo basado en las solicitudes-autorizaciones para cada caso concreto deviene irremediable y, por tanto, los controles acerca de la procedencia del acceso y la posterior reutilización deberán adaptarse a esta exigencia. En efecto, mientras que cuando el acceso se pretende directamente por los ciudadanos éstos han de justificar en muchos casos la finalidad del mismo y, a partir de su argumentación, se procede a llevar a cabo un análisis acerca de su procedencia, los planteamientos en que se basa el *open data* conllevan necesariamente la exigencia de predeterminar tales condicionamientos pues, de lo contra-

---

[250] En relación con esta idea, véase A. CERRILLO I MARTÍNEZ, «La contribución de las TICs a la transparencia administrativa», *Arbor. Ciencia, Pensamiento y Cultura*, vol. 188, nº 756, 2012, p. 716.

[251] B. S. NOVECK, *Wiki Government...*, ob. cit., p. 110.

rio, el servicio no podría prestarse en las condiciones técnicas y jurídicas necesarias para satisfacer al usuario final.

La respuesta a estas singularidades viene de la mano de las licencias generales o específicas en función de las características concretas de cada caso, de manera que ni siquiera sea preciso formular solicitud alguna ni, por tanto, obtener una respuesta específica por parte de la Administración. Antes al contrario, esta última declara pública y anticipadamente que cualquiera, ya sea un intermediario o el ciudadano mismo, puede acceder y reutilizar la información siempre que no contravenga los términos que incorpora la licencia general que, en algunos casos, puede resultar insuficiente, tal y como sucedería cuando sea preciso el pago de una contraprestación. En estos supuestos, bastaría con que se hubiese materializado el abono de la misma, exigencia que se puede cumplir utilizando sistemas de pago electrónico o, incluso, mediante la satisfacción previa de cuotas limitadas en base al número de descargas o períodos de tiempo. En todo caso, este modelo supera la tradicional exigencia de una tasa que las Administraciones vienen exigiendo a los ciudadanos para otorgarles el acceso a la información, ya que es el intermediario quien asume el coste asociado sin perjuicio de que posteriormente lo repercuta al usuario, si bien ya no se trataría de un ingreso público y, en consecuencia, el régimen jurídico aplicable varía sustancialmente.

3. UNA ELEMENTAL EXIGENCIA TÉCNICA: LA INTEROPERABILIDAD

Al margen de las condiciones jurídicas, el acceso ha de producirse en unas determinadas condiciones técnicas ya que, en última instancia, no se trata simplemente de acceder a la información sino, más bien, de que el intermediario pueda ofrecer servicios avanzados de valor añadido a partir de los datos obtenidos de la Administración. En consecuencia, no basta con que la información se encuentre únicamente en soporte electrónico si el formato no permite dicho tratamiento por lo que, desde la perspectiva del *open data*, resulta insuficiente que la normativa aplicable no reconozca un derecho a que los datos se pongan de manifiesto al reutilizador en condiciones de interoperabilidad que permitan cumplir con dicha finalidad.

Precisamente el valor añadido que conlleva el hecho de que los datos se encuentren estructurados –o, al menos, en condiciones de llevar a cabo el correspondiente tratamiento de manera sencilla– adquiere una singular importancia a estos efectos, tanto si el tratamiento posterior que se pretenda realizar tenga fines comerciales o de cualquier otra naturaleza. Así, la posibilidad de que desde la sociedad civil se desarrollen servicios tendentes al incremento de la participación, la colaboración y, en última instancia, la capacidad de control sobre los poderes públicos constituye un bien de interés general cuyo impacto no debe ser valorado exclusivamente desde una perspectiva económica sino, además, social y política. Desde esta exigencia de acceso a la información en *condiciones óptimas*, el Real Decreto 1495/2011, de 24 de octubre, por el que se desarrolla la Ley 37/2007 para el ámbito estatal, ha establecido como criterio general que los datos se ofrezcan en «formatos procesables y accesibles de modo automatizado correspondientes a estándares abiertos». Ahora bien, el gran problema que plantea este tipo de previsiones es sin duda económico: ¿quién ha de asumir el coste necesario para trasladar los datos del papel al soporte electrónico o, en su caso, incorporarlos a las referidas exigencias de formato? Si se trasladan por completo a los agentes reutilizadores, ¿no se estaría añadiendo un nuevo obstáculo que dificultaría la reutilización de la información del sector público?

Teniendo en cuenta que, a pesar de sus limitaciones objetivas, el ámbito de aplicación directa del citado precepto se limita al estatal, podemos concluir la insuficiencia del marco normativo básico a estos efectos. Sobre todo si partimos de que, más allá de las exigencias técnicas referidas, ni siquiera la LAE ha obligado a todas las Administraciones Públicas de manera contundente a que sus expedientes, registros y bases de datos se encuentren en soporte electrónico. Desde esta constatación y en el actual contexto de crisis económica surge una elemental pregunta: ¿quién habría de asumir el coste que conlleva la adaptación de la gestión administrativa a las exigencias del *open data*? Problemática que, sin duda, supera cualquier planteamiento que pueda realizarse en términos jurídicos y que, por tanto, obliga a llevar a cabo un análisis económico que excede las pretensiones de nuestro trabajo.

4. EL DISEÑO DE LAS APLICACIONES Y LA GESTIÓN PREVENTIVA DE LA INFORMACIÓN: UNA EXIGENCIA PARA LA PROTECCIÓN DE LOS DATOS PERSONALES

Esta última cuestión resulta muy relevante desde la perspectiva de la protección de los datos de carácter personal, puesto que, en muchos casos, la información de mayor interés puede estar vinculada a personas físicas identificadas o, al menos identificables, en cuyo caso sería necesaria su autorización o, en su defecto, habilitación legal para permitir el acceso. Ahora bien, cabría pensar que si la información se ofreciese disociada –es decir, sin conexión a la persona física relacionada– no serían aplicables tales exigencias, lo cual podría conseguirse si a la hora de diseñar las aplicaciones informáticas pudiesen separarse los datos de su titular, tanto en el momento de su almacenamiento inicial como en su gestión posterior. Pero nuevamente surge la problemática relativa al coste de llevar a cabo tales adaptaciones, sobre todo si tenemos en cuenta que, al menos de momento, no existe una obligación legal para las Administraciones Públicas en orden a realizar tales adaptaciones en sus sistemas de información.

Una de las principales barreras jurídicas para la reutilización de la información del sector público viene referida a la protección de los datos de carácter personal de los ciudadanos[252] –artículo 4.6 Ley 37/2007–, de manera que resultaría

---

[252] Cfr. A. Salernou, «Los datos personales como límite a la reutilización de la información del sector público», en A. Galán y A. Cerrillo (coords.), *La reutilización de la información del sector público*, Comares, Granada, 2006, pp. 82 a 119, y A. Troncoso Reigada, «Reutilización de información pública y protección de datos personales», *Revista General de Información y Documentación*, núm. 19, 2009, pp. 243 a 264.

necesario el consentimiento informado de los afectados en los términos de los artículos 6 y 11 LOPD. Sin embargo, el cumplimiento de dicha exigencia puede determinar la imposibilidad en términos económicos de reutilizar la información afectada por la garantía analizada, ya que el esfuerzo de obtener la aprobación de los ciudadanos titulares del derecho no justificará normalmente el potencial beneficio económico que se podría obtener; al margen, claro está, de las normales reticencias a prestar el consentimiento que previsiblemente ofrecerán aquéllos o, incluso, de la diferente respuesta que se podría obtener en función del ámbito social y cultural de que se trate. No obstante, en el supuesto de que la información se disociase de las personas físicas a la que se encuentra vinculada cabría admitir la licitud de la reutilización por cuanto ya no resultarían de aplicación las garantías antes referidas –artículo 11.6 LOPD–. Ahora bien, este tratamiento de la información probablemente implicará un coste relevante que no siempre estarán dispuestos a asumir ni la Administración u organismo público ni los propios agentes reutilizadores, por lo que una solución óptima sería que el diseño de las aplicaciones informáticas que utilicen los primeros permitiera llevar a cabo la disociación de manera automatizada. Sin embargo, al no existir una obligación legal al respecto, dicha configuración no resulta exigible a los poderes públicos, por lo que nuevamente se suscitará la pregunta relativa a quién deba hacerse cargo del coste económico asociado a la transformación de las aplicaciones informáticas y, en general, del tratamiento disociado de la información en manos de la Administración Pública que permita impulsar su reutilización. Una vez más surge el mismo problema de base: la ausencia de un modelo de gestión avanzada de la información a partir de la cual permitir su utilización desde parámetros innovadores.

Pero más allá de esta dificultad también habría que plantearse hasta qué punto en un mundo interconectado como el actual resultaría imposible un tratamiento posterior de la información obtenida que permitiese la identificación del titular de los datos, lo que en última instancia llevaría a considerar que este último sería al menos identificable y, por tanto, las garantías del consentimiento o la habilitación legal resultarían nuevamente aplicables. Teniendo en cuenta que los sistemas de almacenamiento y gestión masiva de información –el fenómeno conocido como *big data*– comienzan a ser utilizados con frecuencia en el sector privado, no es descartable que en el futuro más inmediato también se popularicen para ciertas actividades de control e inspección por parte de las Administraciones Públicas, de manera que las posibilidades de hacer reversible la disociación se incrementan notablemente, apareciendo una nueva amenaza para los perfiles tradicionales de los derechos de los ciudadanos, en particular por lo que respecta a la protección de sus datos de carácter personal.

Como puede comprobarse, lejos de estar resueltas las dificultades propias del régimen jurídico tradicional del acceso y la difusión de información administrativa, la modernización tecnológica nos ofrece nuevos problemas y desafíos que es preciso abordar desde la perspectiva jurídica si pretendemos que el movimiento del *open data* ofrezca todo el potencial económico y político al que antes nos referíamos.

REFLEXIONES FINALES

RESULTA indudable que la tecnología ofrece un potencial innovador que, al menos por lo que respecta a los servicios de Administración electrónica, hasta ahora sólo ha mostrado ciertas de sus dimensiones y de manera muy incipiente. Sin embargo, la evolución futura de las herramientas tecnológicas nos depara un escenario que, a la vista del trabajo realizado, nos permite al menos vislumbrar algunos de los relevantes desafíos que habrá de afrontar el Derecho y, en concreto, el Derecho Administrativo en relación con la actuación de las Administraciones Públicas a nivel interno y, en particular, por lo que respecta a las relaciones con los ciudadanos.

En primer lugar, que hay reivindicar la primacía del Derecho frente a la tecnología pues, de lo contrario, existe un serio riesgo de socavar los cimientos en los que se asienta nuestro modelo constitucional. Más aún, este reto presupone como consecuencia inexcusable que las normas jurídicas se adapten a las exigencias y singularidades del desarrollo tecnológico, de manera que su eficacia no se limite a una simple apariencia formal sin proyección práctica. En este sentido, las normas obsoletas o desfasadas han de ser reinterpretadas o, si no fuera posible dicha operación hermenéutica sin riesgo para la seguridad jurídica, modificadas y adaptadas.

Desde la perspectiva de la Administración Pública, resulta imprescindible adoptar las medidas que aseguren el efectivo ejercicio de las competencias por parte de los órganos administrativos que las tengan asignadas –al menos mientras exista una atribución formal–, incluso en el supuesto de las actuaciones automatizadas ya que, de lo contrario, este principio basilar de la organización administrativa quedaría desfigurado, cuando no vulnerado abiertamente. Sin perjuicio de que, con carácter complementario, se avance hacia un modelo en el que se contemplen las actuaciones vinculadas no ya a un órgano en concreto sino a la entidad en su conjunto, superándose por tanto las limitaciones propias de la estructura orgánica cuando resulten disfuncionales o injustificadas dada la inexistente participación de las personas físicas titulares de aquéllos en la decisión adoptada.

Asimismo, dado que la innovación tecnológica conlleva la intensificación de la colaboración del sector privado, han de adaptarse los mecanismos de control que garanticen la supervisión y dirección por parte de las Administraciones Públicas, de manera que no se ponga en riesgo el interés público ante una desorbitada pretensión de eficiencia en tanto que soporte de la modernización tecnológica en el actual contexto económico.

En todo caso, parece evidente que la mayor complejidad en la que se basa el progreso tecnológico y, en particular, el auspiciado por los medios electrónicos determina el irremediable protagonismo de numerosos prestadores de servicios de intermediación que, de este modo, pueden interferir el normal desenvolvimiento de la actuación administrativa, las comunicaciones con los ciudadanos e, incluso, el ejercicio de sus derechos y el cumplimiento de sus obligaciones por parte de estos últimos. Por ello es imprescindible que las Administraciones Públicas impongan claramente el alcance de las obligaciones que han de asumir sus contratistas, ejerciendo con decisión la dirección y el control del desenvolvimiento de las relaciones jurídicas con sus proveedores que, en última instancia, también prestan servicio a los ciudadanos.

Sin embargo, en la actual y progresiva tendencia a la apertura de la Administraciones Públicas el paradigma pasa necesariamente por facilitar la transparencia, la participación y la colaboración de los diversos actores sociales, de manera que la innovación en la Administración electrónica constituye desde esta perspectiva una exigencia para su reforzamiento democrático. Son numerosos los ejemplos que podrían destacarse, pero quizás la presencia activa en las redes sociales y el *open data* constituyan dos de los referentes más relevantes.

Ahora bien, la modernización y la innovación tecnológicas también deben ser analizadas desde el punto de vista de los nuevos problemas que se están empezando a generar ya que, si bien por una parte permiten ejercer las funciones administrativas con mayor eficiencia y personalización, también pueden convertirse en un elemento indeseable de control en términos jurídicos. El incremento exponencial de la capacidad de almacenamiento y de procesamiento de los equipos y aplicaciones está alumbrando un nuevo modelo de gestión documental, el *big data*, caracterizado por el uso masivo e intensivo de las ingentes cantidades de datos que se recogen por las entidades y prestadores de servicios más diversos. Ciertamente, la exigencia de adaptación de las garantías tradicionales en materia de protección de datos resulta inexcusable –consentimiento, principio de finalidad, reversibilidad de las disociaciones...–, pero tampoco se pueden minusvalorar las implicaciones relacionadas específicamente con la actividad de las Administraciones Públicas. Así, resulta ya imprescindible ajustar a límites más concretos los tratamientos informativos previos a la iniciación formal de los procedimientos administrativos para asegurar que los afectados puedan tener reconocida, con las excepciones y las condiciones que procedan, una posición jurídica que les permita defender sus derechos e intereses legítimos; o, entre otras prioridades más relevantes, fijar con claridad las consecuencias jurídicas que suponen los intercambios automatizados de información de los ciudadanos que vulneren las exigencias del principio de calidad, en concreto, por lo que se refiere al uso de los mismos para finalidades incompatibles con las que justificaron inicialmente la recogida y el tratamiento de la información.

En definitiva, aun cuando la perspectiva de la gestión documental y, en particular, de la información en poder de las Administraciones Públicas haya sido tradicionalmente olvidada tanto a nivel normativo como doctrinal, el uso de medios electrónicos le ha devuelto el protagonismo que no debió perder, hasta el punto de que es un elemento clave en la innovación que exigen la eficacia y la eficiencia reclamada socialmente como premisa elemental para una Administración moderna. Ahora bien, en este proceso no pueden infravalorarse los desafíos que plantea para el Derecho ya que su adecuado enfoque y resolución son esenciales para apuntalar el Estado social y democrático de Derecho proclamado constitucionalmente.

BIBLIOGRAFÍA

ALAMILLO DOMINGO, I., «Seguridad y firma electrónica: marco jurídico general», en E. Gamero y J. Valero (coords.), *Las Tecnologías de la Información y la Comunicación en la Administración de Justicia*, Thomson-Aranzadi, Cizur Menor, 2012.

ALAMILLO DOMINGO, I. y URÍOS APARISI, X., *La actuación administrativa automatizada en el ámbito de las Administraciones Públicas*, Escuela de Administración Pública de Cataluña, 2011.

—, «El nuevo régimen legal de gestión de la identidad y firma electrónica por las Administraciones Públicas», en L. Cotino y J. Valero (coords.), *Administración electrónica. La Ley 11/2007, de 22 de junio, de Acceso Electrónico de los Ciudadanos a los Servicios Públicos y los retos jurídicos del e-gobierno en España*, Tirant lo Blanch, Valencia, 2010.

—, «La gestión de identidades y capacidades por las Administraciones Públicas», *IX Jornadas Tecnimap*, Sevilla, 2006. Este trabajo se encuentra accesible a través de Internet en http://administracionelectronica.gob.es/recursos/pae_000002406.pdf (última visita: 15/10/2012).

—, «Comentario crítico a la Ley 59/2003, de 19 de diciembre, de Firma Electrónica», *Revista de Contratación Electrónica*, núm. 46, 2004.

ALBORS, I., «Interoperabilidad hoy. Luces y sombras», *XI Jornadas sobre Tecnologías de la Información para la modernización de las Administraciones Públicas*, Zaragoza, 2010. Recurso electrónico disponible a través de Internet en http://administracionelectronica.gob.es/recursos/pae_000006660.pdf (última visita: 15/09/2012).

ALONSO ESPINOSA, C., «La información en la Red y el principio de neutralidad tecnológica: la libertad de expresión y la difusión de información administrativa», *Revista Vasca de Administración Pública*, núm. 81, 2008.

ANDERSEN, K. V., *E-Government and Public Sector Process Rebuilding (PPR): Dilettantes, Wheelbarrows, and Diamonds*, Kluwer Academics Publishers, Dordrecht, 2010.

—, «Reengineering Public Sector Organisations Using Information Technology», en R. Heeks (ed.), *Reinventing Government in the Information Age*, Routlade, Nueva York, 2001.

ARENA, G., «E-Government y nuevos modelos de Administración», *Revista de Administración Pública*, núm. 163, 2004.

BARNES, J., «Procedimientos administrativos y nuevos modelos de gobierno. Algunas consecuencias sobre la transparencia», en R. García Macho (ed.), *Derecho Administrativo de la información y Administración transparente*, Marcial Pons, Madrid, 2010.

—, «El procedimiento administrativo y el gobierno electrónico», *Cuadernos de Derecho Local*, núm. 22», 2010.

—, «La colaboración interadministrativa a través del procedimiento administrativo nacional», en J. Barnes (ed.), *La transformación del procedimiento administrativo*, Global Law Press-Editorial Derecho Global, Sevilla, 2008.

—, «Sobre el procedimiento administrativo: evolución y perspectivas», en J. Barnes (ed.), *Innovación y reforma en el Derecho Administrativo*, Global Law Press-Editorial Derecho Global, Sevilla, 2006.

—, «Una reflexión introductoria sobre el Derecho Administrativo y la Administración Pública en la Sociedad de la Información y del Conocimiento», *Administración de Andalucía. Revista Andaluza de Administración Pública*, núm. 40, 2000.

BATINI, C., «Data Governance», en G. Viscusi, C. Batini y M. Mecella, *Information Systems for eGovernment*, Springer-Verlag Berlin, Heidelberg, 2010.

BAUZÀ MARTORELL, F., *Procedimiento administrativo electrónico*, Comares, Granada, 2003.

BERNADÍ GIL, X. (ed.), *Administracions públiques i internet*, Fundació Carles Pi i Sunyer, Barcelona, 2006.

BENYEKHLEF, K., «L'Administration Publique en ligne au Canada: précisions terminologiques et état de la réflexion», *Revue Française d'Administration Publique*, núm. 110, 2004.

BLAKEMORE, M.; McDONALD, N.; HALL, N. y JUCUITE, R., «Delivering Citizen-Centric Public Services through Technology-Facilitated Organisational Change», en P. G. Nixon, V. M. Koutrakou y R. Rawal (eds.), *Understanding e-Government in Europe. Issues and Challenges*, Routledge, Londres, 2010.

BLASCO DÍAZ, J. L., «Los derechos de los ciudadanos en su relación electrónica con la Administración», *Revista Española de Derecho Administrativo*, núm. 136, 2007.

—, «La regulación local de la Administración electrónica», en J. L. Blasco Díaz y M. Fabra Valls (eds.), *La Administración electrónica en España: experiencias y perspectivas de futuro*, Universitat Jaume I, Castellón, 2007.

BLASCO, J. L. y FABRA VALLS, M., «Current Trends in the Evolution of Electronic Relations between the Administration and Citizens in Spain», *European Journal of ePractice*, núm. 12, 2011.

BOIX PALOP, A., «Previsiones en materia de neutralidad tecnológica y acceso a los servicios de la Administración», en L. Cotino y J. Valero (coords.), *La Ley 11/2007, de 22 de junio, de Acceso Electrónico de los Ciudadanos a los Servicios Públicos y los retos jurídicos del e-gobierno en España*, Tirant lo Blanch, Valencia, 2010.

BONET COMPANY, J., «El documento electrónico en el procedimiento administrativo español», *Informática y Derecho*, núms. 30 a 32, 1999.

BOVENS, M. y ZOURIDIS, S., «From Street-Level to System-Level Bureaucracies: How Information and Communication Technology is Transforming Administrative Discretion and Constitutional Control», *Public Administration Review*, vol. 62, núm. 2, abril 2002.

CALDERÓN, C. y LORENZO, S. (coords.), *Open Government. Gobierno Abierto*, Algón, Alcalá la Real, 2010.

CANTERO MARTÍNEZ, J., «El principio de transparencia en la Ley de Acceso Electrónico de los Ciudadanos a los Servicios Públicos», en J. L. Piñar Mañas (coord.), *Administración electrónica y ciudadanos*, Thomson-Civitas, Madrid, 2011.

CATTEDDU, D. D., *Seguridad y resistencia en las nubes de la Administración Pública. Informe para la toma de decisiones*, Agencia Europea para la Seguridad de las Redes y la Información (ENISA), 2011.

CERRILLO I MARTÍNEZ, A., «La contribución de las TICs a la transparencia administrativa», *Arbor. Ciencia, Pensamiento y Cultura*, vol. 188, nº 756, 2012.

—, «The Regulation of Diffusion of Public Sector Information Via Electronic Means: Lessons from the Spanish Regulation», *Government Information Quarterly*, núm. 28, 2011.

—, «Web 2.0 y la participación ciudadana en la transparencia administrativa en la sociedad de la información», en L. Cotino Hueso (coord.), *Libertades de expresión e información en Internet y las redes sociales: ejercicio, amenazas y garantías*, Universidad de Valencia, 2011.

—, «Cooperación entre Administraciones Públicas para el impulso de la Administración electrónica», en E. Gamero Casado y J. Valero Torrijos (coords.), *La Ley de Administración electrónica. Comentario sistemático a la Ley 11/2007, de 22 de junio, de Acceso Electrónico de los Ciudadanos a los Servicios Públicos*, 3ª ed., Thomson-Aranzadi, Madrid, 2010.

—, *Órganos colegiados electrónicos. El uso de las TIC en el funcionamiento de los órganos colegiados de la Administración*, Thomson-Aranzadi, Madrid, 2006.

CIERCO SEIRA, C., «Algunas reflexiones sobre la simplificación de los procedimientos administrativos a la luz de los avances de la Administración electrónica», *Revista General de Derecho Administrativo*, núm. 19, 2009.

—, «La reducción de la carga de presentación de documentos ante la Administración Pública (Reflexiones a propósito de la experiencia italiana)», *Administración de Andalucía. Revista Andaluza de Administración Pública*, núm. 48, 2002.

CODAGNONE, C. y OSIMO, D., «Beyond i2010. E-Government Current Challenges and Future Scenarios», en P. G. Nixon, V. M. Koutrakou y R. Rawal (eds.), *Understanding e-Government in Europe. Issues and Challenges*, Routledge, Londres, 2010.

COTINO HUESO, L., «Tratamiento jurídico y normativo de la democracia, participación y transparencia electrónicas: presente y perspectivas», en J. Barrat i Esteve y R. M. Fernández Riveira, *Derecho de sufragio y participación ciudadana a través de las nuevas tecnologías*, Thomson-Civitas, Madrid, 2012.

—, «El derecho a relacionarse electrónicamente con las Administraciones y el estatuto del ciudadano e-administrado en la Ley 11/2007 y la normativa de desarrollo», en E. Gamero Casado y J. Valero Torrijos (coords.), *La Ley de Administración electrónica. Comentario sistemático a la Ley 11/2007, de 22 de junio, de Acceso Electrónico de los Ciudadanos a los Servicios Públicos*, 3ª ed., Thomson-Aranzadi, Madrid, 2010.

—, «Un futuro derecho a relacionarse informalmente con la Administración por medios electrónicos y la presente regulación del derecho a la carpeta ciudadana y la autoadministración», en L. Cotino y J. Valero (coords.), *La Ley 11/2007, de 22 de junio, de Acceso Electrónico de los Ciudadanos a los Servicios Públicos y los retos jurídicos del e-gobierno en España*, Tirant lo Blanch, Valencia, 2010.

—, «Acceso a la información pública en la Ley 11/2007, de 22 de junio, de Acceso Electrónico de los Ciudadanos a los Servicios Públicos», en M. Sánchez de Diego (coord.), *El derecho de acceso a la información pública*, Universidad Complutense, Madrid, 2008.

COUTO CALVIÑO, R., *Servicios de certificación de firma electrónica y libre competencia*, Comares, Granada, 2008.

CRIADO GRANDE, J. I., «The Politics of e-Government in Spain: Between Recent Innovations and Old Inertias», en C. R. Reddick (ed.), *Comparative e-Government*, Springer, Nueva York, 2010.

—, *Entre sueños utópicos y visiones pesimistas. Internet y las TIC en la modernización de las Administraciones Públicas*, Instituto Nacional de Administración Pública, Madrid, 2009.

CRIADO, J. I.; MARTÍN, Y. E. y CAMACHO, D., «Experiences Using Social Networks in Spanish Public Administrations», en *WIMS '11 Proceedings of the International Conference on Web Intelligence, Mining and Semantics*, AMC, Nueva York, 2011.

CRIADO GRANDE, J. I. y RAMILO ARAUJO, M.C., «e-Administración: ¿Un reto o una nueva moda? Problemas y perspectivas de futuro en torno a Internet y las tecnologías de la información y la comunicación en las Administraciones públicas del siglo XXI», *Revista Vasca de Administración Pública*, núm. (61) I, 2001.

DAVARA RODRÍGUEZ, M. A., *Manual de Informática y Derecho*, Aranzadi, Pamplona, 1997.

DAWES, S. S. y HELBIG, N., «Information Strategies for Open Government: Challenges and Prospects for Delivering Public Value from Government Transparency», en M. A. Wimmer, J. L. Chappelet, M. Janssen y H. J. School (eds.), *Proceedings of the 9th IFIP WG 8.5 International Conference on Electronic Government*, Springer-Verlag Berlin, Heidelberg, 2011.

DÍEZ SÁNCHEZ, J. J. y MARTÍNEZ GUTIÉRREZ, R., «Directiva de Servicios y Administración Pública Electrónica», en A. Nogueira López (dir.), *La Termita Bolkestein. Mercado único vs. derechos ciudadanos*, Civitas-Thomson Reuters, Cizur Menor, 2012.

DUNLEAVY, P.; MARGETTS, H.; BASTOW, S. y TINKLER, J., *Digital Era Governance: IT Corporations, the State, and e-Government*, Oxford University Press, 2010.

ESTEVE PARDO, J., «La deconstrucción y previsible recomposición del modelo de autorización administrativa», en A. Nogueira López (dir.), *La Termita Bolkestein. Mercado único vs. derechos ciudadanos*, Civitas-Thomson Reuters, Cizur Menor, 2012.

—, *Técnica, riesgo y Derecho*, Ariel, Barcelona, 1999.

FABRA VALLS, M., «La reforma de la Administración electrónica y su incidencia en los procedimientos tributarios», en la obra editada conjuntamente con J. L. Blasco Díaz, *La Administración electrónica en España: experiencias y perspectivas de futuro*, Universitat Jaume I, Castellón, 2007.

FARINA, C. R.; NEWHART, M. J.; CARDIE, C. y COSLEY y D., «Rulemaking 2.0», *University of Miami Law Review*, núm. 65, 2011.

FERNÁNDEZ SALMERÓN, M., *La protección de los datos personales en las Administraciones Públicas*, Civitas, Madrid, 2003.

GAMERO CASADO, E., «El objeto de la Ley 18/2011 y su posición entre las normas relativas a las tecnologías de la información», en E. Gamero y J. Valero (coords.), *Las Tecnologías de la Información y la Comunicación en la Administración de Justicia*, Thomson-Aranzadi, Cizur Menor, 2012.

—, «Objeto, ámbito y principios generales de la Ley de Administración electrónica: su posición en el sistema de fuentes», en E.

Gamero Casado y J. Valero Torrijos (coords.), *La Ley de Administración electrónica. Comentario sistemático a la Ley 11/2007, de 22 de junio, de Acceso Electrónico de los Ciudadanos a los Servicios Públicos*, 3ª ed., Thomson-Aranzadi, Madrid, 2010.

—, «Interoperabilidad y Administración electrónica: conéctense, por favor», *Revista de Administración Pública*, núm. 179, 2009.

—, «El impacto de la Directiva de Servicios en la ventanilla única y en la Administración electrónica», en V. Aguado y B. Noguera (coords.), *El impacto de la Directiva de Servicios en las Administraciones Públicas: aspectos generales y sectoriales*, Atelier, Barcelona, 2012.

GAMERO CASADO, E. y MARTÍNEZ GUTIÉRREZ, R., «El Derecho Administrativo ante la Era de la Información», en E. Gamero Casado y J. Valero Torrijos (coords.), *La Ley de Administración electrónica. Comentario sistemático a la Ley 11/2007, de 22 de junio, de Acceso Electrónico de los Ciudadanos a los Servicios Públicos*, 3ª ed., Thomson-Aranzadi, Madrid, 2010.

GARCÍA MACHO, R., «Procedimiento administrativo y sociedad de la información y del conocimiento», en J. Barnes (ed.), *La transformación del procedimiento administrativo*, Global Law Press-Editorial Derecho Global, Sevilla, 2008.

GARRIDO FALLA, F., *Tratado de Derecho Administrativo*, vol. I, 13ª ed., Tecnos, Madrid, 2002.

GÓMEZ PUENTE, M., «La Administración electrónica», en VV.AA., *Actas del I Congreso de la Asociación Española de Profesores de Derecho Administrativo*, Thomson-Aranzadi, Cizur Menor, 2007.

GONZÁLEZ NAVARRO, F. y ALENZA GARCÍA, J. F., *Derecho de petición*, Civitas, Madrid, 2002.

GUICHOT REINA, E., «El Anteproyecto de Ley de Transparencia», *Cronista del Estado Social y Democrático de Derecho*, núm. 30, 2012.

—, *Datos personales y Administración Pública*, Civitas, Madrid, 2005.

HANNA, N. K., *Transforming Government and Building the Information Society*, Springer, Nueva York, 2010.

HENMAN, P., *Governing electronically. E-Government and the Reconfiguration of Public Administratition, Policy and Power*, Palgrave Macmillan, Nueva York, 2010.

HERNÁNDEZ CORCHETE, J. A., «El derecho de los ciudadanos a relacionarse con las Administraciones públicas utilizando medios electrónicos y los derechos complementarios que delimitan su alcance», en J. L. Piñar Mañas (dir.), *Administración electrónica y ciudadanos*, Civitas-Thomson Reuters, Cizur Menor, 2011.

HOOD, C. C. y MARGETTS, H. Z., *The Tools of Government in the Digital Age*, Palgrave Macmillan, Nueva York, 2007.

HRDINOVÁ, J.; HELBIG, N. y PETERS, C. S., *Designing Social Media Policy for Government: Eight Essentials Elements*, Center for Technology in Government, University at Albany, 2010. Accessible en http://www.ctg.albany.edu (última visita: 15/09/2012).

HUIJBOON, N. y VAN DEN BROEK, T., «Open Data: an International Comparison of Strategies», *European Journal of ePractice*, núm. 12, 2011.

INTECO-CERT, «Riesgos y amenazas en *cloud computing*», 2011. Recurso disponible en http://cert.inteco.es (última visita: 15/09/2012).

LARHROP, D. y RUMA, L., *Open Government*, O'Reilly, Sebastopol, 2010.

LEENES, R., «¿Quién controla la nube?», en «VI Congreso Internet, Derecho y Política. *Cloud Computing*: El Derecho y la Política suben a la Nube», *Revista de Internet, Derecho y Política*, nº 11, 2010.

LESSIG, L., *Code. Version 2.0*, Basic Books, New York, 2006. La versión electrónica de este trabajo se encuentra disponible en http://codev2.cc/download+remix/Lessig-Codev2.pdf (última visita: 15/09/2012).

LINARES GIL, M., «Identificación y autenticación de las Administraciones Públicas», en E. Gamero Casado y J. Valero Torrijos (coords.), *La Ley de Administración electrónica. Comentario sistemático a la Ley 11/2007, de 22 de junio, de Acceso Electrónico de los Ciudadanos a los Servicios Públicos*, 3ª ed., Thomson-Aranzadi, Madrid, 2010.

LIPS, M., «E-Government Under Construction. Challenging Traditional Conceptions of Citizenship», en P. G. Nixon y V. N. Koutrakou (eds.), *E-Government in Europe. Re-Booting the State*, Routledge, Abingdon, 2010.

MALARET I GARCÍA, E., «Els serveis públics informacionals: l'emergència de nous serveis públics en la societat de la informació i del coneixement», *Revista catalana de Derecho Público*, núm. 35, 2007.

MARTÍN DELGADO, I., «Identificación y autenticación de los ciudadanos», en E. Gamero Casado y J. Valero Torrijos (coords.), *La Ley de Administración electrónica. Comentario sistemático a la Ley 11/2007, de 22 de junio, de Acceso Electrónico de los Ciudadanos a los Servicios Públicos*, 3ª ed., Thomson-Aranzadi, Madrid, 2010.

—, «Del riesgo de paralización en la implantación de la Administración electrónica», *Actualidad Jurídica Aranzadi*, núm. 790, 2010.

—, «La gestión electrónica del procedimiento administrativo», *Cuadernos de Derecho Local*, núm. 21, 2009.

—, «Naturaleza, concepto y régimen jurídico de la actuación administrativa automatizada», *Revista de Administración Pública*, núm. 180, 2009.

MARTÍNEZ GUTIÉRREZ, R., «Identificación y autenticación: DNI electrónico y firma electrónica», en J. L. Piñar Mañas (dir.), *Administración electrónica y ciudadanos*, Civitas-Thomson Reuters, Cizur Menor, 2011.

—, «Régimen jurídico del intercambio electrónico de datos, documentos y certificaciones entre Administraciones», *Revista de Administración Pública*, núm. 183, 2010.

—, *Administración Pública electrónica*, Thomson-Civitas, Madrid, 2009.

MARTÍNEZ MARÍN, A., *Una teoría sobre nuestra organización pública y sus principios*, Tecnos, Madrid, 1996.

MARTÍNEZ MARTÍNEZ, R., «Las medidas de seguridad», en la obra por él mismo coordinada *Protección de Datos. Comentarios al Reglamento de Desarrollo de la LOPD*, Tirant lo Blanch, Valencia, 2009.

MARTÍNEZ MARTÍNEZ, R. (coord.), *Derecho y cloud computing*, Thomson-Civitas, Cizur Menor, 2011.

MARTÍNEZ NADAL, A., *Comentarios a la Ley de Firma electrónica*, 2ª ed., Thomson-Reuters, Madrid, 2009.

MELL, P. y GRANCE, T., «The NIST Definition of Cloud Computing», *NIST Special Publication*, 800-145, 2011.

MESSÍA DE LA CERDA BALLESTEROS, J. A., *La cesión o comunicación de datos de carácter personal*, Civitas, Madrid, 2003.

MILLARD, J., «Government 1.5: is the bottle half full or half empty?», *European Journal of ePractice*, núm. 9, 2010.

MIRALLES, R., «*Cloud computing* y protección de datos», *Revista de Internet, Derecho y Política*, núm. 11, 2010.

MOLINA MATEOS, J. M., «Esquema Nacional de Seguridad», *Revista Aranzadi de Derecho y Nuevas Tecnologías*, núm. 23, 2010.

MORRISON, J., «Gov 2.0: Towards a User Generated State?», *The Modern Law Review*, vol. 73(4), 2010.

NIXON, P. G., «Ctrl, Alt, Delete: Re-Booting the European Union Via e-Government», en P. G. Nixon y V. N. Koutrakou (eds.), *E-Government in Europe. Re-Booting the State*, Routledge, Abingdon, 2010.

NORRIS, D. F., «E-Government 2020: Plus ça change, plus c'est la meme chose», *Public Administration Review*, número especial diciembre 2010.

NOVECK, B. S., *Wiki Government. How Technology Can Make Government Better, Democracy Stronger, and Citizens More Powerful*, Brookings, Washington, 2009.

OCHOA MONZÓ, J. y MARTÍNEZ GUTIÉRREZ, R., «La permeabilidad de la actividad administrativa al uso de las tecnologías de la información y la comunicación: hacia la Administración electrónica y el procedimiento administrativo electrónico», en M. Fabra Valls y J. L. Blasco Díaz (eds.), *La Administración electrónica en España: experiencias y perspectivas de futuro*, Universitat Jaume I, Castellón, 2007.

OLIVER CUELLO, R., «La regulación de la Administración electrónica tributaria», en A. M. Delgado y R. Oliver (coords.), *Administración electrónica tributaria*, Bosch, Barcelona, 2009.

ORTEGA DÍAZ, J. F., *La firma y el contrato de certificación electrónicos*, Thomson-Aranzadi, Cizur Menor, 2008.

OSIMO, D., «Benchmarking eGovernment in the Web 2.0 era: what to measure and how», *European Journal of ePractice*, núm. 4, 2008.

PALOMAR OLMEDA, A., «Gestión electrónica de los procedimientos», E. Gamero Casado y J. Valero Torrijos (coords.), *La Ley de Admi-*

nistración electrónica. Comentario sistemático a la Ley 11/2007, de 22 de junio, de Acceso Electrónico de los Ciudadanos a los Servicios Públicos, 3ª ed., Thomson-Aranzadi, Madrid, 2010.

—, *La actividad administrativa efectuada por medios electrónicos*, Thomson-Aranzadi, Cizur Menor, 2007.

PAREJO ALFONSO, L., *Transformación y ¿reforma? del Derecho Administrativo en España*, Global Law Press-Editorial Derecho Global, Sevilla, 2012.

PAYERA CAPELLÀ, M. y CAVANILLAS MÚGICA, S., «Servidores de acceso y alojamiento: descripción técnica y legal», en S. Cavanillas Múgica (coord.), *Deberes y responsabilidades de los servidores de acceso y alojamiento. Un análisis multidisciplinar*, Comares, Granada, 2005.

PINA, V.; TORRES, L. y ROYO, S., «Are ICTs Improving Transparency and Accountability in the EU Regional and Local Governments. An Empirical Study», *Public Administration*, vol. 85 (2), 2007.

PIÑAR MAÑAS, J. L., «Revolución tecnológica y nueva Administración», en J. L. Piñar (dir.), *Administración electrónica y ciudadanos*, Thomson-Civitas, Cizur Menor, 2011.

—, «Administración electrónica y protección de datos personales», *Revista Jurídica de la Universidad de Santiago de Compostela*, núm. extraordinario 1, 2011.

PITSCHAS, R., «El Derecho Administrativo de la Información. La regulación de la autodeterminación informativa y el gobierno electrónico», en J. Barnes (ed.), *Innovación y reforma en el Derecho Administrativo*, Global Law Press-Editorial Derecho Global, Sevilla, 2006.

PONCE SOLÉ, J., *Deber de buena Administración y derecho al procedimiento administrativo debido. Las bases constitucionales del procedimiento administrativo y el ejercicio de la discrecionalidad*, Lex Nova, Valladolid, 2001.

POMED SÁNCHEZ, L. A., «El acceso a los archivos administrativos: el marco jurídico y la práctica administrativa», *Revista de Administración Pública*, núm. 142, 1997.

POULLET, Y. y DINANT, J. M., «Hacia nuevos principios de protección de datos en un entorno TIC», *Internet, Derecho y Política*, núm. 5, 2007. Recurso accesible a través de Internet desde http://idp.uoc.

edu/ojs/index.php/idp/article/view/n5-poullet-dinant (última visita: 10/09/2012).

POULLET, Y.; VAN GYSEGHEM, J. M.; GÉRARD, J.; GAYREL, C. y MOINY, J. P., «Data Protection in the Clouds», en S. Gutwirth y otros (eds.), *Computers, Privacy and Data Protecion: an Element of Choice*, Springer, Dordrecht, 2011.

PRATS I CATALÁ, J., «Las transformaciones de las Administraciones Públicas de nuestro tiempo», en F. Sainz Moreno (dir.), *Estudios para la reforma de la Administración Pública*, Instituto Nacional de Administración Pública, Madrid, 2004.

RALLO LOMBARTE, A. y MARTÍNEZ MARTÍNEZ, R. (coords.), *Derecho y redes sociales*, Thomson-Civitas, Cizur Menor, 2010.

RAMS RAMOS, L., *El derecho de acceso a los archivos y registros*, Editorial Reus, Madrid, 2008.

REGO BLANCO, M. D., «Registros, comunicaciones y notificaciones electrónicas», en E. Gamero Casado y J. Valero Torrijos (coords.), *La Ley de Administración electrónica. Comentario sistemático a la Ley 11/2007, de 22 de junio, de Acceso Electrónico de los Ciudadanos a los Servicios Públicos*, 3ª ed., Thomson-Aranzadi, Madrid, 2010.

RIVERO ORTEGA, R., *La necesaria innovación en las instituciones administrativas*, Instituto Nacional de Administración Pública, Madrid, 2012.

—, «Simplificación administrativa y administración electrónica: objetivos pendientes en la transposición de la Directiva de Servicios», *Autonomies. Revista Catalana de Derecho Público*, núm. 42, 2011.

—, *El expediente administrativo: de los legajos a los soportes electrónicos*, 2ª ed., Thomson-Aranzadi, Cizur Menor, 2008.

RODRÍGUEZ ADRADOS, A., *La seguridad de la firma electrónica. Consecuencias de su uso por un tercero*, Consejo General del Notariado, Madrid, 2005.

RUBIO NÚÑEZ, R., «Las redes sociales en las Administraciones. ¿Período de pruebas?», en L. Cotino Hueso (coord.), *Libertades de expresión e información en Internet y las redes sociales: ejercicio, amenazas y garantías*, Universidad de Valencia, 2011

SAARENPÄÄ, A., «E-Government and Good Government: An Impossible Equation in the New Network Society», *Scandinavian Studies in Law*, núm. 47, 2004.

SALERNOU VIÑOLAS, A., «Los datos personales como límite a la reutilización de la información del sector público», en A. Galán y A. Cerrillo (coords.), *La reutilización de la información del sector público*, Comares, Granada, 2006.

SÁNCHEZ BLANCO, A., «Administración local y sistema administrativo. La interrelación procedimental y telemática del registro, archivo y secretaría», *Revista de Estudios de la Administración Local y Autonómica*, núm. 300.

SANTAMARÍA PASTOR, J. A., «La teoría del órgano en el Derecho Administrativo», *Revista Española de Derecho Administrativo*, núms. 40-41, 1984.

SANZ LARRUGA, F. J., «Documentos y archivos electrónicos», en E. Gamero Casado y J. Valero Torrijos (coords.), *La Ley de Administración electrónica. Comentario sistemático a la Ley 11/2007, de 22 de junio, de Acceso Electrónico de los Ciudadanos a los Servicios Públicos*, 3ª ed., Thomson-Aranzadi, Madrid, 2010.

SIMÓN CASTELLANO, P., «Los límites jurídico-constitucionales de la Administración electrónica en España y el *Open Government*», *Revista Aranzadi de Derecho y Nuevas Tecnologías*, núm. 27, 2011.

TRONCOSO REIGADA, A., «La Administración electrónica y la protección de datos personales», en J. L. Piñar Mañas (coord.), *Administración electrónica y ciudadanos*, Thomson-Civitas, Madrid, 2011.

—, «Reutilización de información pública y protección de datos personales», *Revista General de Información y Documentación*, núm. 19, 2009.

TRUDEL, P., «Reinforcer la protection de la vie privée dans l'Etat en réseau: l'aire de partage de données personnelles», *Revue Française d'Administration Publique*, núm. 110, 2004.

VALCÁRCEL FERNÁNDEZ, P., «Documentos y archivos electrónicos», en J. L. Piñar Mañas (dir.), *Administración electrónica y ciudadanos*, Civitas-Thomson Reuters, Cizur Menor, 2011.

VALERO TORRIJOS, J., «La sede judicial electrónica» en E. Gamero y J. Valero (coords.), *Las Tecnologías de la Información y la Comuni-*

cación en la Administración de Justicia, Thomson-Aranzadi, Cizur Menor, 2012.

—, «El acceso y la reutilización de la información administrativa. Implicaciones jurídicas del proceso de modernización tecnológica de las Administraciones Públicas en su actual y futura configuración», *Diario La Ley*, núm. 7800, 2012. Recurso accesible a través de Internet en http://diariolaley.laley.es (última visita: 15 septiembre 2012).

—, «La Administración Pública en la nube. Análisis de las implicaciones jurídicas desde la normativa sobre Administración electrónica», en R. Martínez Martínez (ed.), *Derecho y cloud computing*, Thomson-Civitas, Cizur Menor, 2012.

—, «La sede judicial electrónica», en E. Gamero Casado y J. Valero Torrijos (coords.), *Las Tecnologías de la Información y la Comunicación en la Administración de Justicia*, Thomson-Aranzadi, Cizur Menor, 2012.

—, «Acceso a los servicios y a la información por medios electrónicos», en E. Gamero Casado y J. Valero Torrijos (coords.), *La Ley de Administración electrónica. Comentario sistemático a la Ley 11/2007, de 22 de junio, de Acceso Electrónico de los Ciudadanos a los Servicios Públicos*, 3ª ed., Thomson-Aranzadi, Madrid, 2010.

—, «La nueva regulación legal del uso de las tecnologías de la información y las comunicaciones en el ámbito administrativo: ¿el viaje hacia un nuevo modelo de Administración, *electrónica*?», *Autonomies. Revista Catalana de Derecho Público*, núm. 35, 2007.

—, *El régimen jurídico de la e-Administración. El uso de medios informáticos y telemáticos en el procedimiento administrativo común*, 2ª ed., Comares, Granada, 2007.

—, «La invalidez de los actos administrativos dictados en base a datos personales contenidos en ficheros irregulares», en M. A. Davara (coord.), *XIV Encuentros sobre Informática y Derecho 2000-2001*, Arazandi, Pamplona, 2001.

VALERO TORRIJOS, J. y FERNÁNDEZ SALMERÓN, M., «Protección de datos personales y Administración electrónica», *Revista Española de Protección de Datos*, núm. 1, 2007.

VELASCO RICO, C., «Archivo y conservación de los documentos administrativos electrónicos. Especial referencia a la Ley 11/2007, de Acceso Electrónico de los Ciudadanos a las Administraciones Públicas», en L. Cotino y J. Valero (coords.), *Administración electrónica. La Ley 11/2007, de 22 de junio, de Acceso Electrónico de los Ciudadanos a los Servicios Públicos y los retos jurídicos del e-gobierno en España*, Tirant lo Blanch, Valencia, 2010.

—, «El procedimient administratiu electrònic», en X. Bernadí (ed.), *Administracions públiques i Internet*, Fundació Carles Pi i Sunyer, Barcelona, 2006.

ESTE LIBRO, QUINTO DE LA
COLECCIÓN *CUADERNOS UNI-
VERSITARIOS DE DERECHO AD-
MINISTRATIVO*, SE ACABÓ DE
IMPRIMIR EL 15 DE JUNIO DE
2   O   I   3